부활의 주를 바라보라

| 장동찬 지음 |

쿰란출판사

책머리에

창세기에 이어 사도행전 말씀이 완간되어, 부족하지만 저의 목회 30년을 통한 말씀 사역이 총 12권의 설교집으로 모아졌습니다. 목회 현장을 떠난 후 선포된 말씀이 기록으로 남는 것이 얼마나 중요한지 더욱 깨닫게 됩니다. 그동안 편집을 위해 수고해 주신 성도님들께 감사드립니다.

하나님은 당신의 계획 가운데 베다니 교회를 30년 전 현상으로 나타나게 하셔서 세우셨습니다. 여러분과 저를 부르시고 주님 몸의 지체를 이룰 수 있도록 복 주신 하나님께 감사드립니다. 베다니 교회의 지난 발자취를 보면 모든 것이 하나님의 은혜이며 사랑과 긍휼이었습니다. 모든 것은 다 하나님이 하신 일입니다.

마지막 때를 맞은 지금은, 이 책 속의 말씀에 예고되어 있는 것처럼 확실한 믿음이 없으면 그 믿음마저 다 팔아먹는 시대가 되었습니다. 특히 하나님의 역사가 있는 곳에는 그것을 두려워하는 흑암의 영이 사나운 이리처럼 달려들어 우리의 신앙을 넘어뜨리려고 교묘하게 역사하는 때입니다. 말씀을 살펴보다가 이 책에 담긴 말씀이 선포된

4~5년 전 주님께서 작금에 우리가 만날 상황들을 말씀 속에 미리 담아 주셨음을 깨닫게 되니, 새삼 하나님의 살아 역사하심을 경외하는 마음으로 바라보게 됩니다.

말씀 속에서 주님은 우리가 열심을 다한다고 하면서 사랑을 잊어버리는 경우가 많음을 염려하십니다.

"모든 겸손과 온유로 하고 오래 참음으로 사랑 가운데서 서로 용납하고 평안의 매는 줄로 성령의 하나 되게 하신 것을 힘써 지키라"(엡 4:2-3).

하나님의 사랑과 긍휼 때문에 십자가를 지고 종의 형체를 입고 죽기까지 복종하면서 자신을 내어주신 성자 하나님 때문에, 그리고 우리를 위해서 그 예수님을 증거해 주시고 지금 나와 함께하시고 성령의 매는 띠로 하나 되게 묶어 주신 성령님 때문에 이미 우리는 하나가 되었습니다. 하나님과 하나이고, 이웃과 하나이고, 교회에서도 하나이니 그것을 지키라는 것입니다.

사도 바울은 믿음의 형제자매들을 만날 때에 힘이 났고, 로마를 향해서 발길을 돌릴 수 있는 담대함을 가지게 되었습니다. 형제들과의 만남을 통해서 이러한 담대함이 더 충만해졌다는 것입니다. 이것이 하나 됨입니다.

우리가 베다니 공동체를 통해서 성삼위 하나님의 공동체에 함께 참여함으로 말미암아 힘을 얻고 생명을 얻고, 공동체의 삶을 통해서 치유의 역사가 일어날 줄로 믿습니다. 공동체를 이룬다는 것은 서로를 받아 줌이 있고 용서가 있고 화해가 있는 것입니다. 그러면서 영도, 육도, 마음도 치유를 받게 됩니다.

그동안 섬기면서 인간적이고 육신적인 면도 많았음을 고백합니다. 그럼에도 불구하고 주님께서 참고 용서해 주시며 오늘에 이르게 하셨음에 감사하고, 회개도 하며, 이를 거울삼아 베다니의 오는 30년은 새 리더십 아래서 주님 기뻐하시는 열매를 올려드리는 시대가 펼쳐지기를 소망합니다.

2015년 세모에

장동찬 목사

차 례

교회를 위해 고난을 받아 보았는가?

사도행전 17:1-10

저희가 암비볼리와 아볼로니아로 다녀가 데살로니가에 이르니 거기 유대인의 회당이 있는지라 바울이 자기의 규례대로 저희에게로 들어가서 세 안식일에 성경을 가지고 강론하며 뜻을 풀어 그리스도가 해를 받고 죽은 자 가운데서 다시 살아야 할 것을 증명하고 이르되 내가 너희에게 전하는 이 예수가 곧 그리스도라 하니 그중에 어떤 사람 곧 경건한 헬라인의 큰 무리와 적지 않은 귀부인도 권함을 받고 바울과 실라를 좇으나 그러나 유대인들은 시기하여 저자의 어떤 괴악한 사람들을 데리고 떼를 지어 성을 소동케 하여 야손의 집에 달려들어 저희를 백성에게 끌어내려고 찾았으나 발견치 못하매 야손과 및 형제를 끌고 읍장들 앞에 가서 소리질러 가로되 천하를 어지럽게 하던 이 사람들이 여기도 이르매 야손이 들였도다 이 사람들이 다 가이사의 명을 거역하여 말하되 다른 임금 곧 예수라 하는 이가 있다 하더이다 하니 무리와 읍장들이 이 말을 듣고 소동하여 야손과 그 나머지 사람들에게 보를 받고 놓으니라

본문은, 빌립보에서 160킬로미터 떨어진 데살로니가에서 사도 바울과 실라를 통해 하나님의 교회가 세워지고 또 하나님의 백성들이 일어나는 은혜를 증거하고 있습니다. 이 말씀을 통해서 우리는 이 마지막 때를 어떻게 살아야 하는지, 또 하나님의 교회를 어떻게 섬기고 우리 삶을 통해서 예수가 어떻게 증거되어야 하는지 성령님의 가르침으로 오늘도 깨닫는 은혜가 임하기를 원합니다.

교회가 세워지다

데살로니가에서 일어난 일들을 통해서 교회가 세워졌습니다. 사도 바울은 자기의 규례를 따라서 회당에 들어가 말씀을 강론하고 기도하고 예수 그리스도를 증거했습니다(1-2절). 바울이 자기의 규례대로, 즉 익숙한 습관대로 회당에 들어가 안식일에 성경을 가지고 강론했다는 것은 바울의 생활에 어떤 패턴이 있었음을 알려 줍니다. 우리도 하루하루 또 한 주일의 삶을 돌아보면 아침, 낮, 저녁에 하는 일이 반복해서 돌아가는 것을 봅니다. 사도 바울이 자기의 규례, 생활 방식을 따라서 어디에 가든지 그 삶의 방식을 따라서 행했다는 것입니다.

그의 삶의 방법 가운데 중요한 것은 안식일을 지키는 것이었습니다. 오늘 우리가 주일을 지키고 교회를 찾는 것처럼 그는 어디에 가든지 회당을 찾았습니다. 그리고 기도처가 있는지를 찾았습니다. 또 기회만 있으면 말씀을 강론했습니다. 그의 마음 속은 늘 예수 그리스도로 충만해 있기 때문에 그리스도를 증거한 것입니다. 예수 그리스도가 어떻게 해를 받고 죽임을 당하고, 어떻게 다시 부활하셨으며, 승천하여 우리에게 성령을 보내 주셨고, 오늘도 무슨 일을 행하고 계신 주님인지를 증거했다는 것입니다.

빌립보 교회나 데살로니가 교회 또한 우연히 생긴 것이 아닙니다. 사도 바울이 가는 곳마다 어떻게 하나님의 교회가 세워졌습니까? 그가 어떤 전략, 교회를 세워야겠다는 구체적인 계획을 가지고 나아갔기 때문입니까? 그렇지 않습니다. 그의 사역을 보면 그런 것이 아님을 알 수 있습니다. 그는 늘 하는 일을 매일매일 삶 속에서 실천으로 옮겼습니다. 그럴 때 그 삶을 통해서 선포되는 말씀과 기도를 통해서 사람들이 변화받고, 변화받은 사람이 모여 기도하게 되고 그들이 예배하게 되다 보니 교회가 이루어지는 것입니다.

오늘 우리들의 삶을 돌아보고 우리는 어떤 규례, 어떤 방식으로 살아가는지 점검하는 축복이 있으면 좋겠습니다. 요즘은 어디로 출장을 가든 인터넷을 통해서 그 지역의 교회를 찾아볼 수 있습니다. 그래서 주일 예배를 어디서 드릴지 미리 준비하고 떠나는 분들이 많습니다. 우리가 어디를 가든지 바울처럼 주일을 지키고 예배하는 것, 기도 생활과 말씀을 가르치고 전하는 것이 습관이 되었을 때, 하나님께서는 그것을 통해서 예수 복음이 전달되어 사람들이 변화받고 새 사람이 되어 예배자가 되게 하십니다.

오늘 우리 생활 습관은 어떻습니까? 남의 이야기 하는 것을 즐기는 사람이 있습니다. 남을 늘 이해해 주고 도와주고 세워 주는 사람도 있습니다. 그렇게 하루하루 반복하다 보면 그것이 삶의 습관이 되는 것입니다.

바울이 성령의 인도함을 따라 낯선 빌립보 지방에 갔습니다. 기도처를 찾던 중에 여인들을 만났습니다. 그곳에서 루디아를 만나고, 이를 계기로 유럽 교회가 처음으로 세워지게 되었습니다. 기도처를 찾다가 얻은 축복입니다.

데살로니가 교회는 말씀을 전하기 원하여 안식일에 회당을 찾아서 하나님의 말씀을 강론했다가, 거기서 하나님이 예비한 사람들을 만나고 믿음의 역사가 일어나서 세워진 교회입니다.

이렇듯 사도 바울이 삶의 방식을 통해서 하나님의 기뻐하시는 일대로 행하니까 거기서 자연스럽게 영적인 하나님의 사건들이 이루어지면서 변화가 일어나고, 주님을 만나고, 교회가 세워지는 역사가 일어난 것입니다.

그렇다면 오늘 여러분과 저의 하루하루 삶의 습관과 방법을 통해서 예수가 증거되고, 예수를 모르던 사람들이 그를 만나는 역사가 일어나고 있습니까? 행여나 나의 언행을 통해서 실망하고 상처받는 일이 일어나고 있지는 않습니까? 내 삶을 통해서 교회가 세워지는 일에 기여하고 있습니까?

복음을 전했을 때의 두 가지 반응

데살로니가에 이르러 바울이 회당에 들어가서 세 안식일에 성경을 강론했다고 했습니다.

> "뜻을 풀어 그리스도가 해를 받고 죽은 자 가운데서 다시 살아야 할 것을 증명하고 이르되 내가 너희에게 전하는 이 예수가 곧 그리스도라 하니" (3절).

사도 바울은 늘 예수로 충만한 사람이어서 그가 입을 열면 하는 이야기, 성경을 펴서 증거하는 말씀이 모두 예수 그리스도였습니다. 그는 "너희에게 전하는 이 예수가 곧 그리스도다"라고 증거했습니다. 그가 전하는 메시지의 핵심이 예수님의 십자가, 부활과 예수 그리스도, 메시아, 기름 부음 받은 자, 우리를 구원하는 자라는 것이었습니다. 생활의 습관을 따라서 그 속에 있는 충만한 그것, 바로 예수를 나누는 것입니다.

본문 말씀을 보면, 이렇게 예수로 충만한 자가 하나님의 말씀과 예수를 전하는 이 복음을 전할 때에 두 가지 반응이 일어나고 있습니다. 우리가 예수의 증인 역할을 하는 삶을 살면 크게 두 종류의 사람을 만나게 됩니다. 하나는 나에게 호의적이고 긍정적으로 대하면서 믿음을 합해 주는 사람이고, 또 하나는 믿음 가운데 하나가 되지 못하고 오히려 대적하는 부정적인 사람입니다. 똑같은 상황 속에서 같은 말을 나누고 같은 간증을 하고 같은 일을 행했는데, 두 가지 반응이 나타나는 것입니다. 마태복음 13장 말씀처럼 같은 씨앗이지만 길가인가, 돌밭인가, 가시덤불인가, 옥토인가에 따라 다르게 나타날 수 있습니다.

데살로니가에서도 두 가지 현상이 나타났는데, 4절은 긍정적인 믿음의 반응입니다. 말씀을 듣는 사람들 중에 경건한 헬라인의 큰 무리와 적지 않은 귀부인도 권함을 받고 바울과 실라를 좇았다는 것은, 그들의 믿음과 하나로 합해졌다는 것입니다. 그러나 5절을 보면 같은 자리에서 같은 말씀을 동시에 들었는데 유대인들은 반대로 시기했습니다. 그래서 그들은 시장에 가서 괴악한 사람, 곧 불량배 같은 이들을 데리고 와서 떼를 지어 성을 소란하게 했다는 것입니다.

이 유대인들은 바울과 동족이며 하나님 여호와를 섬기는 사람들, 하나님의 말씀을 맡았다는 사람들 아닙니까? 그런 그들이 바울의 예수에 대한 증거를 듣고 시기한 것입니다. 지금까지는 자기들이 말씀을 강론하고 율법을 가르치고 그것을 받았던 사람들인데 갑자기 바울과 실라가 와서 예수에 대해서 증거를 하니까 그들의 마음이 그에게로 쏠리고, 그가 증거하는 예수를 믿고 그들의 인기가 폭발적으로 일어나니까 시기하여 바울의 하는 일을 방해하기 시작한 것입니다. 불량배들까지 동원하여 온 성안을 소란케 했습니다. 바울과 실라에 대해 천하를 어지럽히는 자들이라고 고소하면서 자기들이 깡패들을 동원하여 온 성을 소동케 하고는 남이 천하를 소동시킨다고 하는 것입니다. 시기, 질투가 이렇게 무서운 것입니다.

심리학자 에릭슨은 시기, 질투의 근본 원인은 열등의식이라고 했습니다. 우리가 신앙생활을 할 때도 이 문제를 다룰 필요가 있습니다. 열등의식이 내 속에 자리 잡게 되면, 그것의 많고 적음에 따라 시기와 질투의 분량도 결정이 됩니다. 열등의식이라는 것은 남과의 비교의식에서 나옵니다. 내가 남보다 못한 것이 있을 때 그것이 시기와 질투로 나타나 견디지 못하는 것입니다. 그래서 지금 유대인들은 말씀을 받고도 시기로 인해서 괴악한 행동대들을 불러서 복음을 전하는 바울 일행을 해하고 있습니다.

오스카 와일드의 글 가운데 '시기의 악마성'이라는 짧은 글이 있습니다. 성자가 되기 위해서 리비아의 사막을 지나가는 한 수도사가 있었습니다. 마귀의 졸개들이 이 수도사를 시험했습니다. 제일 먼저 나타난 것이 예쁜 여자입니다. 여자가 수도사를 유혹해도 그는 눈 하나 깜짝하지 않습니다. 대단한 사람이죠? 그다음에는 사람들이 좋아하는 금덩어리를 많이 주면서 유혹했지만 수도사는 여전히 꿈쩍하지 않고 자기의 길을 갑니다. 그다음부터는 그가 좋아하는 것들을 사용해서 위협하기도 하고 유혹하기도 했지만 수도사는 꿈쩍을 않고 자기가 가는 길을 지켰습니다.

마귀 졸개들이 자기들이 할 일을 다하고는 오히려 시험을 받았습니다. 그래서 시무룩해 있을 때 대장 마귀가 와서 그 이유를 물었습니다. 졸개들의 이야기를 듣고는 대장 마귀가 "나를 한번 지켜봐라" 하고서 수도사 옆에 가서 귀에다 손을 대고 짧은 말로 소곤거렸습니다. 그 소리를 들은 수도사의 얼굴이 시퍼렇게 질리더니 이내 울그락불그락하는 것입니다. 마귀 졸개들이 역시 대장은 다르다고 감탄하면서 도대체 그 비법이 무엇이냐고 물었습니다. 답은 딱 한마디였습니다.

"네 동생이 알렉산드리아 대주교가 됐다."

그 한마디에 수도사의 얼굴이 그렇게 변한 것입니다. 당시 알렉산드리아는 모든 종교와 문화의 중심지였습니다. 오늘날로 치면 뉴욕의 대주교가 됐다는 것과 마찬가지입니다. 동생이 그렇게 됐다고 하니까 얼굴색이 변하기 시작한 것입니다. 인간의 근원에 시기 질투가 있어서 이것이 은근히 발동을 하면 형제도 없어지고 맙니다.

오늘 여러분과 제가 하나님의 말씀을 들을 때 기도하는 것이 습관이 되고, 말씀을 읽고 묵상하고 전하는 것이 습관이 되고, 남을 일으켜 세우고 격려하는 것이 습관이 되면 우리들을 통해서 교회가 든든하게 세워져 가는 역사가 일어날 것입니다.

데살로니가전서 1장에서 사도 바울은 데살로니가 교회 칭찬을 참 많이 했습니다. 3절을 보면 믿음의 역사가 일어나고 사랑의 수고가 있고 주 예수 그리스도에 대한 소망의 인내를 가진 교회라고 했습니다. 5절에는 '복음이 말로만 너희에게 이른 것이 아니라 능력과 성령과 큰 확신으로 된 것'이라고 했습니다. 세 안식일, 곧 한 달도 안 되는 동안에 이런 일들이 일어난 것입니다. 그래서 데살로니가 교회가 마게도니아, 아가야 여러 지방에 믿는 자의 본이 되고 소문이 났습니다. 오늘날로 말하면 그리스와 루마니아, 옛 유고슬로비아 같은 지역의 반도 전체에 소문난 교회가 됐다는 것입니다. 3개월도 아니고 3년도 아니고 불과 3주 복음이 전파되었는데 이런 교회가 형성되었습니다. 성령과 능력이 큰 확신으로 하나님의 말씀으로 저들에게 임한 것입니다.

"너희가 우리에게 들은 바 하나님의 말씀을 받을 때에 사람의 말로 아니하고 하나님의 말씀으로 받음이니"(살전 2:13).

데살로니가에 있는 사람들이 바울이란 사람의 말로 듣지 아니하고 하나님의 말씀으로 받았다는 것입니다.

그다음 본문 말씀에 그 증거가 나옵니다. 바로 유대인들이 시기가 발동하여 깡패들을 동원해서 바울과 실라가 묵고 있는 야손의 집을 습격하였습니다(5-8절). 시기가 발동하니까 온 성읍이 읍장까지도 일어나서 소동을 벌였습니다. 야손이 바울과 실라를 받아들였다고 해서 그 집을 습격해서 바울과 실라를 체포하려고 했는데 그들이 없었습니다. 그러자 불량배들이 지금 야손과 그 형제들을 붙잡아 읍장으로 끌고 가서 죽도록 때리고 바울과 실라가 어디 있느냐고 캐물었지만 야손과 형제들이 이야기하지 않고 자기들이 고난을 받았습니다.

복음을 위한 고난

지금 야손은 복음을 위해서, 복음을 전파하는 주의 종을 위해서 자기가 고난을 받고 있습니다. 3주 동안 사도 바울의 복음 전파를 통해서 야손이라는 사람도 믿게 됐는데 고난을 담당할 수 있는 믿음으로 성장했습니다. 자기에게 그 복음을 증거해 준 바울을 보호하고 변호하는 사람으로 바뀐 것입니다. 그 잠깐 동안의 기간을 통해서 참 믿음이 무엇인지, 구원의 믿음이 무엇인지, 은혜가 무엇인지, 내가 하나님을 위해서 살아야 한다는 것이 무엇인지를 깨달은 것입니다. 영적 거듭남, 영적 생명, 예수의 생명, 하나님의 교회에 지체가 될 수 있는 근본, 복음에 대해 짧은 시간 동안 들었지만 그 속에 임한 것입니다.

우리 성도들도 정말로 예수님의 생명이 그 심령 가운데 탄생해서 성령이 거하는 전이 되었느냐, 아니면 습관을 따라서 그냥 종교적인 신앙생활을 하고 있느냐를 돌아보아야 합니다. 신앙생활을 하면서도 거듭나지 않고 예수의 생명이 없이 그냥 종교적인 생활을 하고 있다면 내가 일생을 믿었든지, 혹은 3~4대, 5~6대를 믿었어도 생명적인 것은 이렇게 차이가 나는 것입니다.

빌립보서 1장 29절을 보면 "그리스도를 위하여 너희에게 은혜를 주신 것은 다만 그를 믿을 뿐 아니라 또한 그를 위하여 고난도 받게 하심이라" 했습니다. 우리가 믿음을 갖는다는 것은 은혜이고, 은혜를 받아야 또 믿음이 생깁니다.

사도 바울은 그리스도의 남은 고난을 그의 몸 된 교회를 위해서 내 육체에 채운다고 골로새서 1장 24절에 고백했습니다. 그래서 고난이란 결국 우리에게 주어진 선물입니다. 고난은 주님의 마음을 얻을 수 있는 기회이면서, 동시에 사람의 마음까지도 얻을 수 있는 기회입니다. 어려운 일을 당할 때 어려운 일 당하는 그곳에 마음을 하나로 합해서 그 일을 이루어 가 보십시오. 이것이 사람들의 마음을 얻는 길입니다. 신앙생활을 하는 우리에게 있어서는 하나님의 마음이 있는 곳에 우리의 마음이 가 있을 때, 거기서 또 영혼도 얻는 축복이 일어납니다.

지금 사도 바울을 통해서 끊임없이 영혼들이 구원되고, 하나님께서 그에게 영혼을 붙여 주시고, 거기에 변화가 일어나고, 가는 곳마다 교회가 세워지는 역사가 일어난 것은, 이러한 억울한 일, 고난, 성도들의 아픔을 자기 몸에 남은 그리스도의 고난으로 알았기 때문입니다. 그곳에 주님의 마음이 함께하여 변화가 일어나고, 예수가 체험되고, 십자가가 체험되며, 예수의 생명을 체험하는 일이 일어나는 것입니다.

여러분, 교회가 어려움을 당할 때는 우리가 하나님의 마음을 얻고 사람의 마음까지도 하나가 될 수 있는 기회입니다. 어떤 가정들이 어려움을 당할 때 마음이 하나로 모이고 주님의 마음도 함께 나눌 수 있는 기회임을 알아야 합니다. 슬픔 당하는 자, 고난당하는 자와 마음을 함께하라는 것은 주님의 마음이 거기에 있기 때문입니다. 주님이 가난한 자들, 세리들, 비난 받는 자들, 소외된 자들과 함께하셨음을 기억하시기 바랍니다.

사랑하는 성도 여러분! 여러분과 저를 통해서 하나님의 생명의 역사가 일어나서, 정말 이 데살로니가 교회와 같이 인근 지역에 소문난 교회가 되고 싶지 않습니까? 데살로니가 교회, 빌립보 교회가 그냥 이루어진 것이 아닙니다. 고난과 짐을 함께 담당하는 자들을 통해서 주님의 교회가 든든히 세워져 가는 것입니다. 말씀이 능력으로 임하고, 성령의 능력으로 임하고, 확신으로 임한 사람, 함께 고난 받는 사람들을 통해서 교회가 세워지고 이루어집니다.

오늘 여러분과 저에게, 그리고 믿는 자들에게 이 사명을 주셨습니다. 오늘 여러분을 통해서 많은 이들이 주님 앞으로 돌아오는 역사가 일어나고, 우리 베다니 교회가 그런 소문난 교회가 되도록 기도해 주시기 바랍니다.

더 신사적인 베뢰아 사람

사도행전 17:10-15

밤에 형제들이 곧 바울과 실라를 베뢰아로 보내니 저희가 이르러 유대인의 회당에 들어가니라 베뢰아 사람은 데살로니가에 있는 사람보다 더 신사적이어서 간절한 마음으로 말씀을 받고 이것이 그러한가 하여 날마다 성경을 상고하므로 그중에 믿는 사람이 많고 또 헬라의 귀부인과 남자가 적지 아니하나 데살로니가에 있는 유대인들이 바울이 하나님 말씀을 베뢰아에서도 전하는 줄을 알고 거기도 가서 무리를 움직여 소동케 하거늘 형제들이 곧 바울을 내어 보내어 바다까지 가게 하되 실라와 디모데는 아직 거기 유하더라 바울을 인도하는 사람들이 데리고 아덴까지 이르러 바울에게서 실라와 디모데를 자기에게로 속히 오게 하라는 명을 받고 떠나니라

본문 말씀에 베뢰아에 있는 유대인들은 데살로니가 사람들보다 더 신사적이었다고 합니다. 그들은 간절한 마음으로 말씀을 받고 날마다 성경을 상고하는 사람들이었습니다. 사도 바울은 성령의 인도하심을 따라 유럽의 첫 성인 데살로니가에서 기도하는 여인들, 특별히 루디아를 만나고 또 바울 대신 고난을 받을 수 있는 야손과 같은 사람을 만났습니다. 그래서 빌립보 교회와 같은 놀라운 교회가 이루어졌습니다.

이렇게 하나님의 말씀을 받고 형성된 빌립보 교회였지만 데살로니

가에는 그렇지 못한 사람들도 있었습니다. 데살로니가전서 말씀대로 소문난 교회, 훌륭한 성도들이 있는가 하면 반면에 사도 바울이 복음 전하는 것을 시기하고 방해하는 유대인들도 있었습니다.

밤에 바울이 베뢰아에 가서 회당에서 말씀을 증거하는데 많은 귀부인과 남자들이 하나님 앞에 돌아오는 일이 일어났습니다. 그러자 데살로니가에 있는 유대인들이 그곳에 원정까지 가서 핍박하는 소동을 벌였습니다.

말씀은 우리의 인생 안내서

바울이 베뢰아의 회당에 들어가서 말씀을 증거해 보고는 베뢰아 사람들은 데살로니가 사람들보다 더 신사적이었다고 했습니다. 새번역성경은 '더 너그러운 사람들'이라고 표현하고 있습니다. 우리도 어느 지방이나 교회, 집을 방문했을 때 그곳 나름의 분위기를 느낄 수 있습니다. 저도 집회를 위해 다른 교회를 가보면 그 교회 분위기가 느껴집니다. 사모하면서 성회를 기다리다가 맞이했구나 하는 게 보이는 교회가 있는가 하면, 도대체 어떤 이가 왔나 첫 시간부터 탐색전이나 벌이다가 마음을 열어 줄 듯 말 듯한 자세로 끝나버리는 교회도 있습니다.

사도 바울은 어느 지역에 가든지 유대인들의 회당을 먼저 방문하였습니다. 그래서 베뢰아에 와서도 회당을 방문했는데 같은 유대인이지만 데살로니가보다 베뢰아에 있는 유대인들은 더 너그러운 사람들이었다는 것입니다.

그렇다면 베뢰아의 유대인들이 더 열린 마음, 관대한 마음을 가진 신사적인 사람들이었다는 말일까요?

"베뢰아 사람은 데살로니가에 있는 사람보다 더 신사적이어서 간절한 마음으로 말씀을 받고 이것이 그러한가 하여 날마다 성경을 상고하므로"(11절).

우리말 성경에는 그들이 마음이 너그러워서 그때문에 간절한 마음으로 말씀을 받고 또 날마다 성경을 상고한 것처럼 번역되어 있습니다. 그러나 사실 베뢰아 사람들이 간절한 마음으로 말씀을 받고 날마다 성경을 상고했기 때문에 더 너그러운 사람들이 된 것입니다. 그래서 사도 바울이 와서 예수님을 증거할 때 갈망하는 마음으로 받고, 예수가 과연 지금까지 그들이 기다리고 있던 참 메시아인가 생각하며 성경을 상고했습니다. 그리하여 더 많은 사람들이 믿고 주님 앞에 돌아오는 결과가 나타난 것입니다.

우리들 마음 가운데에는 너그러운 마음을 가져서 포용할 수 있는 마음을 갖기 원하는 소망이 있습니다. 대부분 그럴 것입니다. 그런데 왜 너그러운 마음이 없습니까? 왜 누가 나를 살짝만 건드려도 터질 것 같고, 신경이 날카롭고, 어떤 때는 남이 원망스럽습니까? 왜 열린 마음, 풍성한 마음이 없을까요?

베뢰아의 사람들이 더 너그러운 마음, 열린 마음을 가지고 있어서 바울이 전하는 하나님의 말씀을 받고 많은 귀부인들이 돌아오고, 그 남편들이 돌아오고, 예수 믿는 사람들이 늘어간 이유는, 그들이 간절한 마음으로 말씀을 받고 이것을 확인하기 위해 날마다 성경을 묵상하였기 때문이었습니다.

오늘 여러분과 제가 스스로 점검해 볼 때 내가 왜 그렇게 조급하고 남을 용납하지 못하고 이해해 주지 못하는 사람, 말 한마디만 들어도 분통이 터지는 사람이 되었는지에 대한 답을 찾을 수 있습니다. 결국 해답은 하나님의 말씀이 지금 내 안에 풍성히 거하고 있지 못하기 때문입니다.

우리가 간절히 사모하는 마음으로 예배를 드리는 자가 되려면, 하나님을 갈망하고 말씀을 사모하면서 성경을 상고하고 있는가를 점검해야 합니다. 사람은 자기 속에 가득한 것을 말하고 행동으로 나타내게 되어 있으니, 결국 살아 있고 운동력 있는 하나님의 말씀이 내 속에 들어 있는가 아니면 세상 것으로 가득 차 있는가를 보라는 것입니다.

생활에 어려움이 있고 고난과 고통이 다가온다고 해도 한 주 내내 말씀 생활을 하면서 모든 고난과 고통을 말씀으로 이기고 소화하면서 한 주일을 보낸 사람이 예배드리는 것과, 말씀 생활을 제대로 하지 못하다가 주일이 되어 겨우 교회에 와서 예배드리는 것, 당연히 말씀 받는 것이 같을 수 없습니다.

베뢰아 사람들은 매일 말씀을 상고하고 사모하는 마음으로 말씀을 받는 자세를 가지고 있었기 때문에 그들은 이미 마음밭이 옥토가 된 것입니다. 그래서 말씀이 떨어질 때 심비에 새겨지고 믿어지는 역사가 일어난 것입니다.

오늘 말씀을 보면 데살로니가에 있는 유대인들은 같은 유대인이지만 얼마나 사나운지 베뢰아까지 원정을 와서 그들을 충돌질하면서 바울을 대적하도록 만듭니다. 그러나 베뢰아 사람들은 요동도 하지 않고 그들의 선동에 넘어가지 않았습니다. 그들에겐 하나님의 말씀이 있었기 때문입니다. 말씀이 없으면 선동이나 유혹에 넘어가기 쉽습니다. 그래서 우리가 하나님의 말씀을 읽고 묵상해야 합니다. 날마다 하나님의 말씀을 먹어야 합니다. 왜 성경을 갈망하고 사모하면서 날마다 묵상하고 마음에 새기는 일을 해야 하는지 그 중요성을 깨달으시기 바랍니다.

말씀이 내 안에 들어와 있는 삶

우리 기독교 역사 가운데 하나님 앞에 쓰임 받은 사람들을 보면 모두 하나님의 말씀을 사랑했고 늘 가까이하며 읽고 묵상하고 암송하고 그 말씀을 먹은 분들임을 알 수 있습니다. 루터가 그랬고 웨슬리 목사님도 그렇고 조나단 에드워드 같은 분도 그렇고 이름을 댈 수 있는 많은 분들, 주의 복음이 전파되는 일을 위해서 일한 분들을 보면 다 말씀의 사람들이었습니다. 그러므로 여러분이 하나님 앞에 쓰임 받고 하나님의 사람으로 남은 삶이 드려지기 원한다면 말씀을 가까이 해야 합니다.

하나님의 말씀은 우리의 인생 안내서, 사용설명서입니다. 자동차를 사면 매뉴얼이 따라옵니다. 우리 세대는 그냥 자동차 시동을 걸고 기어를 주행에 놓기만 하면 가는 줄 알고, 드라이브에 놓기만 하면 가는 줄 알고 매뉴얼을 잘 읽지 않습니다. 그런데 자동차를 아주 비싼 것으로 사놓고 몇 년을 그냥 타기만 하고 엔진오일 한 번도 갈아 주지 않으면 어느 날 갑자기 차가 서버릴 것입니다. 좋은 차를 그냥 폐차시켜야 합니다. 그러므로 매뉴얼을 꼼꼼히 읽어야 합니다.

하나님은 우리 인간을 창조하셨기 때문에 우리를 너무 잘 알고 계십니다. 우리가 자동차처럼 수리해야 할 것들을 제대로 수리하고 고침 받으려면 매뉴얼을 봐야 합니다. 하나님의 말씀인 성경을 읽으면 그 말씀 속에서 내가 무엇이 잘못되었는지, 내가 무엇을 해야 하는지 알게 되어 있습니다.

빌리 그레이엄 목사님이 이 세상에 일어나는 일의 90퍼센트 이상은 말씀이 없기 때문에 일어나는 문제라고 말씀하셨습니다. 지금 여러분이 가지고 고민하는 문제, 좌절하고 있는 문제들이 하나님의 말씀이 없어서 생긴다는 것입니다. 만약에 하나님의 말씀이 여러분 안에 들어가 있어서 여러분의 마음이 베뢰아 사람들처럼 너그러운 사람이 되고 열린 마음이 되어서 하나님의 말씀을 받고 상고하는 사람이 됐다면, 그것들이 문제가 되지 않을 수 있는 것입니다.

하나님의 말씀은 살았고 운동력이 있습니다. 살아 있는 생명의 말씀이기 때문에 우리에게 생명을 주고 힘을 줍니다. 음식을 먹으면 그 음식이 우리에게 에너지를 공급하는 것처럼, 말씀은 우리에게 영적 영양을 공급하고 영적 건강을 주는 것입니다.

> "하나님의 말씀은 살았고 운동력이 있어 좌우에 날 선 어떤 검보다도 예리하여 혼과 영과 및 관절과 골수를 찔러 쪼개기까지 하며 또 마음의 생각과 뜻을 감찰하나니"(히 4:12).

법정에서 판사의 말 한마디는 사람을 죽이기도 하고 죽을 사람을 살릴 수도 있습니다. 신분과 그 권세가 그에게 주어졌기 때문입니다. 하나님 여호와는 우주 만물을 창조하시고 섭리하시고 운행하십니다. 그 하나님의 말씀 한마디에 없었던 것이 생기는 창조의 역사가 일어납니다. 그 하나님의 말씀이 우리 속에 들어오면 살아 있고 운동력 있어 내 영을 살리고 혼을 살리고 내 육도 살리고 치료하는 역사가 일어난다는 것입니다.

더러운 병마를 물리칠 수 있는 능력이 하나님의 말씀 가운데 있기 때문에 그 말씀이 들어올 때에 치유의 역사가 일어납니다. 죄인들에게 죄인임을 깨닫게 하고, 죄악을 드러내고 위선을 벗기며 고집을 꺾고 마음을 낮출 수 있는, 곧 회개할 수 있는 마음이 하나님의 말씀으로 말미암아 우리 속에 들어오는 것입니다.

하나님의 말씀을 온전히 하나님의 말씀으로 받을 수 있는 마음의 자세가 필요합니다. 그러기 위해서는 늘 하나님의 말씀을 간절히 사모해야 합니다. 하나님을 만나는 비결은 하나님의 말씀을 만나는 것입니다. 하나님이 하신 말씀이기 때문에 그 말씀 속에서 하나님을 만나는 것입니다. 하나님을 만나면 하나님의 위대하심이 나에게 이루어집니다. 마음이 병든 사람, 육신이 병든 사람, 세상살이가 귀찮게 생각되는 모든 사람들을 살리는 역사가 하나님의 말씀에서 일어납니다.

인생을 포기하고 좌절하고 낙망했던 수많은 사람들이 하나님의 말씀을 읽고 혹은 말씀을 듣고 묵상하다가 살아났고 치료 받았습니다. 여러분이 그 주인공 되시기를 예수님의 이름으로 축원합니다.

하나님의 말씀은 생명의 양식입니다. 우리의 일용할 양식입니다.

"사람이 떡으로만 살 것이 아니요 하나님의 입으로 나오는 모든 말씀으로 살 것이라"(마 4:4)고 했습니다. 아모스가 당시 시대를 한탄하면서 "양식이 없어 주림이 아니며 물이 없어 갈함이 아니요 여호와의 말씀을 듣지 못한 기갈이라"(암 8:11)고 했습니다.

우리가 하나님의 말씀을 그렇게 먹고 있는지 돌아보아야 합니다. 하나님의 말씀은 먹으면 먹을수록 우리를 건강하게 합니다. 과식이 없습니다.

거북이가 500일을 먹지 않고도 산다는데, 어떤 분이 요즘 거북이 교인이 많다고 우스갯소리 하는 것을 들었습니다. 1년 내내 거북이같이 말씀도 안 먹고 껍데기만 남아 있는 교인을 가리키는 말이라고 합니다. 우리가 한 주일 내내 하나님의 말을 먹지 않고, 1년 내내 먹지 않고 신앙생활을 한다면 그야말로 껍데기 교인입니다. 능력이 없습니다. 그러므로 마귀의 유혹에 그대로 넘어가는 것입니다.

만약에 데살로니가의 유대인들같이 원정 와서 바울을 반대하는 일을 한다면 그냥 넘어가는 것입니다. 같이 합세하여 소동을 일으키는 사람과 마찬가지가 됩니다. 교회는 아직 성장하지 못한 크리스천들도 많이 있습니다. 성장하지 못한 어린아이 같은 크리스천들은 별소리 다 할 수 있고 별짓 다 할 수 있습니다. 교회 안에는 아직 예수를 모르고 하나님도 모르는 이들도 있기 때문에 더 넓은 마음을 가지고 있는 사람들, 성숙한 크리스천들이 그들을 감싸 안아야 합니다. 이해하고 품어야 합니다.

가정에도 형님과 누나, 언니가 엄마의 역할을 하면서 동생들을 돌보지 않습니까? 어린아이들은 물건을 깨뜨리고 물을 엎질러도 용납

됩니다. 어리기 때문입니다. 교회에서도 하나님의 말씀을 먹고 너그러워진 사람들, 곧 성숙한 크리스천이 되어 그렇게 포용할 수 있어야 합니다.

여러분, 하나님의 말씀은 죄의 유혹, 육신의 유혹, 세상적인 유혹을 이기게 되어 있습니다. 다윗은 시편에서 "내가 주께 범죄치 아니하려 하여 주의 말씀을 내 마음에 두었나이다", "청년이 무엇으로 그 행실을 깨끗케 하리이까 주의 말씀을 따라 삼갈 것이니이다"라고 했습니다. 그렇습니다. 하나님의 말씀이 내 안에 들어와 있으면 그 말씀이 우리로 하여금 범죄하지 않게 하고 유혹과 미혹에도 넘어가지 않도록 해줍니다.

예수님도 마귀가 와서 유혹할 때 하나님의 말씀으로 물리쳤습니다. 하나님의 말씀이 아니면 마귀를 물리칠 수가 없고 유혹을 물리칠 수가 없습니다. 따라서 하나님의 말씀을 매일 순간마다 상고할 때 그 말씀이 우리를 지키고 우리 마음을 너그럽게 해줄 것입니다. 하나님의 말씀의 생명으로 우리를 채우면 세상 것이 침범할 수가 없습니다. 세상 것은 계속 문을 두드리고 건드리지만 내 안에 말씀이 차 있다면 세상 것을 물리치는 능력이 나옵니다.

여러분에게도 하나님의 말씀인 성경이 참고서가 되지 않기 원합니다. 오늘날 하나님의 말씀이 그저 참고서 격이 되어 그냥 참고만 하는 이들이 있습니다. 절대로 성경은 참고서가 될 수 없습니다. 교과서입니다. 그러므로 어떻게든지 하나님의 말씀을 가까이하고 그 말씀이 내 안에 들어와 있도록 해야 합니다. 그래서 나를 너그럽게 하고 포용하게 하고 하나님의 말씀을 선포할 수 있는 이런 능력이 임할 수 있도록 해야 합니다. 그래야 여러분의 삶에 변화가 일어나고 새 출발이 됩니다.

말씀 운동에 같이 참여하면서 말씀을 사랑하고, 읽고, 묵상하고, 암기하고, 마음에 새기고, 순종하는 말씀 사랑이 일어나기를 예수님의 이름으로 축원합니다.

새로운 것을 추구하는 아덴 사람들

사도행전 17:16-25

바울이 아덴에서 저희를 기다리다가 온 성에 우상이 가득한 것을 보고 마음에 분하여 회당에서는 유대인과 경건한 사람들과 또 저자에서는 날마다 만나는 사람들과 변론하니 어떤 에비구레오와 스도이고 철학자들도 바울과 쟁론할새 혹은 이르되 이 말장이가 무슨 말을 하고자 하느뇨 하고 혹은 이르되 이방 신들을 전하는 사람인가 보다 하니 이는 바울이 예수와 또 몸의 부활 전함을 인함이러라 붙들어 가지고 아레오바고로 가며 말하기를 우리가 너의 말하는 이 새 교가 무엇인지 알 수 있겠느냐 네가 무슨 이상한 것을 우리 귀에 들려주니 그 무슨 뜻인지 알고자 하노라 하니 모든 아덴 사람과 거기서 나그네 된 외국인들이 가장 새로 되는 것을 말하고 듣는 이외에 달리는 시간을 쓰지 않음이더라 바울이 아레오바고 가운데 서서 말하되 아덴 사람들아 너희를 보니 범사에 종교성이 많도다 내가 두루 다니며 너희의 위하는 것들을 보다가 알지 못하는 신에게라고 새긴 단도 보았으니 그런즉 너희가 알지 못하고 위하는 그것을 내가 너희에게 알게 하리라 우주와 그 가운데 있는 만유를 지으신 신께서는 천지의 주재시니 손으로 지은 전에 계시지 아니하시고 또 무엇이 부족한 것처럼 사람의 손으로 섬김을 받으시는 것이 아니니 이는 만민에게 생명과 호흡과 만물을 친히 주시는 자이심이라

사도 바울이 제2차 전도 여행 중에 데살로니가를 방문하고 베뢰아를 지나서 아덴에 이르렀습니다. 아덴은 당시의 최대 첨단 도시입니다. 문화, 예술, 철학과 지식에서 앞장서 가는 헬레니즘의 발상지가 바로 아덴이었습니다. 당시 정치적으로는 로마가 세계를 지배하고 있

었지만 정신세계를 지배하는 것은 헬레니즘 문화였습니다. 그러니 바울이 당대를 이끌어가는 도시인 아덴에 이르렀을 때에 얼마나 기대를 많이 했겠습니까?

그런데 본문 말씀은 "바울이 아덴에서 저희를 기다리다가 온 성에 우상이 가득한 것을 보고 마음에 분하여"라고 했습니다.

자기 지혜로 하나님을 알지 못한다

사도 바울은 어떤 목적을 가지고 아덴에 갔습니다. 가는 곳마다 바울의 관심은 영혼을 건지는 일이었습니다. 우리는 미개한 사람들이 미신을 섬긴다고 여기는데 그렇지가 않습니다. 오히려 문화가 발달하고 지식이 팽배한 곳에 우상이 더 많습니다. 미신이나 우상은 타락한 자들의 산물입니다.

우리나라도 1950년대 60년대 살기가 힘들 때는 공식적으로 등록된 무당이 그리 많지 않았습니다. 60년대만 하더라도 통계로 3만 명 정도였습니다. 그러나 1970년대, 80년대 초의 통계에는 80만 명이었고, 지금은 등록되어 있는 무당 수가 백만 명이 넘는다고 합니다. 등록된 무당은 전문 무당을 말합니다.

이들이 언제 가장 많이 생겼을까요? 우리나라가 경제적으로 막 일어나던 1970년~80년대입니다. 한국 경제가 막 일어나서 세계의 선진국으로 발돋움을 하는 그런 때, 문화가 팽배하던 때입니다. 상대적으로 미신적인 것과 우상적인 것이 물러가야 할 때인데 점치고 사주보고 관상 보는 사람이 더 많고 미신과 우상을 섬기는 사람이 훨씬 더 많아진 것입니다.

새 자동차를 사면 돼지머리를 놓고 절하고, 최신 비행기를 도입해 놓고도 고사를 지내는 것을 보면 참으로 아이러니입니다. 경제, 문화가 발달하고 삶의 질이 높아진 시대의 사람들의 행태가 이러하니, 우상과 미신은 미개한 시대나 사람들의 산물이라기보다 하나님이 없는 타락한 인간 존재의 산물이라는 주장이 무게를 얻고 있습니다.

지식이 발달하고 철학이 발생한 곳, 당시 세계 문화의 중심인 아덴에 왜 이렇게 우상이 가득할까요? 사도 바울은 이런 아덴을 보면서 울분이 터졌습니다. 성경적으로 거룩한 분노의 이야기를 여러 번 했습니다. 바울에게는 복음, 예수의 생명이 들어 있기 때문에 타락과 탐욕의 도시, 허황된 세계를 볼 때면 분노하지 않을 수 없었습니다.

당시 사람들은 새것을 추구하여 가장 새로운 것을 말하고 듣는 이외에는 시간을 쓰지 않았다고 합니다. 사실 해 아래 새것이 없지만 당시 아덴은 유행의 첨단 도시입니다. 예수님이 오시기 300~400년 전부터 이미 아덴은 최신의 세상 문화를 창조하는 곳이었습니다. 에비구레오는 에피쿠로스, 즉 쾌락주의자들입니다. 인생을 즐기되 그래도 철학자들이기 때문에 고상합니다. 고통이나 육정, 죽음의 공포에서 벗어나 마음의 평정을 얻기 위해서는 무엇이든지 추구하는 사람들입니다. 쾌락을 얻기 원하기 때문에 '신'의 존재가 중요하지 않습니다. 반면에 스토아파는 이성을 중요하게 여기고 생각의 합리성을 중요하게 여겼습니다. 세상의 모든 원리는 이성의 원리에 의해서 움직인다고 믿었던 범신론자들이었습니다. 세상에 있는 모든 것에 다 신이 있다고 주장했습니다.

플라톤이나 아리스토텔레스가 이야기하는 신적인 존재도 기독교가 말하는 하나님이 아닙니다. 자기들이 만들어낸 초월적인 신입니다. 포스트모더니즘은 어떤 절대적인 신을 이야기하면 안 된다는 것인데, 모든 신은 다 같고 모든 종교가 동등하다고 주장합니다. 범신론적인 것으로, 그들이 말하는 하나님은 우리가 믿는 여호와 하나님이 아닙니다. 그래서 사도 바울이 아덴에 가서 울분을 터뜨린 것입니다.

그런데 아덴 사람들은 새것을 요구하는 사람들이기 때문에 바울이 예수를 이야기하고 부활을 이야기하니까 새로운 것을 듣고 즐기기 위해서 바울을 세워놓고 마음대로 이야기하도록 했습니다. 자신들의 이성을 만족시키기 위해서 '새로운 것'을 들어 보자는 것입니다. 그런데 사람의 목마름은 계속해서 새것을 만들어낸다고 해도 만족할 수 없습니다. 점점 더 공허해지고 목마름도 더 커진다고 성경이 우리에게 말씀하고 있습니다.

나를 새롭게 하고 나를 변화시킬 수 있는 것은 예수 그리스도의 복음, 기쁜 소식뿐입니다. 이것은 이성의 소리가 아니고 말을 만들어내는 말쟁이들의 소리가 아닙니다. 그렇다면 사도 바울이 말하는 것이 무엇입니까? '알지 못하는 신'을 섬기고 있는 그들을 향해서 "내가 믿는 하나님이 어떤 하나님인지 아십니까?"라고 말하면서 하나님을 소개하는 것입니다.

"우주와 그 가운데 있는 만유를 지으신 신!"

그가 선포하는 하나님은 만유를 지으신 신입니다. 창조주 하나님을 소개하는 것입니다. 우주 만물도 어디서 발전해서 나온 것이 아니라 하나님 여호와께서 창조하신 창조물이라는 것을 믿으시기 바랍니다. 내가 믿는 하나님이 누구인지 아십니까? '천지의 주재시니 손으로 지은 전에 계시지 아니하시고' 우주 만물을 다스리고 통치하시는 분입니다. 반면에 그들이 믿는 신은, 우리 삶과는 상관이 없는 존재인 초월적인 존재이며 이론으로만 존재하는 신입니다. 손으로 지은 곳에 거한다고 생각하여, 관광 명소인 파르테논 신전 안에 당시에 2만 5천 내지 3만의 우상이 있었다고 합니다.

또 하나님은 생명과 호흡을 주장하시는 분입니다. 놀라운 일입니다. 그런데 그들은 이 말씀을 살아 있는 생명 있는 말씀으로 받는 것이 아니었습니다. 어떤 새로운 가르침으로만 받았기 때문에 아덴에서는 믿는 자가 많이 일어나지 않았고 아덴에 교회가 세워졌다는 이야기가 없습니다. 그래서 사도 바울은 이때 복음을 전하는 전도 전략도 크게 배운 바가 있습니다.

아덴 선교를 마치고 바울이 다음으로 간 곳은 고린도입니다. 고린도는 남쪽의 항구도시로서 마찬가지로 헬라 문화가 창궐한 대도시였습니다.

"십자가의 도가 멸망하는 자들에게는 미련한 것이요 구원을 얻는 우리에게는 하나님의 능력이라"(고전 1:18).

사람들이 자기 지혜를 구하므로 하나님을 알지 못한다는 것을 철저하게 느낀 것입니다.

"유대인은 표적을 구하고 헬라인은 지혜를 찾으나 우리는 십자가에 못 박힌 그리스도를 전하니 유대인에게는 거리끼는 것이요 이방인에게는 미련한 것이로되 오직 부르심을 입은 자들에게는 유대인이나 헬라인이나 그리스도는 하나님의 능력이요 하나님의 지혜니라"(고전 1:22-24).

사도 바울이 아덴 전도를 마치고 얻은 깨달음은 바르 "형제들아 내가 너희에게 나아가 하나님의 증거를 전할 때에 말과 지혜의 아름다운 것으로 아니하였나니"(고전 2:1)라는 말씀입니다. 2절에서는 "내가 너희 중에서 예수 그리스도와 그의 십자가에 못 박히신 것 외에는 아무 것도 알지 아니하기로 작정하였음이라"고 결단을 했습니다.

"내가 너희 가운데 거할 때에 약하며 두려워하며 심히 떨었노라 내 말과 내 전도함이 지혜의 권하는 말로 하지 아니하고 다만 성령의 나타남과 능력으로 하여 너희 믿음이 사람의 지혜에 있지 아니하고 다만 하나님의 능력에 있게 하려 하였노라"(고전 2:3-5).

우리가 유혹을 받는 것이 무엇입니까? 이 사람은 지식이 많고 책을 많이 본 사람이니까 그 수준에 맞추어 전도하겠다고 생각할 수 있습니다. 물론 그런 고려를 하는 것은 중요한 일입니다. 그러나 그를 변화시키는 것은 지식이나 이론이 아니라는 것입니다. 오로지 말씀으로 돌아가야 함을 깨달았습니다.

"디모데야 네게 부탁한 것을 지키고 거짓되이 일컫는 지식의 망령되고 허한 말과 변론을 피하라"(딤전 6:20).

우리는 종종 전도할 때 상대방을 아무 말도 못하도록 변론으로 이기면 전도에 승리한 줄 압니다. 그러나 논쟁해서 이김으로 그 사람이 예수 믿으리라고 생각하지 말아야 합니다. 사람은 지면 약이 오르고 보복하고 싶어지게 마련입니다.

"어리석고 무식한 변론을 버리라 이에서 다툼이 나는 줄 앎이라"(딤후 2:23).

사도 바울에게 아덴의 경험은 큰 교훈이 됐습니다. 철학이나 어떤 이론이나 논증이나 변론과 변증이 영혼을 구원하는 것이 아닙니다. 아모스서 8장 11절에 "보라 날이 이를지라 내가 기근을 땅에 보내리니 양식이 없어 주림이 아니며 물이 없어 갈함이 아니요 여호와의 말씀을 듣지 못한 기갈이라"고 한 것처럼 결국 우리를 새롭게 하고 우리를 채우는 것은 하나님의 말씀입니다.

빌리 그레이엄 목사는 "세상에 있는 수많은 문제들의 90퍼센트 이상은 하나님 말씀이 없기 때문이다"라고 말했습니다. 그렇습니다. 지금 여러분의 삶 가운데 일어나고 있는 문제들을 가만히 보십시오. 만약에 하나님의 말씀을 생명의 말씀으로 받고 순종하고 나와 우리 가정과 교회가 하나님 말씀의 인도함을 받는다면 그 문제가 일어났을까요? 지금 생명의 양식이 되어 나를 새롭게 하는 말씀을 우리가 먹고 있느냐는 말입니다.

이것이 문제입니다. 아덴 사람들이 자신을 새롭게 하기 위해서 수많은 새로운 것을 접하고 있지만 저희의 공허함과 갈급함은 더해 갔습니다. 사람들이 이렇게 쉽게 속습니다. 마귀는 이것을 이용하고 있습니다. 베뢰아 사람들과 아덴 사람들의 차이점이 무엇인지 아십니까? 베뢰아 지방 사람들은 하나님의 말씀에 대한 갈망함이 있고 하나님의 말씀을 날마다 상고했기에 바울이 복음을 전할 때에 말씀을 받고 믿는 자가 늘어나는 역사가 일어난 것입니다. 마음이 너그러운 사람들이 된 것입니다. 그런데 아덴 사람들은 최첨단을 걷는 사람들이었지만 마음이 강퍅했습니다.

캄보디아에 단기 선교 다녀온 분들이 고백을 하는데, 전도하러 마을에 가 보니 마을 주민들의 삶이 너무 열악하다고 했습니다. 지저분하고 더럽지만 그런데도 방문하는 선교팀원들에게 어서 오라고 환영했습니다. 자리를 닦고 앉으라고 하고, 자기들이 무엇인가 먹던 중이면 그것이라도 같이 먹자고 말합니다. 한국도 50~60년대 어려울 때는 인심이 참 좋았었습니다. 어렵고 힘들었어도 부침개 하나라도 이웃과 나누어 먹곤 했습니다. 그러나 지금은 옆집에 누가 사는지도 모릅니다. 잘살게 되었는데도 그 마음은 강퍅해지고 갈등을 합니다. 지금 이 시대가 그렇습니다.

이런 사람들을 향해서 성경이 말씀하는 것은 "말씀으로 돌아가라"는 것입니다. 그리스도 안에서만 새로워질 수 있다는 말씀입니다.

> "그런즉 누구든지 그리스도 안에 있으면 새로운 피조물이라 이전 것은 지나갔으니 보라 새것이 되었도다"(고후 5:17).

예수 그리스도 안의 새것, 하나님의 말씀으로 말미암는 새것 외에 이 세상에는 새것이 없습니다. 우리는 하나님 안에 있고 하나님 말씀 안에 있을 때에 새것이 됩니다. 하나님께서 그리스도 안에서 우리에게 신령한 복을 주십니다.

> "곧 창세 전에 그리스도 안에서 우리를 택하사 우리로 사랑 안에서 그 앞에 거룩하고 흠이 없게 하시려고 기쁘신 뜻대로 우리를 예정하사 예수 그리스도로 말미암아 자기의 아들들이 되게 하셨으니"(엡 1:4-5).

우리는 그리스도 안에서 그의 풍성함을 따라서 그의 피로 말미암아 속량 곧 죄 사함을 얻었습니다. 우리에게 예비하신 신령한 복, 예정하신 신령한 것들을 주시는 것입니다.

여러분, 그리스도 안에서만 새로워질 수 있습니다. 공허함을 채우고 갈등을 잠재우는 것은 하나님의 말씀이고, 그것은 곧 생명의 말씀인 그리스도에게로 돌아가는 길입니다. 여러분의 가정이 회복되기 위해서는 노력도 중요하지만 노력만으로는 되지 않습니다. 하나님의 말씀을 향한 노력이 있어야 합니다. 말씀을 암송하면 하나님의 말씀 안에 들어가게 되고, 그 말씀이 나를 이끌어 가게 됩니다.

아덴 사람들이 새로운 것을 듣고 말하는 것 외에 시간을 쓰지 않았다고 했습니다. 여러분, 그렇다면 무엇에 시간을 사용하겠습니까? 그냥 새로워지는 게 아닙니다. 말로 해서 새로워지는 것이 아닙니다. 내가 새로워질 수 있는 것에 시간을 투자해야 합니다. 그것이 무엇입니까? 말씀입니다. 기도입니다. 그러므로 성령님을 의지하십시오. 그래서 우리 교회에 말씀 운동, 기도 운동, 성경 운동, 전도 운동을 일으켜야 합니다. 운동도 지속적으로 해야 몸에 유익하지 한두 번만 하면 몸살만 납니다. 매일 해야 합니다.

여러분이 매일 꾸준하게 말씀에 투자를 하면 우리의 삶에 새로워지는 역사가 일어납니다. 여러분의 가정이 새로워질 것입니다. 나 자신이 새로워질 것입니다. 부모와 자식간의 관계도 새로워질 것입니다. 교회도 새로워질 것입니다. 저는 분명히 믿습니다. 여러분의 직장 관계도 새로워질 것니다. 왜 그렇습니까? 말씀 안에 새로움이 있기 때문입니다. 여러분 속에 허한 것, 방탕하고 부패한 것이 들어 있으면 그것을 몰아내야 합니다. 그래서 어떻게든지 하나님의 말씀이 나를 지배하고 다스리고 통치할 수 있도록 하자는 것입니다. 사도 바울이 깨달은 것이 바로 그것입니다.

예수 그리스도, 바로 그 안에 새로움이 있고 그것을 전하는 것, 그리스도의 능력에 의지하는 것 외에는 다른 어떤 것도 자랑치 않겠다는 것입니다. 그러면 하나님께서 모든 것을 더하시리라 말씀하셨습니다. 할렐루야!

모든 것을 더하는 역사가 일어납니다. 여러분 가정에 추구하는 것도 주시고, 개인이 추구하는 것도 주십니다. 하나님 말씀을 사랑하고 말씀 가운데 돌아가시기 바랍니다. 주님의 새로움 그리고 우리 삶의 새로움을 허락하시고 주님이 쓰시는 놀라운 축복의 역사가 일어나기를 예수님의 이름으로 축원합니다.

하나님은 누구신가?

사도행전 17:24-34

우주와 그 가운데 있는 만유를 지으신 신께서는 천지의 주재시니 손으로 지은 전에 계시지 아니하시고 또 무엇이 부족한 것처럼 사람의 손으로 섬김을 받으시는 것이 아니니 이는 만민에게 생명과 호흡과 만물을 친히 주시는 자이심이라 인류의 모든 족속을 한 혈통으로 만드사 온 땅에 거하게 하시고 저희의 연대를 정하시며 거주의 경계를 한하셨으니 이는 사람으로 하나님을 혹 더듬어 찾아 발견케 하려 하심이로되 그는 우리 각 사람에게서 멀리 떠나 계시지 아니하도다 우리가 그를 힘입어 살며 기동하며 있느니라 너희 시인 중에도 어떤 사람들의 말과 같이 우리가 그의 소생이라 하니 이와 같이 신의 소생이 되었은즉 신을 금이나 은이나 돌에다 사람의 기술과 고안으로 새긴 것들과 같이 여길 것이 아니니라 알지 못하던 시대에는 하나님이 허물치 아니하셨거니와 이제는 어디든지 사람을 다 명하사 회개하라 하셨으니 이는 정하신 사람으로 하여금 천하를 공의로 심판할 날을 작정하시고 이에 저를 죽은 자 가운데서 다시 살리신 것으로 모든 사람에게 믿을 만한 증거를 주셨음이니라 하니라 저희가 죽은 자의 부활을 듣고 혹은 기롱도 하고 혹은 이 일에 대하여 네 말을 다시 듣겠다 하니 이에 바울이 저희 가운데서 떠나매 몇 사람이 그를 친하여 믿으니 그 중 아레오바고 관원 디오누시오와 다마리라 하는 여자와 또 다른 사람들도 있었더라

사도 바울은 제2차 선교여행 중 아덴에 들러서 사람들에게 예수님을 소개하고 참 하나님이 어떤 분이신지 소개하면서 말씀을 선포하고 있습니다. 그는 세계 문화의 중심부 아덴에 도착했을 때 온 성이 우상으로 가득한 것을 보았습니다. 그 마음에 울분이 나고 애통

함이 나왔습니다. 사도 바울은 그들에게 하나님이 어떤 분이시고 또 육신을 입고 오신 예수 그리스도가 누구신지 소개하고, 그분이 하신 일이 무엇인지 말씀했습니다. 인간이란 무엇인지 말하고, 그 인간을 구원하신 예수가 꼭 필요한 존재이기 때문에 회개하고 예수를 마음에 모셔야 한다는 말씀을 전했습니다. 아덴 사람들에게 하나님은 생명과 호흡을 주신 분이라는 것을 전한 것입니다.

우리에게는 호흡이 있습니다. 이 호흡이 끊어지면 육신의 생명이 죽습니다. 그런데 성경이 말씀하는 것은 목숨, 육신의 숨을 쉬고 살다가 가는 것 외에도 생명이 있다는 것입니다. 여기에서 말하는 것은 생명의 근원이신 하나님만이 주시는 생명입니다. 그러니까 참 생명의 하나님을 모르는 사람은 살아 있다고 하지만 생명을 가지지 못한 것입니다. 목숨을 가지고 있어서 숨을 쉬는 존재이지만 하나님만이 주시는 이 생명을 가진 자들이 아니라는 것입니다. 그러므로 이런 사람들은 살았다고 하지만 죽은 자입니다. 그러니 여러분은 이 생명을 받아야 한다고 바울이 역설합니다. 이 생명은 예수 그리스도의 회복을 통해서 주신다는 것입니다.

> "인류의 모든 족속을 한 혈통으로 만드사 온 땅에 거하게 하시고 저희의 년대를 정하시며 거주의 경계를 한하셨으니"(26절).

사도 바울은 아덴 사람들에게 계속해서 하나님을 소개하고 있습니다.

우리가 믿는 하나님은 어떤 분인가?

첫째로 하나님은 어떤 하나님이십니까? 인류의 모든 족속을 한 혈통으로 만드신 하나님이라는 것입니다. 지금 아덴 사람들은 독특한 생각을 가지고 있습니다. 저들은 자기들을 에티카 반도의 독특한 흙으로 특별하게 만들어진 존재라고 생각하기 때문에 다른 족속과는 다르다고 생각했습니다. 모든 사람들이 다 자기 나름대로 고유의 생각들을 가지고 있고 다른 민족보다 우월하다고 생각하고 있습니다.

당시 아덴 사람들은 가장 앞선 문화를 형성한 사람들이기 때문에 자신들이 최고의 민족이라는 자부심을 가지고 있었습니다. 바울은 이런 사람들을 향해서 온 인류는 하나님이 한 혈통으로 지으신 인간이라면서, 아덴 사람들이 특별한 민족이 아니라고 말하는 것입니다. 그들의 신에 대한 잘못된 생각을 바꿔 주고자 바울이 믿는 참 하나님을 소개했습니다.

사실 아덴 사람뿐 아니라 이 세상에 살고 있는 모든 사람들이 나름대로 자기 민족에 대한 생각들을 가지고 있고, 그 민족만의 특별한 것을 가지고 있습니다. 한국 백성들에게도 단군 신화가 있습니다. 여러분이 더 잘 아시겠지만 환인이라는 천신이 환웅이라는 아들을 이 땅에 내려보내 다스리게 했는데, 그때 곰과 호랑이가 환웅을 찾아와서 자기네도 사람이 되고 싶다고 간청했습니다. 환웅이 쑥 한 자루, 마늘 스무 쪽을 주면서 절대로 햇빛을 보지 말고 100일 동안 그것을 먹으면 사람이 될 것이라고 했습니다. 곰과 호랑이는 동굴 속 깊은 곳에서 쑥과 마늘을 먹으면서 지냈는데, 호랑이가 견디지 못하고 밖으로 나가버렸습니다. 그러나 곰은 꾹 참아서 사람이 되었고, 환웅과 결혼하여 아들을 낳았는데 그 아이가 단군 왕검이고 한민족의 조상이라고 합니다.

자신이 어디서 왔는지 진실을 찾기 원하는 마음이 사람들에게 있기 때문에 이런 신화가 나오는 것입니다. 희랍 신화에 나오는 이야기들도 교과서에 많이 등장하는데, 사람들은 자신을 위한 신들을 찾기 원합니다. 인간에게는 무언가 영원한 것을 찾는 마음이 있어서 나름대로 신들을 만들어 놓고 섬기며, 심지어는 '알지 못하는 그런 신'도 섬기는 것입니다.

두 번째로 하나님이 아담과 하와를 만드셨다고 가르칩니다. 그래서 온 인류는 조상인 아담과 하와의 혈통을 통해서 형성되었으며, 하나님께서 에덴에 동산을 창설하시고 거기서 하나님과 함께 동행하는 삶을 허락해 주셨습니다. 그리고 생육하고 번성하고 땅에 충만한 그 일을 행하도록 하나님이 명령을 하셨습니다. 그런데 죄가 들어와서 이 복된 땅이 저주의 땅으로 변했습니다. 이것을 가르쳐 주는 것입니다.

세 번째로 그러면 하나님은 어떤 분이신가 하는 문제에 대해 말합니다. 그분은 인간의 연대를 정하시고 거주의 경계를 제한시키시며 거할 수 있도록 하신 하나님이라고 했습니다. 사도 바울은 아덴 사람들에게 그들이 믿는 신과는 다른 하나님을 소개합니다. 그 하나님은 역사 속에 우리와 함께 하시는 하나님이신 것을 말씀했습니다. 그리고 그 하나님께서 우리와 어떻게 관계를 맺고 계시는가를 말씀했습니다.

"이는 사람으로 하나님을 혹 더듬어 찾아 발견케 하려 하심이로되 그는 우리 각 사람에게서 멀리 떠나 계시지 아니하도다"(27절).

우리가 믿는 하나님은 우리에게서 멀리 떠나 계신 하나님이 아니시라고 지적했습니다.

'너희들이 말하는 신은 세상을 초월한 신이라고 말하지만 지금 우리와는 상관이 없는 신이다. 그러나 내가 믿는 하나님, 너희들이 믿기를 원하는 그 하나님은 현재 이 자리에 나와 함께 하시는 하나님이다'라고 하나님을 소개했습니다. 우리가 예배드리는 이 자리에도 전능하신 하나님이 함께 하심을 믿으시기 바랍니다.

그리고 이 하나님 앞에 인간인 나는 어떤 존재인가를 말합니다.

"우리가 그를 힘입어 살며 기동하며 있느니라 너희 시인 중에도 어떤 사람들의 말과 같이 우리가 그의 소생이라 하니 이와 같이 신의 소생이 되었은즉 신을 금이나 은이나 돌에다 사람의 기술과 고안으로 새긴 것들과 같이 여길 것이 아니니라"(28-29절).

'하나님이 나와 무슨 상관이 있느냐'는 말씀에 대해 우리말 번역은 얼른 와닿지 않습니다. 영어 표현은 'For in Him we live and move and exist'라고 했습니다. 나와 함께 하시는 하나님 안에서 내가 살고, 그분 안에서 행동하고, 내가 그분 안에 존재하고 있다는 말씀입니다. 하나님은 초월하신 하나님임에 틀림이 없습니다. 그러나 초월만 하신 분이 아니라 지금 나와 함께 하는 분이고 그분은 사랑이 끝이 없고 영원한 분입니다. 그래서 내가 그분 안에 살고 그 하나님 안에 존재하고 그 안에 행동하고 있다는 것을 말씀합니다.

인간의 이성과 예수 그리스도

> "알지 못하던 시대에는 하나님이 허물치 아니하셨거니와 이제는 어디든지 사람을 다 명하사 회개하라 하셨으니 이는 정하신 사람으로 하여금 천하를 공의로 심판할 날을 작정하시고 이에 저를 죽은 자 가운데서 다시 살리신 것으로 모든 사람에게 믿을 만한 증거를 주셨음이니라 하니" (30-31절).

이 말씀을 잘 묵상해 보십시오. 정말 신비한 말씀입니다. 여러분, 믿음 가운데 들어오게 될 때 가지는 질문이 있습니다. '하나님이 어떻게 인간이 될 수 있는가?' 그리고 '하나님이 어떻게 고난을 받고 십자가를 지고 죽을 수 있는가?' 하는 것이 이해가 잘 안 됩니다. 그리고 또 하나 질문은 '그러면 이렇게 하나님이 인간이 되셨고, 인간이 되신 하나님이 또 죽었는데 다시 살아났다니, 이것이 가능한 일인가?' 입니다. 부활을 믿을 수가 없다는 것입니다. 이러한 의문점을 해결한다는 것이 우리 인간에게 큰 과제이기도 합니다.

당시의 대표적인 학파인 에피쿠로스와 스토아 학파에 속한 철학자들도 신이 이 땅에 내려와서 죽었다가 다시 부활했다, 다시 죽은 자 가운데 살아났다는 것은 상상도 못했습니다. 그래서 바울이 하는 말이 놀라운 충격이 된 것입니다. 사도 바울이 전한 것은 '죄인인 인간들을 사랑하시는 하나님'입니다. 죄로 말미암아 하나님의 생명에서 떠난 인간을 구원하시기 위해서 '정하신 사람으로 하여금'(31절) 하나님의 아들, 하나님이면서 사람이신 예수 그리스도를 보내 주셨다는 말씀을 하는 것입니다.

지금 이 시대에도 예수 그리스도는 구세주이심을 말하고 그분을 통해서만 구원받는다고 전해도 그것이 믿어지지 않는 이유는 무엇입니까? 이것이 인간의 이성으로는 이해되지 않기 때문입니다. 하나님의 사랑은 완전한 사랑입니다. 하나님의 생명은 완전한 생명입니다. 그런데 인간이 하나님을 배반하고 죄를 지어서 사망 가운데 처했고 마귀의 자식이 됐습니다. 인간도 진심으로 자식을 사랑한다면 자식을 위해서 생명까지 내어줍니다. 하나님과 우리 인간도 그런 사랑의 관계, 생명의 관계가 있습니다. 인간이 마귀에게 농락당하고 생명에서 떠나 좌절과 낙망 가운데 심판 받고 저주 받아 지옥에 가게 생겼는데, 하나님의 사랑이 그대로 두겠습니까? 하나님의 인간을 향한 참을 수 없는 사랑이 스스로 인간의 육신을 입고 이 땅에 오시게 한 것입니다.

인간은 하나님이 될 수 없지만 하나님은 인간이 되실 수 있습니다. 하나님이시기 때문입니다. 하나님의 사랑이 사랑의 대상인 인간을 구원하기 위해서 인간이 되셔서 죄의 값을 대신 짊어지고, 대신 고난을 당하시고, 대신 형벌을 받으셨습니다. 그러나 주님은 당신의 죗값으로 죽은 것이 아니기 때문에 우리의 죗값을 치른 후 그 생명을 회복하여 살아나신 것입니다. 그분은 전지전능하신 분이니까요. 이것이 구원의 과정입니다.

"알지 못하던 시대에는 하나님이 허물치 아니하셨거니와 이제는 어디든지 사람을 다 명하사 회개하라 하셨으니"(30절).

말씀의 선포가 없을 때에는 모르니까 허물로 여기지 않았지만 이제는 알게 되었으니 책임져야 한다는 말씀입니다. 곧 회개입니다. 여기서 회개할 내용은 지금까지 가지고 있던 신에 대한 관념을 바꾸는 것입니다. 잘못된 생각을 바꾸라는 것입니다.

'회개'에 대한 본질적인 뜻을 사도행전 2장 가운데 찾아볼 수 있습니다. 마가의 다락방에서 성령세례 받은 베드로가 복음을 전파하는 때입니다. 성령 받기 전에는 베드로도 예수님을 메시아라고는 생각했지만 개념을 잘못 알고 있었습니다. 세상을 바꿀 능력이 있는 분이 오셨으니까 정치적으로나 경제적으로도 해방시켜 줄 메시아가 드디어 오셨다고 생각했습니다. 믿기는 믿었는데 내용은 완전히 달랐습니다. 그러나 성령이 그들에게 예수님을 증거해 주셔서, 예수님은 그런 메시아가 아니라 우리를 죄악에서부터 구원하시는 메시아, 마귀의 종 된 우리를 구원하셔서 하나님의 자녀가 되게 하는 권세를 가지신 메시아라는 것을 깨닫게 됐습니다.

베드로는 이 사실을 전하면서 "당신들이 십자가에 못 박은 예수, 그 예수를 하나님이 다시 살아나게 하셨습니다"라고 말했습니다. 그러자 이 말씀을 듣는 청중들이 깜짝 놀랐습니다. "우리가 죽인 예수가 우리의 구원주, 우리의 주님이셨구나. 우리가 그분을 십자가에 못 박았구나! 그러면 이제 우리는 어떻게 해야 하지?" 그들의 고백에 베드로는 "너희가 회개하여 각각 예수 그리스도의 이름으로 세례를 받고 죄 사함을 얻으라. 그리하면 성령을 선물로 받을 것이다" 하면서 회개할 것을 선포합니다(행 2:38). 생각을 바꾸라는 것입니다.

신앙생활하면서 성령의 열매를 맺지 못하는 이유가 무엇입니까? 근본 문제가 해결되지 않았기 때문입니다. 잘못된 생각이 완전히 바뀌지 않았기 때문입니다. 우리의 고민이 무엇입니까? 나름대로 믿음생활을 하지만 여전히 해결하지 못하는 죄가 반복되고, 성령의 열매는 맺지 못하고 육신의 열매, 세속의 열매, 죄악의 열매를 맺고 있습니다. 우리가 세상의 생각을 버리지 못했기 때문에 영적인 사람, 성숙한 사람이 되지 못하는 것입니다. 분명히 십자가는 약한 것이 아닙니다. 하나님도 약한 분이 아니십니다. 예수 그리스도 역시 약한 분이 아니십니다.

여러분! 세상은 영원하지 않습니다. 세상은 끝이 있고 심판이 있습니다. 그러나 예수님이 영원한 심판을 받으셨기 때문에 영원한 심판을 믿는 사람들은 생명으로 옮겨진 자가 됩니다. 영원한 생명이 이어지고 천국, 하늘나라에서 영원히 살아가게 됩니다. 영원한 것은 하나님 나라입니다. 그래서 부활의 기쁜 소식을 전하는 것입니다. 부활이 무엇입니까? 심판을 이겼다는 것입니다. 바로 이 놀라운 일을 여러분과 저를 위해서 주셨습니다. 그 부활을 전했기 때문에 거기서 생명을 받고 믿는 사람이 나와서 구원 얻는 역사가 일어난 것입니다.

지금 여러분도 같은 말씀을 듣지만, 어떤 사람은 회개하고 생각을 바꾸고 인생의 방향을 바꿔서 하나님이 기뻐하시는 뜻대로 영원과 연결될 것입니다. 반면에 이 말을 듣지 않고 기존의 자기 생각에 사로잡혀 있는 사람도 있습니다.

우리가 복음을 전할 때에도 마찬가지입니다. 그래도 그대로 버려두면 안 됩니다. 그들을 위해서도 주님이 십자가를 지셨기 때문입니다. 구원이 모든 사람에게 주어졌고 믿는 사람들에게 구원이 임했습니다. 마찬가지로 하나님의 사람이 되는 것도 회개함으로 육체의 소욕으로부터 벗어나 죄악을 끊고 성령의 열매를 맺음으로 주님 앞에 거하게 됩니다. 거룩한 길을 가는 비결도 노력이나 힘씀이 아니라 예수를 믿음으로 말미암는 것입니다. 예수의 십자가와 부활의 능력 안에서 가능하게 되는 하나님의 거룩함이 임하기를 예수님의 이름으로 축원합니다.

바울과 아굴라 부부의 만남

사도행전 18:1-4

이 후에 바울이 아덴을 떠나 고린도에 이르러 아굴라라 하는 본도에서 난 유대인 하나를 만나니 글라우디오가 모든 유대인을 명하여 로마에서 떠나라 한 고로 그가 그 아내 브리스길라와 함께 이달리야로부터 새로 온지라 바울이 그들에게 가매 업이 같으므로 함께 거하여 일을 하니 그 업은 장막을 만드는 것이더라 안식일마다 바울이 회당에서 강론하고 유대인과 헬라인을 권면하니라

우리 인생에서 중요하게 여기는 것들이 참 많습니다. 그중에서 만남, 특별히 사람과의 만남이 중요합니다. 물론 크리스천들에게 근본적인 만남은 예수 그리스도와의 만남, 하나님과의 만남입니다. 계속해서 신앙생활을 하면서 사람들을 만나게 하시고 그 사람들과 함께 섬기도록 은혜를 주십니다. 또 우리는 태어나면서 부모를 만납니다.

실상 중요한 만남이 내 선택 같지만 그렇지 않을 때가 많습니다. 부부간의 만남도 진정 여러분의 선택이었습니까? 난 이런 아내를 원합니다, 난 이런 남편을 원합니다, 떼를 쓰기도 하면서 기도한 분도 있을 텐데 정말 그런 사람을 선택해서 살고 있습니까? 결혼하고 보니까 성격과 성품 등 내가 원하지 않은 여러 가지 요소들을 가지고 있

어서 죽을 지경이라고 말합니다. 내가 고르고 선택해도 결국은 내가 원하는 대로 이루어지지 않는 것이 이 세상 일인 것을 보게 됩니다. 주님을 만날 때도 그렇습니다. 자신이 결단하고 주님을 선택해서 믿게 되었습니까? 결국은 우리의 선택이 아니었고 창세 전부터 계획하신 하나님의 뜻 안에서 이루신 경륜이었음을 고백하게 됩니다.

오늘 본문은 아주 중요한 만남을 소개하고 있습니다. 바울 사도와 아굴라와 브리스길라 부부의 만남입니다. 바울과 아굴라 부부의 만남을 통해서 우리 자신을 점검해 봅시다. 우리 모두 지금까지 사람들을 만나고 함께 살아가면서 어떤 자세와 태도를 가지고 어떤 영향력을 미치면서 살아가고 있었는지 점검하기를 원합니다.

하나님이 예정하신 만남

"이 후에 바울이 아덴을 떠나 고린도에 이르러 아굴라라 하는 본도에서 난 유대인 하나를 만나니 글라우디오가 모든 유대인을 명하여 로마에서 떠나라 한 고로 그가 그 아내 브리스길라와 함께 이달리야로부터 새로 온지라 바울이 그들에게 가매 업이 같으므로 함께 거하여 일을 하니 그 업은 장막을 만드는 것이더라"(1-3절).

지금 그들의 만남은 고린도에서 이루어지고 있습니다. 고린도는 로마 시대에 번창했던 항구도시로 상업과 금융, 무역의 도시이기도 합니다. 그리고 헬라 문화의 꽃을 피우던 곳으로 부귀영화를 누릴 수 있는 모든 것이 다 존재하던 곳입니다. 또 고린도는 황제 숭배의 중심이 되기도 했습니다. 그리고 천 명의 여사제가 있던 아프로디테 신전이 있던 곳입니다. 사람들이 신에게 제사드리러 온다고 하지만 실상은 음란을 행하던 곳이 아프로디테 신전입니다. 오늘날도 영어 단어 가운데 난봉꾼, 성을 좋아하는 사람을 말할 때 '고린도 사람'이라고 말합니다.

지금 바울이 그곳에 보내졌습니다. 바울이 선택하고 원해서 된 것이 아닙니다. 원래 바울은 아시아에 가기를 원했지만 성령님께서 강권하셔서 마게도냐로 가게 되었습니다. 그래서 빌립보에 들렀고 그곳에서부터 복음 사역이 시작된 것입니다.

그런데 성령님께서 인도하셨다고 해서 모든 것이 다 형통하고 바울이 좋아하고 기뻐할 일만 일어난 것은 아닙니다. 빌립보에서 시작해서 데살로니가, 거기서 베뢰아로, 다시 아덴으로 그리고 아덴에서 지금 고린도에 이르고 있습니다. 이런 과정을 밟을 때에 바울은 붙잡혀서 매 맞고 감옥에 던져지고 또 깡패들까지 동원되어 방해를 받았습니다. 유대인들이 데살로니가에서 베뢰아까지 쫓아와서 그를 괴롭혔습니다. 또 아덴에 갔을 때에는 좋은 결과가 나타나지 않는 뼈아픈 경험도 하면서 밀려 온 곳이 결국 고린도입니다. 본인은 계획하지도 않았고 꿈을 꾸지도 않았습니다. 그런데 성령님께서 몰아붙이면서 가게 하신 곳이 고린도였습니다. 바울은 고린도에 왔을 때 "내가 너희 가운데 거할 때에 약하며 두려워하며 심히 떨었노라"(고전 2:3)고 그 심정을 표현할 정도였습니다.

한편으로 본문은 브리스길라와 아굴라 부부에 대해 "아굴라라 하는 본도에서 난 유대인 하나를 만나니 글라우디오가 모든 유대인을 명하여 로마에서 떠나라 한 고로 그가 그 아내 브리스길라와 함께 이달리야로부터 새로 온지라"(2절)고 말씀했습니다. A.D. 49년에 로마의 4대 황제였던 클로디오스 글라우디오가 모든 유대인들은 로마에서 떠나라는 칙령을 내렸습니다. 재산을 몰수하고 모든 유대인들을 로마에서 내쫓은 것입니다. 아굴라와 브리스길라 부부도 로마에서 상업을 하고 살다가 모든 재산을 몰수당하고 쫓겨나고 말았습니다. 그들이 로마를 떠나 정착한 곳이 고린도입니다. 고린도에서 빈손으로 어렵고 힘든 피난생활을 하고 있었습니다. 아굴라 부부도 그렇게 고린도에 온 것이지만 사도 바울과 만난 것은 자신들의 선택이 아니었던 것입니다. 하나님께서 놀라운 만남을 계획하신 것입니다.

사도 바울이 아굴라와 브리스길라 부부를 만났을 때에 놀라운 동역자를 얻었고, 아굴라와 브리스길라는 바울을 만남으로써 그들의 가치관이 바뀌고 예수의 생명을 얻게 되었습니다. 인생의 놀라운 전환기가 고린도에서 일어난 것입니다.

우리는 때때로 하나님 앞에 자신의 비전과 꿈을 이루어 주시길 원하며 기도합니다. 그런데 그 꿈의 목적이 어디서 나왔습니까? 내가 원하는 것입니까? 아니면 하나님의 꿈을 이루어 드리기 위해서 순종하면서 기도하는 제목들인가요? 이것을 살피는 것이 매우 중요합니다. 많은 경우에 내가 내 꿈을 만들고 내 목표를 세워놓고는 하나님께 이루어 달라고 합니다. 바울도 브리스길라와 아굴라 부부도 원하지 않는 곳에 와 있습니다. 그러나 그들이 발견한 것은, 하나님 앞에 순종하면서 왔더니 축복의 만남이 이루어졌다는 사실입니다.

이민생활을 하면서 여러분도 간증거리가 많으실 것입니다. 한국을 떠나서 미국에 오셨는데, 내가 원했든지 그렇지 않았든지 오늘 이 자리에 앉아 있는 것이 하나님이 하신 일임을 고백하실 것입니다. 결국 '내가 이렇게 움직였더니 이런 결과가 왔다'는 나 중심의 생활에서 지금까지의 이 모든 것이 하나님이 계획하신 일이었다는 것으로 바뀌는 것이 믿음입니다. 그렇다면 하나님과 상관없이 내가 계획했고 그 일이 이루어지기를 떼쓰듯 원했다면 그것을 포기하고 버려야지요.

사도 바울이 아시아로 가고자 했던 것을 포기하고 성령님의 음성을 듣고 마게도냐로 간 것과 마찬가지입니다. 하나님께서 인도하신 길에 예비해 주신 사람들을 만나게 되고, 변화가 일어나고, 하나님의 역사가 일어나는 것을 바울이 체험하고 고백한 것입니다.

오늘 확인하기 바라는 것은, 만남을 통해서 상대방에게 어떤 영향력을 끼치는가 하는 것입니다. 사도 바울은 성령님의 인도하심을 따라서 어떤 어려움이 있는 곳에 갈지라도 주님을 증거함으로써 그들에게 예수가 전해지는 역사가 일어났습니다. 예수를 반대하는 사람들과 바울의 복음 전함을 반대하는 사람이 많이 일어나는 가운데서도, 눈이 떠져서 복음을 받아들이고 변화되는 사람들 또한 계속 일어난 것입니다.

영향력을 미치는 사람

지금 바울 사도가 고린도에서 아굴라 부부를 만났습니다. 로마서 16장 마지막 부분에 그들이 바울에게 어떤 사람이었는지가 표현되어 있습니다.

"너희가 그리스도 예수 안에서 나의 동역자들인 브리스가와 아굴라에게 문안하라 저희는 내 목숨을 위하여 자기의 목이라도 내어놓았나니 나뿐 아니라 이방인의 모든 교회도 저희에게 감사하느니라"(롬 16:3-4).

바울 사도를 위해서 자기의 목숨이라도 내어놓기까지 함께하는 동역자가 됐다는 것입니다. 그러면서 또한 우리가 분별력을 가지고 멀리할 사람들에 대해서도 말씀을 주고 있습니다.

"형제들아 내가 너희를 권하노니 너희 교훈을 거스려 분쟁을 일으키고 거치게 하는 자들을 살피고 저희에게서 떠나라 이같은 자들은 우리 주 그리스도를 섬기지 아니하고 다만 자기의 배만 섬기나니 공교하고 아첨하는 말로 순진한 자들의 마음을 미혹하느니라"(롬 16:17-18).

신앙생활 가운데 좋은 영향력을 끼치는 사람들이 내 주위에 있다는 것은 매우 중요합니다. 내가 다른 사람들에게 생명 있는 영향력을 주는 역할을 감당해야 합니다. 또 거역하는 자, 멀리해야 할 사람들을 분별하기 위해서 늘 깨어 기도해야 합니다. 부부간에도 마찬가지입니다. '하나님, 나에게 어쩌다가 이런 사람을 붙여 주셨어요? 왜 이런 실수를 하셨나요?'라고 불평하는 사람도 있을 텐데, 그것은 하나님의 실수가 아닙니다. 우선 가정에서 내가 영향력을 미쳐야 합니다. 참고 인내하며 사랑을 실천할 곳이 가정입니다. 이 삶의 현장에서부터 영향력을 미쳐야 합니다.

바울이 두렵고 심히 떨리는 때, 의지할 곳이 없는 때에 아굴라 부부는 로마에서 재산을 몰수당하고 갈 곳 없이 밀려나서 고린도에 왔다가 서로 만난 것입니다. 장막 깁는 직업이 같았기 때문에 만났고 마음이 통해 함께 거하게 되었습니다. 동업자가 되었다가 동역자로 전환된 것입니다.

사도 바울이 아굴라 부부를 만났을 때 한 일은 예수를 전한 것입니다. 그가 만난 예수, 자기가 체험한 성령을 전하며 1년 반 동안을 고린도에 머물면서 가르쳤습니다. 예수를 만나고 성령을 받는 큰 영향력을 바울로부터 아굴라 부부가 받은 것입니다. 그리고 변화가 일어났습니다.

나중에 18장을 보면 아볼로라는 젊은 사람이 나옵니다.

> "알렉산드리아에서 난 아볼로라 하는 유대인이 에베소에 이르니 이 사람은 학문이 많고 성경에 능한 자라 그가 일찍 주의 도를 배워 열심으로 예수에 관한 것을 자세히 말하며 가르치나 요한의 세례만 알 따름이라 그가 회당에서 담대히 말하기를 시작하거늘 브리스길라와 아굴라가 듣고 데려다가 하나님의 도를 더 자세히 풀어 이르더라 아볼로가 아가야로 건너가고자 하니 형제들이 저를 장려하며 제자들에게 편지하여 영접하라 하였더니 저가 가매 은혜로 말미암아 믿은 자들에게 많은 유익을 주니 이는 성경으로써 예수는 그리스도라고 증거하여 공중 앞에서 유력하게 유대인의 말을 이김일러라"(행 18:24-28).

에베소에 알렉산드리아 출신의 아볼로라는, 설교를 잘하고 성경 지식도 뛰어난 젊은이가 있었는데 한 가지 빠진 것이 있었습니다. 바로 성령이었습니다. 아굴라와 브리스길라 부부가 집으로 그를 데리고 와서 그리스도에 대한 도를 자세히 일러 주었다고 했습니다. 그에게 부족한 그리스도의 복음의 진수를 전했다는 것입니다. 그 결과 아볼로가 아가야 지방으로 갈 때 그가 은혜로 말미암아 믿은 자들에게 많은 유익을 주었다고 했습니다. 성경으로써 예수는 그리스도라고 증거하여 공중 앞에서 유력하게 유대인의 말을 이겼다고 했습니다.

아볼로가 성장하는 데 영향력을 미친 사람이 바로 브리스길라와 아굴라 평신도 부부였습니다. 고린도전서 16장에는 브리스길라와 아굴라는 자기 집을 교회로 사용하도록 내어놓았습니다. 아굴라 부부가 바울을 만남으로 삶의 변화가 일어났고, 다시 그들이 다른 사람들에게 영향력을 미치는 역사가 일어나는 놀라운 관계를 성경이 말씀해 주는 것입니다.

자신은 어떤 영향력을 미치고 있는지 확인하시길 바랍니다. 피차간 만남을 통해서 생각, 삶의 스타일을 바꾸게 됩니다. 믿음의 사람들을 만나 말씀을 나누면서 세상 오락과 비교할 수 없는 하나님의 은혜를 나눈 곳, 삶이 변화되는 현장을 이루어 나가시길 바랍니다. 남이 나를 통해서 하나님을 바라볼 수 있는 삶이 되시길 기도합니다.

광야를 통해 주시는 하나님의 사랑

이번에 이스라엘에 가서 출애굽한 이스라엘 백성들이 헤매던 협곡을 가보았습니다. 사막 한복판에 5,000킬로미터 이상 협곡이 연결된 곳이었습니다. 신명기 8장에 하나님께서 그런 곳을 통과할 수밖에 없게 만들었던 이유를 말씀하고 있는데, 결국 사람이 떡으로만 사는 것이 아니라 하나님의 입으로 나오는 말씀으로 살도록 하기 위해서입니다. 세상적인 것을 벗어 버리고 오직 하나님만 바라보며 하나님이 원하는 사람이 될 수 있도록 훈련시킬 환경 가운데 집어넣으신 것입니다. 광야에서 은혜를 체험한다, 하나님의 음성을 들었다는 말이 무엇인지 조금 더 깨달을 수 있게 되었습니다.

이스라엘 백성들이 이런 광야에서 40년 세월을 보낼 수 있었던 것은 하나님의 능력, 하나님의 공급하심 덕분입니다. 하나님이 아니시면 절대로 불가능한 일이었습니다. 내가 원하고 뜻한 것이 잘 안 되면 불평하고 원망하는 것이 우리 인간입니다. 그래서 광야 생활을 통과함으로 오직 내가 살 수 있는 길은 하나님밖에 없다는 고백이 나올 수 있습니다.

하나님께서 우리에게 원하시는 것이 무엇입니까? 어떻게든지 내 생명의 주인은 하나님 여호와이심을 고백하고 그분만 바라보는 것입니다. 살아도, 죽어도 내가 주의 것임을 고백하는 것입니다. 열심히 살아야 하는 이유도 하나님을 예배하는 자가 되기 위해서이고, 내 삶을 통해서 예수님이 전달되기 위해서입니다. 지금 원하지 않는 상황 가운데 있는 분들은 그것을 통해서 주님을 바라보시기 바랍니다. 믿음은 역사가 있습니다. 하나님께서 한 번 손대시면 그 어떤 상황도 바뀔 수 있습니다. 건강이 회복될 수 있습니다. 죽은 자가 살아나는 역사도 일어납니다. 인간관계 역시 마찬가지입니다. 하나님이 한 번 마음을 바꾸게 하시면 원수도 사랑하는 사람이 됩니다.

우리 삶에 뜻과 목적, 살아가는 방법이나 방편, 모든 것은 나에게서 나온 것이 아닙니다. 주님에게서 나온 것임을 고백하고 실천하도록 하나님께서 훈련시키시는 것입니다. '옛사람이 죽고 내 안에 그리스도가 사십니다'라는 고백이 나오도록 훈련하시는 것입니다.

원하지 않는 상황 가운데서 하나님은 바울과 아굴라 부부를 만나게 하셨습니다. 그리고 그 인생에서 놀라운 변화가 일어났습니다. 사도 바울도 동역자를 얻었습니다. 아굴라 부부의 삶의 목표가 변했고 사는 방법도 변했습니다.

하나님께서는 나를 통해서 변화되기를 원하는 사람들을 다 계획하셨고, 그 상황 가운데 여러분을 밀어넣으십니다. 여러분이 거절하면 그 영혼이 구원받지 못하게 됩니다. 그 대상이 여러분의 아내일 수 있고, 자식일 수 있고, 부모일 수 있습니다 '하나님, 주님을 만나게 하시니 감사합니다. 예수님을 만난 이 기쁨을 제가 전할 수 있게 해주세요. 그리고 이웃에게 영향력을 끼치는 그런 은혜가 임할 수 있기를 원합니다'라는 기도가 있기를 바랍니다. 그로 말미암아 우리의 삶에 변화가 일어나고, 나 때문에 남이 변하고 남 때문에 내가 성장하고, 함께 하나님의 사람으로 온전해 가는 은혜가 있기를 예수님의 이름으로 축원합니다.

브리스길라와 아굴라 가정의 헌신

사도행전 18:18-28

바울은 더 여러 날 유하다가 형제들을 작별하고 배 타고 수리아로 떠나갈새 브리스길라와 아굴라도 함께 하더라 바울이 일찍 서원이 있으므로 겐그레아에서 머리를 깎았더라 에베소에 와서 저희를 거기 머물러 두고 자기는 회당에 들어가서 유대인들과 변론하니 여러 사람이 더 오래 있기를 청하되 허락지 아니하고 작별하여 가로되 만일 하나님의 뜻이면 너희에게 돌아오리라 하고 배를 타고 에베소를 떠나 가이사랴에서 상륙하여 올라가 교회의 안부를 물은 후에 안디옥으로 내려가서 얼마 있다가 떠나 갈라디아와 브루기아 땅을 차례로 다니며 모든 제자를 굳게 하니라 알렉산드리아에서 난 아볼로라 하는 유대인이 에베소에 이르니 이 사람은 학문이 많고 성경에 능한 자라 그가 일찍 주의 도를 배워 열심으로 예수에 관한 것을 자세히 말하며 가르치나 요한의 세례만 알 따름이라 그가 회당에서 담대히 말하기를 시작하거늘 브리스길라와 아굴라가 듣고 데려다가 하나님의 도를 더 자세히 풀어 이르더라 아볼로가 아가야로 건너가고자 하니 형제들이 저를 장려하며 제자들에게 편지하여 영접하라 하였더니 저가 가매 은혜로 말미암아 믿은 자들에게 많은 유익을 주니 이는 성경으로써 예수는 그리스도라고 증거하여 공중 앞에서 유력하게 유대인의 말을 이김일러라

충고를 하기는 쉬워도 충고를 받기는 쉬운 일이 아닙니다. 또 바른 충고를 하는 것도 쉬운 일이 아닙니다. 사도행전 18장을 저는 '만남의 장'이라고 부릅니다. 브리스길라와 아굴라 부부는 고린도에서 사도 바울을 만나 1년 반 동안 복음의 말씀을 나누고 같이 사역을 하게

됩니다. 복음과 은혜로 충만한 바울과의 만남으로 그 은혜가 전달되면서, 이 부부는 은혜의 사람이 됐습니다.

동업자에서 동역자로

본문 말씀은 사도 바울이 수리아로 떠날 때 브리스길라와 아굴라가 그와 함께 떠나는 것으로 시작됩니다. 브리스길라와 아굴라 부부가 바울과 같이 떠났다는 것은 큰 의미를 갖습니다. 바울은 지금 고린도에서 옆 동네로 가는 것이 아닙니다. 수리아 지역은 소아시아 지역 전체를 가리키는 것이고 자기의 고향인 다소도 있는, 지금으로 말한다면 터키 전역, 소아시아 전역을 말하는 것입니다. 곧 아시아 지역입니다. 그런데 지금 바울이 있는 고린도 지역은 유럽 대륙입니다. 유럽에서 아시아로 건너가는 것입니다. 하던 사업을 다 접고 떠나는 것입니다. 우리가 한국에서 미 대륙을 향해서 올 때도 쉬운 결단이 아니었습니다. 일반적인 어떤 삶을 위해서 결단하고 떠난다는 것이 쉽지 않은데 아굴라 부부가 바울 사도와 같이 수리아로 떠났다고 했습니다. 그 의미가 무엇일까요?

이 두 사람이 한 가정을 이루어서 섬기다가 바울을 만나 1년 6개월 동안을 같이 생활하였습니다. 함께 천막 짓는 일을 하고, 말씀 사역 가운데 참여하고 말씀 양육 사업에도 함께했습니다. 분명한 것은, 지금까지 생활했던 모든 것을 다 내려놓고 변화 받은 사람으로서 새로운 삶이 시작되었다는 것입니다.

여러분이 한 번 점검해 보셨으면 하는 것이 있습니다. 우리들의 축복 혹은 행복의 개념입니다. 무엇을 행복이라고 생각하는지, 또 지금 행복을 추구한다고 할 때 그 행복의 개념이 무엇인지 하는 것입니다. 예수 믿고 변하고 가치관이 바뀌고 방향이 바뀌었을 때 과연 여러분이 행복이라고 생각했던 것이 바뀌었습니까? 아니면 지금도 여전히 그 행복의 요소들을 붙들고 있으면서 주님을 따른다고, 나는 크리스천이라고 생각하고 있습니까?

원하던 어떤 물질의 삶에 채워짐이 있기 때문에 행복하다고 생각하십니까? 나는 건강을 원했는데 이렇게 건강이 회복되어 행복합니까? 인간관계 가운데 어떤 것이 얽혀져 있었는데 그것이 풀어져서 행복합니까? 나는 더 편안한 삶을 추구했는데 좋은 집을 주시고 좋은 자동차도 주셔서 행복합니까? 물론 행복의 요소 가운데 다 들어갈 수 있는 요소입니다.

성경이 말하고 있는 행복을 다른 말로 바꾼다면 '복'이라고 할 수 있습니다. 이 복(Blessing)이라고 하는 것은 Blood, 곧 '피'라는 단어에서 연유합니다. 하나님과 우리 사이에 관계가 회복되는 것은 바른 제사 관계였습니다. 거기에는 희생의 피가 따랐습니다. 그러기 때문에 그 희생의 피를 통해서 저주받고 심판 받아야 할 우리 죄인이 하나님과 평화를 누리고 행복의 관계로 회복되었습니다. 하나님의 사랑이 예수 그리스도께서 십자가 위에서 피를 흘려 주심으로 우리의 죄를 대속하시고, 그로 말미암아 속죄함을 받은 우리가 하나님과의 관계를 회복할 수 있었습니다.

브리스길라와 아굴라 부부도 전에는 세상적인 표준 가운데 살았을 것입니다. 천막을 지으면서 열심히 돈 벌기를 원했을 것입니다. 그러다 바울을 만났습니다. 바울은 예수님을 만나고 가치관과 삶이 바뀌었습니다. 그러니까 바울이 이 부부에게 예수님을 전하고 양육한 것입니다. 그의 삶이 바뀌고 가치관도 바뀌었습니다. 사는 목적이 바뀌었습니다. 행복의 방향이 바뀌었습니다.

브리스길라와 아굴라 부부는 주님을 만나 변화된 후에, 지금까지 자신들이 추구했던 방향이 잘못되었음을 깨닫고 방향을 바꾸었습니다. 그래서 사도 바울이 복음을 위해서 가는 그곳에 함께 가는 것입니다.

마르다와 마리아의 헌신

예수님은 특별히 마르다와 마리아와 나사로가 사는 베다니를 좋아하셨습니다. 예루살렘 주변에는 고관대작들의 찬란한 집, 언덕 위의 하얀 집들이 얼마나 많았겠습니까. 정말 안락한 집, 진수성찬을 차려 줄 수 있는 집도 무척 많았을 터인데 마르다와 마리아, 나사로의 집으로 가셨습니다. 참 축복입니다.

이 집을 생각해 보면 세 가지 요소를 발견하게 됩니다. 하나는 죽었다가 다시 살아난 부활의 간증, 나사로의 간증이 있는 곳입니다. 죽은 자가 살아나는 것보다도 더한 간증이 어디 있겠습니까? 죽은 자가 살아났다는 이 소식 때문에 수많은 사람들이 나사로를 보기 위해서 이곳을 방문했습니다. 죽은 자가 살아나는 간증이 있는 가정, 진짜 축복의 가정입니다.

"너희의 허물과 죄로 죽었던 너희를 살리셨도다"(엡 2:1).

허물과 죄로 죽은 우리들, 영적으로는 죽은 자로 태어난 우리가 예수 그리스도로 말미암아서 부활의 생명을 얻고 누릴 때, 곧 새 생명을 체험할 때 많은 산 간증이 일어납니다.

또 이 집은 마르다의 봉사와 섬김이 있는 집입니다. 요한복음 11장에 잠깐 표현된 말씀 때문에 마르다는 예수님이 안 좋아한 자매같이 생각합니다. 그러나 그것이 아닙니다. 지금 손님들이 많이 오고 예수님도 오셨는데 동생 마리아는 예수님 발 앞에 앉아서 말씀만 들으면서 부엌에서 준비하고 있는 마르다를 도와줘야 하는데 꿈쩍도 안 하고 있습니다. 이에 너무 바쁘고 분요하니까 마음에 불편한 생각이 들어서 예수님께 "마리아한테 좀 나가서 도와주라고 하세요"하고 부탁한 것 같습니다. 그러나 예수님은 "네가 너무 분요하고 바쁘니까 네 마음에 불평이 생기는구나. 한두 가지라도 기쁨으로 감사함으로 행하라. 마리아는 좋은 편을 택했으니까 그냥 둬라"고 대답하셨습니다.

여러분, 봉사하고 섬기는 누군가가 있어야 하지 않습니까? 그러므로 이 이야기는 마르다의 봉사와 섬김을 책망하는 것이 아닙니다. 한두 가지 일을 하더라도 불평하지 말고 감사함으로 행하라는 말씀입니다. 마르다가 한 가지 고칠 것은, 너무 많은 일을 한다는 것입니다. 우리 교회에서도 여러 가지로 섬기며 동분서주하다 보니 마음에 불평이 나서 장로, 권사님들 많은데 다 뭐하고 나 혼자 일하느냐면서 불평하는 분이 있다면, 한두 가지만 하고 내려놓고 기쁨으로 섬기시기를 바랍니다. 마르다를 통해서 봉사하고 섬기는 것을 자연스럽게 은혜로, 사랑으로 할 수 있는 것을 배워야 합니다.

또 하나의 중요한 만남인 부부도 마찬가지입니다. 하나님께서 아내를 주실 때 어떤 대상으로 주셨습니까? 돕는 배필로 주셨습니다. 돕는 배필은 말 그대로 돕는 자(helper)입니다. 남편의 부족한 것, 아내의 부족한 것을 돕고, 잘못하는 것이 있으면 그것을 돕는 것입니다. 그런데 우리는 보통 부족한 점, 잘못하는 것 때문에 폭발합니다. 말씀이 나에게 깨닫게 해주시고 그것을 알게 해주신 것은, 그 잘못과 단점이 나의 몫이란 뜻입니다. 아내로서, 남편으로서 존재 이유가 이것을 도우라는 것이구나 하고 생각해야 합니다. 자연스럽게 하나님의 말씀으로 상대방의 부족한 것을 채울 수 있는 사람이 이룬 가정이 정말 행복한 가정입니다. 정말 복된 가정입니다.

다음은 마리아의 헌신입니다. 가장 중요한 것은, 자기가 갖고 있는 가장 값진 옥합을 깨어서 예수님 발 앞에 붓고 순결의 상징인 머리털로 그 발을 씻었다는 것입니다. 그보다 더한 헌신이 어디 있습니까? 자기를 깨고 버리며 내려놓는 희생과 헌신입니다. 이 희생과 헌신과 사랑으로 우리 가정이 향기로 충만해집니다. 남편은 남편으로, 아내는 아내로, 자식과 부모는 자식과 부모로서의 깨어짐이 있어야 합니다.

사랑에는 항상 수고가 따릅니다. 수고는 헌신과 희생으로 나타납니다. 우리가 하나님을 사랑하는 이유가 무엇입니까? 하나님의 사랑이 우리를 위해 당신 자신을 십자가에 내주시기까지 희생하고 헌신하며 죽음에까지 이르셨기 때문입니다.

믿음의 충고를 받아들인 아볼로

사도 바울을 통해서 은혜 받고 성령 받은 브리스길라와 아굴라가 이제 아볼로를 만나게 됐습니다. 그가 에베소에서 성경을 가르치고 하나님의 말씀을 전파할 때 브리스길라와 아굴라가 그의 말씀을 들었습니다. 아볼로는 알렉산드리아 출신 유대인이고 학문이 많으며 성경에 능한 사람이라고 했습니다(24절). 언변이 좋고 성경을 잘 알고 있었지만 25절 말씀에 "그가 일찍 주의 도를 배워 열심으로 예수에 관한 것을 자세히 말하며 가르치나 요한의 세례만 알 따름"이라고 했습니다. 복음의 진수, 하나님의 은혜를 체험하지 못한 사람임에 틀림이 없습니다. 은혜를 체험하고 성령 받은 브리스길라와 아굴라 부부가 보기에 그는 성령을 받지 않아 예수의 생명을 가진 사람이 아니었습니다. 아무리 능변이고 지식이 많고 전문적으로 성경을 가르쳐도 성령의 가르치심과 생명의 은혜가 없으면 뭔가 빠진 것을 분별하게 됩니다.

그 부부가 아볼로의 설교를 듣고는 은혜가 빠진 것을 알고 '데려다가' 하나님의 도를 풀어 가르쳤습니다. 우리말로 '데려다가'라고 표현하니 조금 어색한데, 영어로 보면 'They took him aside'라고 했습니다. 아마 조용히 아볼로를 자신의 처소에 초대했을 것입니다. 오늘날로 하면 아볼로는 유능한, 설교 잘하는 목사, 성경을 잘 알고 있는 목사님인데 뭔가 빠져 있는 분을 뜻합니다. 그러나 브리스길라 부부는 부족한 것을 느끼고도 크게 지적하거나 불평하지 않고 조용히 만났습니다. 그리고 하나님의 도를 더 자세히 나누었습니다. 그 결과가 말씀에 나타나 있습니다.

"아볼로가 아가야로 건너가고자 하니 형제들이 저를 장려하며 제자들에게 편지하여 영접하라 하였더니 저가 가매 은혜로 말미암아 믿은 자들에게 많은 유익을 주니"(27절).

이제 아볼로가 은혜로 말미암아서 많은 유익을 주는 사람이 되었고, 그 결과 "이는 성경으로써 예수는 그리스도라고 증거하여 공중 앞에서 유력하게 유대인의 말을 이김일러라"(28절), 곧 은혜로 유익하게 하는 증거자가 되었습니다. 공중 앞에서 유대인 율법주의자들의 말을 이기면서 복음을 증거하여 은혜를 끼치는 자가 됐습니다.

여기서 주목하는 것은 '저가 듣고 그분을 모셔다가 하나님의 도를 자세히 일렀다'는 것입니다. 우리가 남을 충고할 때 교만하게 '너 그것도 모르느냐'는 식의 태도로 대하는 경우가 많습니다. "아볼로 목사님, 성령 안 받으셨군요? 영적이지 않군요?" 할 수도 있습니다. 그런데 이 부부는 조용히 그를 모셔다가 은혜의 말씀을 나눴습니다. 또 이 사실을 통해 아볼로도 참 훌륭하다는 것을 알 수 있습니다. 평신도 부부가 충고를 하고 가르쳐 주는데 이것을 받을 수 있었다는 것은 그가 사도의 반열에 설 수 있을 만한 사람임을 보여줍니다.

고린도전서 1-3장에서 고린도 교회의 문제에 대해서 말할 때 더러는 바울파, 또 게바 곧 베드로파, 아볼로파 그리스도파라고 했다는 말씀이 있습니다. 이렇듯 아볼로는 대사도들의 반열에 두름 받은 사람입니다. 바울은 심었고 아볼로는 물을 주었다고 했습니다. 이런 영향력을 미치는 은혜자가 된 것은 충고할 때 들을 줄 아는 자였기 때문에 가능했습니다. 성령세례는 몰랐던 그가 브리스길라, 아굴라의 증거를 듣고 받아들였습니다.

그리스도는 메시아, 기름 부음 받은 자라는 뜻이라고 앞에서 말했습니다. 기름 부음 받은 자는 왕, 제사장, 선지자입니다. 왕은 통치, 제사장은 죄 사함과 용서, 선지자는 하나님의 말씀을 받아서 선포하는 자입니다. 율법의 지식만 갖고 있던 아볼로가 예수는 메시아라고 전하게 되었습니다. 말씀이 육신이 되어 우리 가운데 거하시니 정말 죄 사함과 용서함을 주시고 통치자가 되셔서 우리를 다스리시는 메시아 예수를 증거하는 자가 됐다는 것입니다. 은혜자, 성령의 사람이 됐다는 것입니다.

만남을 통해서 그렇게 바뀌는 역사가 일어났습니다. 우리는 끊임없이 만남 속에서 살아가고 있습니다. 우리의 만남 중에 참 중요하고 근본적인 만남은 예수 그리스도를 만나는 것입니다. 인생에서 중요한 만남은 부모님과의 만남이고, 그 후에 결혼해서 배우자도 만나게 됩니다. 그리고 가정을 이룹니다. 이제 가정을 이루고 살 때 부부가 은혜로 성령으로 하나 되어 자녀를 양육하고 부모님을 공경하며 형제들과 우애할 때, 거기에 하나님의 사랑의 물결이 흘러가는 것입니다.

아볼로가 브리스길라와 아굴라 부부를 만나 이러한 은혜의 놀라운 역사들이 일어났는데 우리 가정의 만남은 어떤 일을 이루고 있습니까? 아볼로가 예수에 대한 지식은 가지고 있었지만 예수가 그리스도임을 믿고 은혜로 증거하는 자가 될 때 완전히 사역이 달라진 것처럼, 우리 가정이 이래야 한다 저래야 한다는 지식들은 많지만 은혜가 없고, 성령님이 없고, 참된 복음의 이해와 용서가 없으면 오히려 그것이 가정을 더 메마르게 만듭니다. 율법이 정죄와 심판을 낳는 것처럼 부부가 정죄하고 심판하고 더 삭막한 가정이 될 수 있습니다.

브리스길라와 아굴라가 바울을 만날 때 은혜의 사람이 되고, 아볼로가 그 부부를 만나서 은혜와 성령의 사람이 된 것처럼, 우리 부부들이 성령의 사람이 되고 은혜의 사람들이 되어서 지식이 아닌 은혜의 가정으로 바뀌고 이해와 사랑과 용서의 축복이 실천되는 그 은혜가 임해야 하겠습니다. 그래서 우리 가정들이 날마다 은혜를 나누는 삶이 되고 엄청난 하나님의 일을 이루는 놀라운 축복의 가정들이 될 줄로 믿습니다.

성령을 아는 것과 체험하는 것

사도행전 19:1-7

아볼로가 고린도에 있을 때에 바울이 윗 지방으로 다녀 에베소에 와서 어떤 제자들을 만나 가로되 너희가 믿을 때에 성령을 받았느냐 가로되 아니라 우리는 성령이 있음도 듣지 못하였노라 바울이 가로되 그러면 너희가 무슨 세례를 받았느냐 대답하되 요한의 세례로라 바울이 가로되 요한이 회개의 세례를 베풀며 백성에게 말하되 내 뒤에 오시는 이를 믿으라 하였으니 이는 곧 예수라 하거늘 저희가 듣고 주 예수의 이름으로 세례를 받으니 바울이 그들에게 안수하매 성령이 그들에게 임하시므로 방언도 하고 예언도 하니 모두 열두 사람쯤 되니라

본문 말씀을 보면 사도 바울이 에베소 교회 성도들에게 하는 질문을 통해 성령을 받는 것이 얼마나 중요한 일인지 알 수 있습니다. 물론 예수 그리스도를 생명의 구주로 영접하고 내 영혼이 구원을 받는 것은 근본적인 중요한 일입니다. 구원받은 사람이 하나님의 은혜를 감사하면서 영혼들을 위해서 증거하는 증언자가 되기 위해서는 성령세례를 받아야 합니다. 성령 받는 일은 우리 신앙생활에서 가장 중요한 것 중 하나임을 전제하고 이 말씀을 나누려고 합니다.

믿는 자에게 주시는 성령 충만

말씀을 보면 아볼로는 에베소에서 목회를 했던 사람임을 18장 후반부에서 알 수 있습니다. 그런데 그는 성령 받은 적이 없어서, 예수에 관해서는 알고 있었지만 세례는 세례 요한의 세례밖에 모르는 율법적인 신앙의 소유자였습니다. 그래서 성령세례를 받은 브리스길라, 아굴라 부부가 그 말씀을 듣고 그를 데려다가 예수 그리스도에 대해서, 성령에 대해서 말씀을 같이 나누고 같이 기도함으로 말미암아 그가 변화되었고, 이미 고린도에 갔을 때에는 큰 영적 영향을 미치는 사람이 되었습니다.

그런데 그가 에베소에서 목회할 때는 세례 요한의 세례, 다시 말하면 회개의 세례밖에 몰랐기 때문에 그곳에 있는 성도들도 세례 요한의 세례는 받았지만 아직 성령세례를 받지 못한 상태였습니다. 사도 바울이 에베소에 가서 성도들을 만났을 때 그는 그들에게서 성령세례가 없음을 알았습니다. 성령 받은 사람이 성령 받지 않은 사람과 대화를 해보면 무엇이 빠졌는지 알게 되지 않습니까? 그들도 성령 받은 자들이 되어야 하기에 바울은 질문을 했습니다.

"가로되 너희가 믿을 때에 성령을 받았느냐 가로되 아니라 우리는 성령이 있음도 듣지 못하였노라"(2절).

아볼로가 성령을 받기 전에 사역했던 곳이어서 그가 성령에 대해서는 증거하지 않았고, 그때문에 에베소 성도들도 성령이 계신 것을 듣지 못한 상태였습니다. 그들은 "너희들이 분명히 믿는데, 믿을 때에 너희가 무슨 세례를 받았느냐?"는 질문에 요한의 세례를 받았다고 했습니다. 바울은 요한의 세례밖에 받은 적이 없다고 고백하는 에베소 교회 성도들에게 "요한이 회개의 세례를 베풀었지만 그러나 내 뒤에 오시는 이를 믿으라 하였으니 그가 곧 누구냐. 그가 곧 예수이시라" 하면서, 예수가 누구며 그가 하신 일을 자세히 설명하고, 그 예수님을 통해서 받는 성령세례가 무엇인지 그들에게 증거했을 것임에 틀림이 없습니다. 그래서 '그들이 듣고' 주 예수의 이름으로 세례를 받았다고 했습니다.

여기서 들었다는 것은 예수님의 구속 사역에 대한 말씀을 저들이 들었다는 것입니다. '듣고 주 예수의 이름으로' 세례를 받았다는 것은 그들이 예수를 믿었다는 뜻입니다. 그래서 "바울이 그들에게 안수하매 성령이 그들에게 임하시므로 방언도 하고 예언도 하니 모두 열두 사람쯤 되니라"(6-7절)고 성경이 증언했습니다. 아직 성령세례를 받지 못한 사람들에게 사도 바울이 예수님에 대해서, 그 구원의 은총과 구원의 비밀에 대해서 말씀으로 증거했을 때에 저들이 예수님을 믿게 되었습니다. 믿는 그들에게 예수 이름으로 세례를 주고 사도 바울이 안수를 했더니 성령이 그들에게 임했다고 말씀하고 있습니다.

오늘 본문 말씀을 통해 우리는 두 가지를 분명하게 살펴보고 확인해야 합니다. 하나는 내가 예수를 생명의 구주로 믿고 영접해서 구원받은 사건이고, 또 하나는 예수님을 믿는 자들에게 성령이 임해서 성령세례, 성령 충만을 주시는 것입니다. 사도 바울이 이 자리에 있다는 가정 하에 제가 여러분에게 사도 바울을 대신하여 질문합니다.

"여러분, 베다니 교회를 통해 신앙생활을 하고 믿을 때에 성령을 받으셨습니까?"

여러분은 이에 대해 무엇이라고 대답하시겠습니까? "저는 성령이 계심을 듣지도 못했어요"라고 대답하겠습니까? 아니면 "예, 저는 성령을 받았습니다. 직접 체험했습니다"라고 대답할 수 있습니까?

신분의 변화

본문 중에 구별되는 것이 있습니다. "내 뒤에 오시는 분을 믿으라" 하고 세례 요한이 말했던 그분이 곧 예수라는 것을 바울이 설명했을 때, 그들이 그것을 믿었기에 주님을 구세주로 영접했음에 틀림이 없습니다. 그리고 물세례를 베풀었습니다. 물세례를 누가 받습니까? '예수님이 나를 위해서 대속의 죽음을 맞으셨습니다. 십자가를 지셨습니다. 그분의 죽음은 나를 위한 대속의 죽음입니다. 내가 갚을 수 없는 죗값을 주님이 대신 갚으셨습니다. 그래서 나는 이 예수님을 구세주로 믿습니다'라고 하며 예수님을 영접하는 사람에게 세례를 베풉니다.

예수를 생명의 구주로 영접하면 우리에게 신분의 변화가 일어납니다. "영접하는 자 곧 그 이름을 믿는 자들에게는 하나님의 자녀가 되는 권세를 주셨으니" 하고 요한복음 1장 12절에 말씀하신 것처럼, 예수님을 영접하면 하나님의 자녀가 되는 권세가 주어집니다. 마귀의 자녀에서 하나님의 자녀로, 세상 사람에서 천국의 사람으로 바뀝니다. 구원받아 바뀐 사람은 소속과 신분의 변화가 정확하게 이루어진다는 것입니다. 종의 위치에서 아들의 위치로 바뀝니다. 진노의 자녀였는데 이제는 의의 자녀가 되었습니다. 그래서 마귀의 새끼였던 자가 하나님의 자녀로 신분의 놀라운 변화가 일어납니다. 바로 이것을 가리켜 구원이라 하고, 또 다른 표현으로 거듭남이라 합니다.

예수 그리스도의 말씀, 생명의 말씀을 들었을 때 사람들은 구원받고, 그 구원받은 사람들에게 꼭 필요한 것은 성령세례입니다. 예수를 생명의 구주로 영접할 때 어떤 일이 일어납니까? 내 마음속에 내주하실 성령님께서 들어오십니다. 그래서 우리가 예수 그리스도를 생명의 구주로 고백한다는 자체도 성령님이 나를 도우셔서, 나로 하여금 깨닫게 하심으로 말미암아 가능한 것입니다.

예수님의 제자들을 보십시오. 이미 예수님과 함께 3년을 같이했고 예수님의 부활과 승천도 목격했습니다. 그들이 3년 동안 말씀을 받으면서 말씀으로 깨끗해졌습니다. 요한복음 13장 10절에 "예수께서 가라사대 이미 목욕한 자는 발밖에 씻을 필요가 없느니라 온몸이 깨끗하니라 너희가 깨끗하나 다는 아니니라" 하셨습니다. 가룟 유다를 제외한 예수님의 다른 제자들은 이미 깨끗해졌으니 씻을 필요 없고 발만 씻으면 된다고 말씀하셨습니다.

15장 3절에는 "너희는 내가 일러준 말로 이미 깨끗하였으니" 하셨습니다. 예수님의 말씀을 받은 사람들이 깨끗해졌다는 사실입니다. 17장 8절에는 "나는 아버지께서 내게 주신 말씀들을 저희에게 주었사오며 저희는 이것을 받고 내가 아버지께로부터 나온 줄을 참으로 아오며 아버지께서 나를 보내신 줄도 믿었사옵나이다"라는 말씀이 있습니다. 제자들은 예수님을 믿었습니다. 베드로전서 1장 23절에는

"너희가 거듭난 것이 썩어질 씨로 된 것이 아니요 썩지 아니할 씨로 된 것이니 하나님의 살아 있고 항상 있는 말씀으로 되었느니라"고 했습니다. 하나님의 말씀을 받고 믿었을 때에 그들이 거듭났습니다. 생명의 씨가 저들에게 들어왔습니다. 구원을 받았습니다. 그러므로 예수님의 제자들이 마가 다락방의 세례를 받기 전에 구원을 받지 않았다고 말하는 것은 틀린 것입니다.

또 사도행전 8장을 보십시오. 빌립이 사마리아 성에 들어가서 복음을 증거했습니다. 예수 그리스도에 대해 증거한 것입니다. 그러자 그들이 믿었습니다. 이에 세례를 주었습니다. 예루살렘 교회가 이 소식을 듣고 베드로와 요한을 그곳에 보냈습니다. 가서 보니 그들이 복음을 받고 세례를 받았으나 아직 성령 내리신 일이 없었습니다. 그래서 베드로와 요한이 안수했더니 성령이 내렸습니다. 성령세례가 저들에게 임한 것입니다.

성령 받은 자들의 변화

우리에게 내적으로 계시는 성령님과 외적으로 나타나는 성령님이 있습니다. 예수님께서 계속해서 "이제 내가 너희를 위하여 십자가를 지고 구속의 사역을 하는 것은 사실이다. 그리고 나는 간다. 그러면 내가 아버지께 구해 보혜사 성령님을 보낼 것이고, 그 성령이 너희에게 임하시면 너희가 권능을 받는다. 예루살렘과 온 유다와 땅 끝까지 이르러 내 증인이 된다. 그러니 성령세례를 받기 전에는 예루살렘을 떠나지 마라. 성령세례를 받고 떠나서 내 증인이 되어라" 하고 말씀을 하신 것입니다.

우리가 꼭 알아야 하는 것이 있습니다. 하나님께서 성령세례를 주시는 이유가 무엇인가 하는 것입니다. 성령세례는 예수를 증거하는 사역을 위해서 힘과 능력과 확신을 갖게 하기 위해서 주십니다. 받아도 되고 안 받아도 되는 것이 아니라 예수님을 생명의 구주로 믿는 사람들은 성령세례를 받고 능력을 받아 예수의 증인이 되어야 한다는 것입니다. 그래서 예수님이 십자가를 지신 일을 위해서 제자들에게 설명하고 확인하셨으며, 성령세례를 꼭 받아야 한다는 것을 계속해서 강조하셨습니다.

베드로와 다른 제자들이 예수님을 믿은 것은 사실입니다. 구원받은 것도 사실입니다. 그러나 성령세례, 외적 능력의 부어 주심을 받기 전에는 그들이 아주 약했고 확신도 없었습니다. 믿는 자들이었지만 힘과 능력이 없었습니다. 비로소 성령세례를 받고 난 다음 저들에게 능력이 생겼습니다. 확신도 생겼습니다. 그래서 사도행전 2장부터는 완전히 달라져서 다른 사건들이 일어납니다.

내게는 예수 그리스도를 생명의 구주로 믿어 내주하시는 성령님만 있는가, 아니면 우리에게 확인해 주시고 인쳐 주시고 확신을 주시는 외적인 성령세례를 받은 자인가 확인하기를 원합니다.

다시 본문으로 돌아가 보면, 사도 바울이 성령을 아직 받지 못한 아볼로가 목회하는 곳의 영적 분위기를 보니 성령이 없음이 틀림없었습니다. 성령을 받았느냐고 물으니 역시 '성령이 계심도 듣지 못했다'고 합니다. 예수님에 대해서 설명을 하고 안수하니 성령이 임했습니다. 베다니 교회에 성령님이 임재하시고 역사하셔서 예수 그리스도를 생명의 구주로 영접하는 모든 사람들에게 성령세례가 다 임할 수 있도록 예수님의 이름으로 기도합니다. 그래야 여러분이 능력 있는 하나님의 일꾼이 되고 예수 그리스도를 증거하게 됩니다.

웨슬리 목사는 인격자이고 모태로부터 신앙생활을 해온 분입니다. 그런데 그가 1738년 5월 24일 올더스게이트(Aldersgate)에서 성령이 임하는 뜨거운 체험을 한 때부터 예수를 증거하는 자로서 완전히 다른 삶을 살게 됩니다.

여러분과 제가 이 땅에 존재하는 이유가 무엇입니까? 그냥 예수 믿고 나 한 사람 천국 가는 것 때문입니까? 성경은 그렇게 말씀하지 않습니다. 우리가 이 땅에 존재하는 것은 예수님을 증거하고 한 영혼이라도 더 구원하고 건져내기 위해서입니다. 지금 여러분은 이렇게 신앙생활을 하면서 그냥 교회만 왔다갔다하며 한 사람의 예배자, 한 사람이 신앙생활 하는 것에서 그쳐서는 안 됩니다. 그것도 힘든 분이 있겠지만, 하나님은 그것만을 원하시지 않습니다. 하나님이 원하시는 것은 여러분의 영혼이 구원을 받고 성령의 증거하심을 따라서 예수를 증거하는 복음의 전파자가 되는 것입니다. 예수님이 제자들에게 강조하시는 것이 사도행전 1장 4절 이하의 말씀입니다.

"너희는 예루살렘을 떠나지 말아라. 너희는 몇 날이 못 되어 성령으로 세례를 받을 것이다. 오직 이 성령이 너희에게 임하시면 너희가 권능을 받아 증인이 된다!"

그래서 주님이 이 자리에서 우리 모두에게 들려주시는 말씀은, 예수 그리스도를 생명의 구주로 믿는 사람은 한 사람도 빠짐없이 모두 성령세례를 받아야 한다는 것입니다. 하나님께서 예수 그리스도를 이 땅에 보내셔서 온 인류를 위해서 구원의 역사를 행하셨으니 잠정적으로 하나님의 의, 구원받는 의가 모든 사람에게 다 있다고 하겠습니다. 또 예수 그리스도를 생명의 구주로 영접하고 구원을 받은 사람들은 누구든지 다 성령세례를 받을 수 있는 가능성을 가지고 있습니다. 성령이 내주하시는 영으로 있는 사람들은 누구든지 성령세례를 받을 수 있는 것입니다. 하나님의 말씀을 믿고 "하나님, 저도 능력 받기 원합니다. 저도 확신 받기 원합니다. 저에게도 이 성령세례를 주옵소서"라고 하는 사람에게 성령세례가 임합니다.

초대교회 당시에도 오순절 날 120명의 성도들이 다락방에 모였을 때 성령이 임했습니다. 그날 그 자리에 없던 사람들, 바쁘다고, 약속이 있다고, 피곤하다고 그곳에 모이지 않은 사람들은 그날 받지 못했습니다. "지금이 은혜 받을 만한 때요 구원의 날이로다"라고 했는데, 정말 사모하면서 은혜의 때를 기다리고 은혜를 받는 이것보다 우리에게 더 중요한 것은 없습니다. 예수님을 따르던 수많은 사람들이 있었지만 그중에 유독 120명이 사모하면서 그때 그 자리에서 기도하고 있을 때 성령님이 임했고, 성령 받은 그들이 초대교회를 이루면서 하늘나라를 선포하는 놀라운 일에 쓰임을 받는 역사가 일어났습니다.

아직 성령세례를 받지 못하신 분들이 있다면 꼭 받아야 합니다. 그리고 이 성령세례는 예수의 증인이 되기 위해서, 그분을 전하기 위해 받아야 합니다. 능력 받기 위해서, 확신 받기 위해서 우리는 성령세례를 받아야 합니다. 그래야 예수의 증인이 되기 때문입니다.

오늘 이 자리에 계신 여러분! 아직 예수 그리스도를 생명의 구주로 영접하지 못해 구원이 뭔지 모르는 분은 "예수 그리스도께서 나를 위해 십자가를 지셨고, 보혈을 흘려 주셨음을 믿습니다"라고 단순하게 인정하고 예수 그리스도를 생명의 구주로 영접해야 합니다. 이미 구원을 받은 분, 예수 그리스도가 내 안에 계신 분은 "약속하신 성령을 기다려라. 몇 날이 못 되어서 성령을 받을 것이다"라고 하신 예수님의 말씀과 같이 이제 보내 주신 보혜사 성령을 받으시기 바랍니다.

오순절에도 사모하며 기다린 자들에게 임했던 것처럼 "지금 제게 성령 충만을 주세요" 기도하면서 초대 교회 성도처럼 사모하는 마음으로 기다리고 사모하면서 기도할 때, 성령 받는 역사, 충만의 역사가 일어납니다. 오늘 이 역사가 우리 한 사람 한 사람에게 일어나기를 예수님의 이름으로 축원합니다.

흥왕하고 세력을 얻는 하나님의 말씀

사도행전 19:8-10, 20

바울이 회당에 들어가 석 달 동안을 담대히 하나님 나라에 대하여 강론하며 권면하되 어떤 사람들은 마음이 굳어 순종치 않고 무리 앞에서 이 도를 비방하거늘 바울이 그들을 떠나 제자들을 따로 세우고 두란노 서원에서 날마다 강론하여 이같이 두 해 동안을 하매 아시아에 사는 자는 유대인이나 헬라인이나 다 주의 말씀을 듣더라…… 이와 같이 주의 말씀이 힘이 있어 흥왕하여 세력을 얻으니라

본문은 바울의 제3차 전도 여행 중 에베소에서 일어난 일입니다. 사도 바울을 통해 열두 명쯤 되는 성도들이 성령의 충만함을 받게 됩니다. 바울은 먼저 그들에게 성령을 받았는가 질문합니다. 놀랍게도 그들은 성령을 받지 못했고 요한의 세례를 받았을 뿐이라고 했습니다. 바울은 그들에게 예수 그리스도를 증거하고 세례를 받게 했습니다. 세례를 받은 그들에게 안수할 때 성령이 임하는 성령세례가 임했습니다. 사도 바울이 성령세례를 받은 그들을 두란노에서 말씀으로 양육하고 훈련하는 모습을 소개하는 것이 본문 말씀입니다.

바울은 1, 2차 전도 여행 때처럼 회당에 들어가 석 달 동안을 하나님 나라에 대하여 강론했습니다(8절). 그러나 순종하지 않는 사람들

이 나타나고 말씀을 비방하는 사람들이 나타납니다. 1, 2차 전도 여행 때도 계속해서 일어났던 일입니다. 복음 전파에 대해 반대하는 세력에 또 다시 부딪치게 된 것입니다. 바울은 전처럼 이런 문제를 수용할 때 그들과 같이 투쟁을 하면서 복음을 계속 전파하지 않고 이번에는 전략을 바꿉니다. 두란노 서원의 사역이 시작된 것입니다.

생각과 방향을 바꾸라

우리는 신앙인으로서 하나님 앞에서 살기를 원하고 하나님의 일하기를 원합니다. 그런데 살아가면서 같은 일에 계속 부딪치고 그로 인해 싸우고 혼돈이 우리 삶 가운데 다가오는 경우가 많습니다. 그 문제들을 해결하기 위해서 우리가 많은 세월을 허비하고 삶이 망가지고 개인과 가정, 그리고 주변 사람들이 어려움을 당하는 경우도 많이 있습니다.

본문 말씀을 통해서 우리 가정을 다시 한 번 점검하고 신앙생활을 점검하면서, 이대로도 좋은지 점검할 수 있기를 바랍니다. 우리도 방향을 바꾸어 삶의 전략을 새롭게 세워 하나님이 기뻐하시는 일을 위해서 우리의 삶을 더 드릴 수 있기를 원합니다. 본질적이 아닌 것에 많은 시간과 물질과 정력을 낭비하고 있지 않나 점검하자는 것입니다.

사도 바울이 에베소에 이르러 말씀을 전하고 반대에 부딪쳤을 때 단호하게 결단한 것이 있습니다. 9절 하반절 가운데 "바울이 그들을 떠나 제자들을 따로 세우고 두란노 서원에서 날마다 강론" 할 때 주목할 것은 '떠나고, 따로 세우고, 날마다 하나님의 말씀을 강론하는 일이 일어났다'는 것입니다. 석 달 동안 전도하면서 부딪치고 싸우는 혼돈 가운데 빠졌던 그때에 사도 바울은 이래서는 안 되겠다, 방법을 바꿔야겠다고 생각하고 그들을 떠나야겠다고 결심했습니다. 비방하고 말씀을 방해하고 순종하지 않는 마음이 굳은 사람들로부터 떠나는 것입니다. 그리고 믿음을 확인하고 세례를 주고 그리고 성령을 받은 열두 사람쯤 되는 이를 따로 세우는 것입니다. 그 사람들에게 두란노 서원에서 날마다 강론을 했습니다. 서원이라는 것은 오늘날로 말한다면 강의실입니다. 거기서 2년 동안 날마다 하나님의 말씀을 강론했습니다.

앞서 말씀을 드렸지만 이 세상 삶은 사실 문제가 많습니다. 개인적인 문제, 가정적인 문제, 직장, 사업 문제도 많습니다. 우리가 교회를 섬길 때도 인간들의 모임이기 때문에, 또 각자 신앙의 정도가 다 다르고 하나님 나라에 대한 이해와 깨달음이 다 다르기 때문에 천태만상의 어려운 일들에 많이 부딪칠 수가 있습니다. 때로는 서로 이해하지 못하는 데서 마음이 굳어지고 싸우는 일도 일어날 수 있는데 그 때문에 다투면서 우리의 일생을 보내겠느냐는 것입니다.

어떤 사람들은 서로 아껴 주고 사랑하던 사람과 문제가 생기면 수년, 심하면 평생을 갈등 가운데 살아갑니다. 친구들과 갈등이 생겼을 때 그냥 안고 삽니다. 교회에서 함께 신앙생활 하면서도 말입니다. 이렇듯 비본질적인 것을 가지고 일생을 허비하는 사람들이 너무도 많습니다. 그래서 이 시간에 우리가 지금 무엇에 사로잡혀 있나, 비본질적인 어떤 것에 사로잡혀서 많은 세월을 낭비하고 있지는 않는가 하는 것을 점검하기를 원합니다. 하나님이 주신 물질, 건강, 시간을 세상 적인 것, 비본질적인 것에 붙들려서 싸우듯이 살아가고 있지 않나 우리 삶을 오늘 돌아보고 돌이키자는 것입니다. 방향을 새롭게 잡아야 할 필요가 있는 부분이 무엇인지를 한 번 생각해 봅시다.

본문 말씀을 통해서 배울 수 있는 것은, 사도 바울이 그런 때에 생각과 방향을 바꾸었다는 것입니다. 어려움을 주는 사람들로부터 성령 받은 사람들을 따로 세우는 것입니다. 따로 그들을 훈련시킵니다. 결과는 "아시아에 사는 자는 유대인이나 헬라인이나 다 주의 말씀을 듣더라"(10절)고 했습니다. 열두 사람과 더불어서 사도 바울은 나가서 사방으로 다니며 복음을 전할 수도 있습니다. 그런데 그렇게 하지 않고 따로 구별되게 그들을 두란노 서원에 모아 날마다 말씀을 강론했습니다.

우리에게 문제가 있을 때 그 문제를 정면돌파하여 끝까지 싸워야 할 때가 있습니다. 사도 바울도 그렇게 했습니다. 바울은 에베소의 믿는 사람들의 믿음을 점검합니다. 성령을 받았는지 물었을 때 뜻밖에도 그들은 성령이 있음도 듣지 못했노라 대답합니다. 요한의 세례밖에 못 받았다는 것입니다.

사도 바울은 예수님에 대해서 증거하고 믿는 사람들에게 세례를 주었습니다. 세례를 받은 그들에게 안수하자 성령이 임했고, 성령 받은 그들을 따로 세워서 두란노 서원에서 하나님의 말씀 훈련을 했습니다. 혼동 가운데 마음이 굳은 사람들하고 싸우고 다투고 하는 시간을 갖는 대신에 적극적인 믿음의 방법을 택하는 것입니다.

말씀 훈련으로 분리의 영을 이겨야

우리의 삶 가운데에서도 부정적인 것을 붙들고 일생을 허비하는 사람들이 있습니다. 그것을 자기 삶에 있어서 어떤 목적이라도 되는 것같이 여기는 사람도 있습니다. 부정적인 것, 어둠의 세력, 악한 마귀는 언제든지 우리가 그런 것들을 붙들고 있게 만듭니다. 하나님은 그렇게 하지 않았습니다. 지금 사도 바울은 그의 복음 사역을 방해하는 그 세력으로부터 떠납니다. 따로 세웁니다. 그리고 하나님 말씀 사역에 집중합니다. 그 결과 그 지역의 모든 사람들이 복음을 듣는 역사가 일어나게 됩니다.

오늘 우리가 떠나야 할 것이 무엇입니까? 우리 마음이 붙들려서 지금 고민하고 본질적이지 못한 것에 사로잡혀, 지금까지 수고하고 애쓰는데도 결과는 하나님이 기뻐하시는 일은 일어나지 못하게 하는 부정적인 것들이 무엇입니까? 바로 거기서 떠나야 합니다.

오늘 본문 말씀에 사도 바울이 에베소 성도들을 점검하고 그들에게 예수 그리스도를 전하고 세례를 준다는 것은 제사장적인 사명입니다. 또한 성령을 받게 하고 성령 받은 이들에게 말씀 훈련을 시킨 것은 예언자적인, 선지자적인 사명입니다. 그리고 그다음 말씀을 보면 귀신들을 쫓아내고 악한 마귀들을 제어하고 병자를 고치고 하나님의 능력의 통치하심과 다스림이 저의 삶 가운데 계속 나타나는 그런 현상이 나타났습니다.

예수님께서는 메시아로 오셨습니다. 그리스도, 메시아, 기름 부음 받은 자, 제사장입니다. 제사장이라는 것은 우리의 영혼을 구원하는 역할을 하는 것입니다. 죄에서부터 해방시키는 영혼의 구원입니다. 예수님은 선지자적인 하나님의 말씀을 이루고 말씀을 선포하고 하나님 나라를 가르치는 사역을 했습니다.

에베소 교회를 통해서 사도 바울은 그곳의 사람들에게 예수를 믿게 하고 세례를 주고 성령세례를 받게 하여 따로 세워서 말씀 훈련을 행하였습니다. 그리고 치유, 회복 사역, 통치와 다스림, 악한 원수를 제어하는 사역을 계속해서 했습니다.

이것은 사도 바울만의 사역이 아니라 오늘 여러분과 저에게 주신 하나님의 능력이요, 하나님의 권세입니다. 하나님께서는 가정에서 아버지들이 이 일을 행하기를 원하시는 것입니다. 여러분은 무슨 세례를 받았습니까? 받을 때에 '예수 그리스도가 나의 구세주이십니다. 주님이십니다. 제가 죄 사함 받았음을 확신합니다. 주님이 흘리신 보혈로 씻음을 받고 영생을 얻었습니다' 하는 확신 가운데 세례를 받았습니까? 만약 그 확신이 없다면 어떻게 여러분의 자녀들에게 제사장적인 사명을 감당할 수 있고, 어떻게 사망 가운데 처해 있는 그들을 건져내는 중보의 역할을 할 수 있겠느냐는 것입니다.

예수 그리스도로 말미암아 그의 십자가와 부활, 그의 생명을 받은 자, 성령세례를 받은 자라야 분별할 수 있고 악에게 속지 않고 자신을 분리시킬 수가 있고 거룩한 자가 될 수 있습니다. 거룩하다는 것, 성도라는 것은 분리된 자, 구별된 자를 의미합니다. 성령 받아야 악한 마귀를 능히 이길 수 있는 능력과 권세가 임하고 세상으로부터 나를 따로 세울 수 있는 능력이 나옵니다. 사도 바울은 에베소 성도들에게 그렇게 무장을 시키는 것입니다.

그러면 성령 받기만 하면 됩니까? 성령 받고 또 해야 하는 일이 두란노의 말씀 훈련입니다. 많은 분들이 성령을 받고 뛸 듯이 좋아했습니다. 엄청난 일입니다. 그런데 말씀 훈련을 계속 받지 않으면 그들이 성령을 근심시키는 경우가 있습니다. 성령 받은 사람들이 세속적으로 행하고 육신적으로 행하고 비본질적인 일들에 사로잡혀서 오히려 하나님의 영광을 더 깨뜨리는 삶이 되는 경우가 너무 많습니다. 하나님의 영광을 가리는 것입니다. 그래서 말씀 훈련이 중요하다는 것입니다.

사도 바울은 두란노 사역을 하면서 전략을 바꾸었습니다. 그동안 분주했던 모든 사역들을 중단하고 하나님의 말씀으로 하나님과 교제하면서 성도들과 함께 말씀을 나누는 사역을 2년 동안 합니다. 2년이라고 하는 기간이 우리가 생각할 때는 별것 아니라 생각할 수 있으나 사도 바울이 3차 전도 사역을 하면서 에베소 한 도시에서 2년 동안 말씀 사역을 했다는 것은 그에게 있어서 엄청난 투자입니다.

삶에 있어서 우리들도 지금까지 굴러가는 대로 환경대로 가정에서, 교회에서 애쓰면서 부딪치면서 그렇게 너무도 많은 수고를 하고 있다면, 그 상태로 계속 갈 것이 아니라 때로는 방향을 바꾸는 것이 필요한 때가 있는 것입니다. 마음과 생각을 바꾸라는 것입니다.

우리의 시간을 어떤 방법으로 쓰느냐가 중요합니다. 부부간에, 자녀와의 관계에서, 교회에서 마음과 생각을 바꾸어야 합니다. 가정이 회복되고 치료되어 그리스도 안에서 새로운 가정이 되고 하나님의 뜻을 이루어 드리는 교회가 되려면 가정의 두란노, 교회의 두란노가 있어야 합니다. 자녀들과 부부간에 교회에서 어떤 관계의 싸움을 하지 말고 하나님 앞에서 영적 싸움을 해보자는 것입니다. 그게 두란노 훈련, 말씀 훈련입니다.

> "이같이 두 해 동안을 하매 아시아에 사는 자는 유대인이나 헬라인이나 다 주의 말씀을 듣더라"(10절).

놀라운 것은, 2년 동안은 그들이 전도하러 나가지도 않았다는 것입니다. 선교한다고 아시아를 헤매고 다니지도 않았습니다. 바울은 이 열두 사람과 더불어서 그간 말씀 훈련하고 말씀 강론하는 일을 한 그 결과 아시아에 있는 모든 사람들이 유대인이나 헬라인이나 다 주의 말씀을 들었다고 했습니다. 그만큼 말씀으로 성장하고 다져지는 것이 중요하며, 큰 힘을 발휘합니다.

이제 여러분의 영혼을 고치십시오. 하나님 아버지와의 관계를 다시 한 번 말씀으로 성령 안에서 개선하라는 것입니다. 말씀 훈련을 하고 있습니까? 형식이 아니라 그 싸움 가운데서 나를 떼어서 이제는 나의 관심과 애정이 하나님께 있어야 합니다. 내 가족을 사랑하고 그들을 돌볼 수 있는 능력, 내 이웃을 사랑할 수 있는 능력의 공급을 하나님의 말씀 훈련을 통해서 내가 받아야 합니다. 말씀 훈련도 그저 과정을 마치기 위한 훈련인지, 아니면 주님과 나와의 관계가 정말로 확인이 되고 회복이 되고 치료되는 그 관계인가 확인해야 합니다.

그렇다면 어떻게 해야 우리가 하나님의 말씀을 듣고, 읽고, 묵상하고, 마음판에 새기는 암송을 하고, 그 말씀에 지배받고 통치받는 자들이 될 수 있을까요?

"이와 같이 주의 말씀이 힘이 있어 흥왕하여 세력을 얻으니라"(20절).

주의 말씀이 여러분의 심령 속에, 가정에, 교회에 흥왕하고 세력을 얻으면 흑암의 세력, 분리하는 세력들이 물러가는 것은 당연합니다. 그래서 우리는 어떻게든지 주의 말씀을 여러분의 심령 가운데 새겨야 합니다. 하나님의 말씀에 대한 흥미가 없고 갈망이 없다면 그만큼 악한 마귀 흑암의 세력이 여러분을 지배하고 다스리고 하나님으로부터 멀어지게 하는 것입니다.

결국 가정이 회복될 수 있는 길, 우리 자신이 회복될 수 있는 길, 교회의 부흥이 일어날 수 있는 길, 영혼을 구원하는 요람지가 될 수 있는 길은 하나님의 말씀이 흥왕하고 세력을 얻는 것입니다. 그때에 놀라운 부흥이 일어나고 영혼 구원의 끊임없는 역사가 일어납니다. 그렇게 될 때 병마가 물러가고, 귀신이 물러가고 왕권 통치의 역사가 일어납니다.

우리 가정에 역사하고 있는 더러운 원수 마귀, 흑암의 세력들의 역사가 사랑하는 부부를 갈라놓고 자녀를 갈라놓고 형제들을 갈라놓고 교회에서는 믿음의 식구들을 갈라놓아 마음이 굳어지는, 불순종하는 역사가 일어납니다.

본문의 두란노 사역이 오늘 우리 가정의 사역이고 우리 교회의 사역이며 이 땅 위의 하나님의 교회 사역이 되기를, 예수님의 이름으로 우리 삶을 드리는 그 결단이 있기를 예수님의 이름으로 축원합니다.

두란노 사역의 결과

사도행전 19:11-20

하나님이 바울의 손으로 희한한 능을 행하게 하시니 심지어 사람들이 바울의 몸에서 손수건이나 앞치마를 가져다가 병든 사람에게 얹으면 그 병이 떠나고 악귀도 나가더라 이에 돌아다니며 마술하는 어떤 유대인들이 시험적으로 악귀 들린 자들에게 대하여 주 예수의 이름을 불러 말하되 내가 바울의 전파하는 예수를 빙자하여 너희를 명하노라 하더라 유대의 한 제사장 스게와의 일곱 아들도 이 일을 행하더니 악귀가 대답하여 가로되 예수도 내가 알고 바울도 내가 알거니와 너희는 누구냐 하며 악귀 들린 사람이 그 두 사람에게 뛰어올라 억제하여 이기니 저희가 상하여 벗은 몸으로 그 집에서 도망하는지라 에베소에 거하는 유대인과 헬라인들이 다 이 일을 알고 두려워하며 주 예수의 이름을 높이고 믿은 사람들이 많이 와서 자복하여 행한 일을 고하며 또 마술을 행하던 많은 사람이 그 책을 모아 가지고 와서 모든 사람 앞에서 불사르니 그 책 값을 계산한즉 은 오만이나 되더라 이와 같이 주의 말씀이 힘이 있어 흥왕하여 세력을 얻으니라

사도 바울이 제3차 전도 여행을 하면서 일어난 주목할 만한 첫 번째 변화는 성령세례에 관한 것이고 두 번째는 전도의 전략이 새로워졌다는 것입니다.

그는 에베소의 은혜 받은 성도들 열두 명과 더불어 말씀을 강론하는 두란노의 시간을 갖습니다. 오늘 우리에게도 무엇을 먼저 하고 무엇을 나중에 할지 분별할 수 있는 지혜가 있기를 원합니다. 전도도

모임도 많이 하는 것 좋습니다. 어떤 대회를 하는 것도 좋습니다. 그러나 그런 것보다 중요한 것은 성령님이 임재하시는가, 정말 성령님이 일하고 계신가 하는 것입니다. 요즘은 전도대회, 컨퍼런스가 많고 끝에는 결단의 시간도 갖습니다만 그걸로 끝인 경우가 많습니다. 성령의 기름 부으심, 성령의 감동이 없기 때문입니다.

사도 바울이 이것을 깨달았습니다. 서로 만나서 다투고, 분란하고, 토론하는 것보다도 더 중요한 것은 성령님의 인도함을 받는 것입니다. 성령님께 순종하는 것이고 성령님의 말씀을 따라 선포하는 것임을 깨달아 바로 두란노 사역을 하게 되었습니다.

변화를 원한다면 생활 방법을 바꿔볼 필요가 있습니다. 새로운 삶의 변화가 있어야 합니다. 체중을 조절하려면 식단을 바꿔야 합니다. 먹는 패턴도 바꿔야 합니다. 좋아하는 음식을 다 먹고 마시고 싶은 것 다 마실 수 없습니다. 잠을 다 잘 수 없습니다. 삶의 패턴도 바꿔야 합니다. 생각만이 아니라 실제로 그런 일이 일어나야 합니다. 포기할 것은 포기하고 버릴 것은 버리는 결단을 행동으로 옮겨야 합니다. 두란노 사역이 바로 그 사역이었습니다.

성령도 받았고 전도도 해야 합니다. 그런데 저들이 따로 시간을 떼어 헌신을 해야 했습니다. 2년간 두란노 사역을 하니 변화가 일어났습니다. 성령님의 인도로 순종하며 말씀 사역을 하니 아시아에 있는 모든 사람들이, 유대인이나 헬라인이나 다 말씀을 들었다고 10절에서 말씀하고 있습니다. 그리고 본문에서는 두란노 사역을 통해 하나님이 어떤 일을 행하셨는지, 그 후에 일어난 일들을 기록하고 있습니다.

"하나님이 바울의 손으로 희한한 능을 행하게 하시니 심지어 사람들이 바울의 몸에서 손수건이나 앞치마를 가져다가 병든 사람에게 얹으면 그 병이 떠나고 악귀도 나가더라"(11-12절).

하나님이 바울의 손으로 놀라운 일을 행한 것입니다. 바울이 아닙니다. 그는 은혜의 도구, 성령의 도구, 하나님의 도구였습니다. 그 결과 질병이 떠나고 악귀가 떠나는 역사가 일어났습니다. 13절 이하에 보면 바울이 하는 일을 모방하는 자가 생겼습니다. 표절입니다. 이 세상은 흉내 내는 세상입니다. 오히려 진짜보다 빛나는 경우도 많습니다. 그러나 능력은 없습니다. 제사장 스게와의 일곱 아들도 그 모방하는 일을 행하다가 악귀가 "예수도 내가 알고 바울도 내가 알거니와 너희는 누구냐"(15절) 하며 오히려 그들에게 뛰어올라 눌러 이기니 그 아들들이 줄행랑을 쳤습니다.

여러분, 복음은 모방할 수 없습니다. 성령의 능력은 모방할 수가 없습니다. 가짜 꽃은 향기도 없고 열매를 맺을 수 없습니다. 보기에는 더 아름다울 수도 있으나 생명이 없습니다.

마찬가지로 크리스천과 비슷하게 행하나 가짜 크리스천은 귀신의 조롱을 받습니다. 귀신에게 수치를 당합니다. 가짜에게 속아서 우리의 영혼을 팔아먹는 경우가 얼마나 많이 있습니까?

현대 교회에는 돈도, 웅장한 건물도, 세상적인 힘도 함께 있습니다. 그런데 진정으로 예수 이름의 권세가 있습니까? 성령의 능력과 권세가 있습니까? 하나님 나라는 말에 있지 않고 능력에 있습니다.

하나님께 헌신하는 사람들……. 두란노의 열두 명, 사도 바울과 같이 헌신했던 그들을 통해서 하나님께서 역사하십니다. 소수가 큰 일을 주님으로부터 받고 행하는 것을 많이 봅니다. 존 웨슬리(John Wesley)는 "마귀를 흔들 수 있는 300명을 나에게 주옵소서. 나는 세상을 주님께 드리겠습니다"라고 했습니다. 99퍼센트 헌신한 100명보다 100퍼센트 헌신한 한 명이 더 큰 일을 행할 수 있습니다. 우리는 1퍼센트 때문에 세상적이 되고, 1퍼센트 때문에 귀신에게 속고 세상에 속아 넘어가는 경우가 많습니다. 그렇기 때문에 하나님은 전적으로 헌신한 사람들, 시간과 자신을 하나님 앞에 드릴 수 있는 사람들, 몸을 주님 앞에 드릴 수 있는 사람들을 통해서 일을 하십니다.

몸으로 드리는 헌신

우리는 적당히 믿고 적당히 헌신하는 문화에 익숙해져 있습니다. 사도행전적인, 초대 교회와 같은 역사들이 일어나려면 온전한 헌신을 할 수 있는 사람들이 일어나야 합니다.

> "그러므로 형제들아 내가 하나님의 모든 자비하심으로 너희를 권하노니 너희 몸을 하나님이 기뻐하시는 거룩한 산 제사로 드리라 이는 너희의 드릴 영적 예배니라"(롬 12:1)

마음을 드리라고 하지 않고 우리 몸을 드리는 것이 영적 예배라고 말씀했습니다. 예수님께서 베드로에게 "마음은 원이로되 육신이 약하도다"라고 하며, 육신이 약해서 졸 수밖에 없고 기도할 수 없고 속을 수밖에 없음을 말씀하셨습니다. 우리는 마음으로는 다 바칩니다. 마음으로는 순교까지 합니다. 그런데 진짜 헌신은 마음만이 아니라 몸을 바치는 것입니다. 많은 사람이 입으로만 고백하는 것입니다.

"너희는 마음을 다하여 여호와를 의뢰하고 네 명철을 의지하지 말라."

"너희는 마음을 다하고 목숨을 다하고 뜻을 다하여 주 너의 하나님을 사랑하라."

마음이 중요합니다. 그러나 온전한 헌신, 영적인 예배자의 삶은 마음과 함께 몸을 바치는 것이라고 성경은 말씀하고 있습니다.

두란노의 사역은 마음의 사역, 또 몸의 사역입니다. 그들은 시간을 따로 떼었습니다. 몸을 헌신해서 바쳤습니다. 그 결과 아시아에 있는 온 유대인들, 헬라인들에게 다 하나님의 말씀이 들리는 역사가 일어났습니다. 그러면서 세 가지 일이 일어났습니다.

사도 바울과 주님께 헌신하는 사람들을 통해서 하나님이 역사하시는 희한한 일들이 일어났습니다. 그들이 가지고 있는 손수건, 앞치마만 가져다가 환자에게 얹어도 병자가 낫고 악귀가 물러가는 역사가 일어난 것입니다. 하나님이 행하신 놀라운 일을 보고 유대인과 헬라인들이 두려워합니다.

하나님이 임재하시고 성령이 강하게 역사하실 때 일어나는 현상에는 거룩한 두려움도 있습니다. 하나님을 경험할 때 오는 영적 두려움입니다. 이것은 거룩한 것으로서 우리의 마음, 생각, 행동, 언어도 절제가 됩니다. 그래서 그리스도의 몸을 세워 가며 예수의 이름을 높이는 역사가 일어납니다. 하나님을 경외하는 마음, 거룩한 두려움의 영적 분위기가 생겨나는 것입니다. 오늘날 이런 영적 체험이 없는 교인들이 많기 때문에 거룩한 두려움이 없어서 교회에서도 자기 뜻대로 방자히 행하고 함부로 말하는 사람들이 생겨나는 것입니다. 그래서 교회에 분란이 일어납니다.

하나님의 사람들은 하나님과 만나게 될 때에 하나님에 대한 두려움과 떨림이 있었습니다. 자기 자신이 말하는 것, 행동하는 것 다 점검하고 회개의 역사가 일어난 것입니다. 모세도 호렙 산에서 하나님 앞에 설 때 떨었습니다. 이런 거룩한 떨림, 거룩한 두려움이 우리들에게도 있기를 예수님의 이름으로 축원합니다.

성령이 임하고 거룩한 영이 임하면 거짓과 위선이 드러나는 역사가 일어납니다. 마술을 행하던 유대인들이 성령님의 역사 앞에서 자기들이 가짜인 것이 드러났습니다. 그 결과는 예수님의 이름을 높이는 역사가 일어납니다. 오늘 하나님의 교회와 성도 여러분을 통해서 예수 이름을 높이고 그로 인해 성령님이 역사하시고 우리가 주님을 인격적으로 만나는 역사가 일어나야 그렇게 됩니다.

믿는 사람들은 참된 고백과 함께 참된 회개를 해야 합니다. 회개와 자복이 두란노를 통해서 일어나게 됩니다. 성령의 역사가 일어날 때 그것을 보고 믿은 사람들이 많이 와서 자복하여 행한 일을 알립니다. 복음의 역사는 하나님을 두려워하게 되고 예수님의 이름이 높임을 받으면서 예수님을 영접한 사람들의 통회와 자복이 일어나는 것입니다. 통회, 자복이 있는 곳에 진정한 부흥이 일어납니다.

사람은 세상적인 방법으로도 많이 모을 수 있습니다. 사람들의 감정을 자극하면 많은 사람들이 모입니다. 극장에도, 스포츠 하는 데도, 록 콘서트에도 수많은 사람들이 모입니다. 심지어는 교회도 사람의 감성을 자극해 많은 사람들을 모을 수 있습니다. 그러나 아무리 많은 사람이 모였다고 해도 진정한 회개, 통회, 자복이 없으면 진정한 부흥이 아닙니다.

두란노를 통해 진정한 부흥이 일어났습니다. 저들이 통회하고 자복하게 되었습니다. 거룩한 하나님에 대한 두려움이 일어났습니다. 그리고 저들에게 자신들을 버리는 역사가 일어나고 새로운 결단을 하게 되었습니다. '이 정도는 괜찮지' 하는 자기 기준으로 신앙생활하는 성도들이 많습니다. 그런데 주님을 만나고 보니까 지금까지 괜찮았던 것, 자랑하고 내세웠던 모든 것들이 다 버려지고 이제는 새로운 삶이 시작되었다는 고백을 하는 것을 봅니다. 우리 모두에게 이 과정이 필요한 것입니다.

사도행전 2장 37-38절을 보면 오순절 날 성령 받은 베드로가 설교할 때에 그 말씀을 받은 사람들이 "우리는 어찌 해야 합니까?" 하는 고백들로 회개하는 역사가 일어났습니다.

성령의 인도로 결단을 실행하라

에베소에서 회개하고 자복한 내용이 무엇입니까? 19절을 보면 구습에 속한 것, 마귀에게 속아 넘어갔던 행동들을 고치는 역사가 일어났습니다. 그래서 점치던 것, 마술 행하던 책들까지 다 불살라버렸는데, 그 가치가 은 5만이나 되었습니다. 지금으로 말하면 장롱 속, 침대 밑에 숨겨놓은 부적들을 꺼내어 불살라 버리는 것입니다.

한국의 기독교는 무속적인 것을 신앙생활에 그대로 가지고 들어온 것들이 많습니다. 어떤 사람은 교회를 다니면서도 무당집을 출입하고 엄청난 비용으로 부적을 삽니다. 종잇조각을 호주머니에 넣고 다니며 그것이 자신을 지켜 주는 줄 아는 어리석은 인간입니다. 한국에 통신수단과 기계 문명이 얼마나 발달했습니까? 세계 최첨단을 달리는 발전의 그늘 속에 무속신앙이 공존하는 것입니다. 한국에서는 무속적인 것들이 우리의 '토속적인 것', '전통적인 것'이라고 해서 방송에 나오지만 기독교적인 것들은 '종교적 편향'이라고 금지시킵니다. 그래서 오늘날 그런 무속 문화가 문화 속에 침투해서 젊은이들의 마음을 사로잡고 있습니다.

고린도는 수많은 공창이 있었고 성적으로 타락했던 곳입니다. 에베소는 우상으로 가득했던 곳입니다. 거대한 아덴 신전에서 우상 섬기는 일들이 비일비재하게 일어나는 에베소, 우상과 마술로 가득한 곳에 두란노 말씀 사역이 일어납니다. 우상과 마술을 버리고 돌아옵니다. 오늘 여러분도 그런 것을 행하던 것이 있다면 다 불태우고 돌아서야 합니다. 그렇지 않고는 하나님의 능력과 역사하심이 삶 가운데 일어날 수 없습니다. 기도는 하는데, 예배는 드리는데, 하나님께 구하는 뭔가가 해결되지 않습니까. 아직도 버리지 못한 것, 돌아서지 못한 것은 없습니까? 점검하기를 원합니다. 우리 몸으로 하나님이 기뻐하시는 산 제사를 드리라고 하셨습니다. 이것이 '너의 영적 예배'라고 말씀합니다.

요즈음 우리 사회에 무당이나 단, 단전, 이런 것들에 대한 관심이 너무 높아졌습니다. 요가, 기 훈련이 미국 사회에 들어와 믿는 이들까지 몰려다니는 경우도 있다고 합니다. 그러나 여러분, 성령님이 여러분을 치료하는 역사가 일어나야 합니다. 기 단, 이런 것들은 여러분의 영혼에 침투하여 영적인 삶을 파괴시키는 것입니다. 지금까지 모르고 했다면 이제는 알았으니까 돌아서야 합니다. 오직 하나님께 기도하는 길밖에 없고 성령님을 사모하며 하나님의 말씀을 받는 그 길밖에 없습니다.

사랑하는 성도님들, 우리는 어떻게 해야 합니까? 우리의 몸으로, 행동으로 나타나야 합니다. 두란노 사역은 결국 말씀 사역입니다. 성령에 의한 말씀 사역입니다. 성령 없이 말씀 사역만 하면 서기관들, 바리새인들과 같이 교만한 성도를 만듭니다. 다시 귀신에게 사로잡히게 됩니다. 말씀 운동도 성령님의 인도하심을 받고 성령 받은 사람들이 하는 것입니다. 이것이 바로 이 에베소에서 일어난 두란노 운동입니다.

어려움을 무릅쓰고 헌신하십시오. 하나님께서 변화를 주시고 당장의 지금 그 일보다도 엄청난 더 큰 일을 하나님께서 이루어 주시는 역사가 이루어질 줄 믿습니다. 이런 일들을 행할 때 여러분이 결단하셔야 합니다.

또 우리는 몸으로도 헌신해야 합니다. 말씀을 묵상해야 합니다. 은혜를 받으면 말씀을 가까이하게 됩니다. 말씀을 읽고 묵상하면서 말씀과 더불어서 주님과 교제하는 역사가 일어납니다. 말씀 없이는 변화가 일어나지 않습니다. 성령님의 인도함을 받는 사람은 꼭 말씀 묵상을 해야 합니다. 따로 시간을 떼고 장소를 정해서 말씀을 묵상하십시오. 그리고 신앙을 먼저 경험한 사람과 더불어 같이 말씀을 나누는 일대일 교제도 하십시오. 성령님이 말씀을 통해서 나에게 일하셔야 건강해지고 구습에 속한 일들도 버리는 역사들이 일어납니다.

결심하고 결단해도 안 됩니까? 은혜 받으면 하게 됩니다. 은혜를 주시는 성령께 순종을 하면 됩니다. 사모하는 마음으로 은혜 받고, 성령님의 지배하심, 다스리심, 통치하심을 받아야 합니다. 그래야 가정이 살고 자녀들이 삽니다. 부모가 하나님이 기뻐하시지 않는 일들을 행하는데 자녀들이 어떻게 영적 생활을 하겠습니까? 돌아와야 합니다. 성령님의 인도하심을 받아야 합니다.

두란노에서 일어난 이 놀라운 사역은 두란노의 사건만이 아니고, 에베소의 사건만이 아닙니다. 오늘 이 시대에 꼭 필요한 것입니다. 경건의 모양은 있지만 경건의 능력은 상실된 오늘날 꼭 필요합니다. 그런 역사들이 일어나야 합니다. 교회도 마찬가지입니다.

능력이 없는 이유가 무엇입니까? 하나님의 능력이 나타납니까? 변화가 일어나고 있습니까? 개인의 삶에 변화가 있습니까? 가정이 바뀌었습니까? 자녀들이 바뀌었습니까? 부부간의 관계가 바뀌었습니까? 왜 아무런 변화가 없습니까? 우리가 결단하고 그 길을 가려고 헌신하지 않기 때문입니다.

여러분, 변화에 헌신하시기를 바랍니다. 변화가 일어나야 합니다. 영적인 경건운동도 마음만 가지고는 안 됩니다. 몸이 가야 합니다. 기도 생활에 게으른 분이 있습니까? 기도의 자리로 오십시오. 말씀의 자리에 오십시오. 정신 차리고, 근신하고, 깨어 있어 우리 교회에 이 역사가 일어나야 합니다.

바울을 통해서 하나님이 능력을 행하시면서 변화가 일어난 것처럼, 하나님께서 우리에게도 변화를 주시기를 원합니다. 그로 인해 교회에 변화가 일어나고, 하나님을 두려워하는 경외가 있고, 우리를 통해 예수 이름이 높임을 받으며, 우리의 행동을 돌이키는 변화가 일어나기를 예수 그리스도의 이름으로 축원합니다.

유두고를 살리다

사도행전 20:1-12

소요가 그치매 바울이 제자들을 불러 권한 후에 작별하고 떠나 마게도냐로 가니라 그 지경으로 다녀가며 여러 말로 제자들에게 권하고 헬라에 이르러 거기 석 달을 있다가 배 타고 수리아로 가고자 할 그때에 유대인들이 자기를 해하려고 공모하므로 마게도냐로 다녀 돌아가기를 작정하니 아시아까지 함께 가는 자는 베뢰아 사람 부로의 아들 소바더와 데살로니가 사람 아리스다고와 세군도와 더베 사람 가이오와 및 디모데와 아시아 사람 두기고와 드로비모라 그들은 먼저 가서 드로아에서 우리를 기다리더라 우리는 무교절 후에 빌립보에서 배로 떠나 닷새만에 드로아에 있는 그들에게 가서 이레를 머무니라 안식 후 첫날에 우리가 떡을 떼려 하여 모였더니 바울이 이튿날 떠나고자 하여 저희에게 강론할새 말을 밤중까지 계속하매 우리의 모인 윗다락에 등불을 많이 켰는데 유두고라 하는 청년이 창에 걸터 앉았다가 깊이 졸더니 바울이 강론하기를 더 오래 하매 졸음을 이기지 못하여 삼 층 누에서 떨어지거늘 일으켜 보니 죽었는지라 바울이 내려가서 그 위에 엎드려 그 몸을 안고 말하되 떠들지 말라 생명이 저에게 있다 하고 올라가 떡을 떼어 먹고 오래 동안 곧 날이 새기까지 이야기하고 떠나니라 사람들이 살아난 아이를 데리고 와서 위로를 적지 않게 받았더라

제3차 전도 여행을 마치고 돌아가는 중에, 드로아에서 일어난 하나님의 사건을 같이 나누는 도중에 하나님이 사도 바울에게 간절한 마음을 주셨습니다. 서바나를 전도하기 원하는 주님의 마음, 곧 하나님께서 땅끝까지 복음을 증거하라는 말씀을 따라 서바나를 전도하

기 원하는 열망이 바울에게 있었지만 그곳에 가기 전에 우선 당시 세계의 중심이자 수도인 로마를 방문해야겠다는 하나님의 꿈을 주셨기 때문에 그곳을 향해 가기를 원했습니다. 그래서 도중에 예루살렘에 들러서 그들에게 그동안 하나님께서 하신 일을 나누고 로마로 향하기로 했습니다.

본문 말씀을 보면, 바울 사도가 혼자 가지 않고 여러 지역의 교회를 대표하는 사람들이 함께 가기로 하여 그들의 이름이 4절에 나와 있습니다. 본문 말씀의 배경은, 예루살렘 교회가 기근으로 인해 경제적으로 어려움을 당하고 있는 때였습니다. 복음 전파를 통해 세워진 이방 교회들이 예루살렘 교회를 위해 사랑의 헌금을 준비했습니다. 당시 교회는 지금 같은 교회가 아니라 몇 명씩 모인 가정 교회였습니다. 기근으로 어려움과 고통을 겪고 있는 예루살렘의 믿음의 형제들을 돕기 위해 연보를 전달하는 길에 바울 혼자 가지 않고 지역 대표들과 함께 가기로 한 것입니다.

그래서 2절 말씀대로 헬라에서 3개월을 머물렀습니다. 그런데 여기서 말하는 헬라는 당시 무역과 여러 가지로 중심지였던 고린도입니다. 거기서 배를 타고 수리아를 거쳐서 가기로 했습니다. 수리아는 그가 파송되었던 안디옥이 있는 곳입니다. 그곳을 거쳐 예루살렘으로 건너갈 계획인데, 반대 세력이 얼마나 거센지 바울을 죽이려는 무리가 일어나 결단하는 일이 생겼습니다. 이러한 정보를 접하고, 바울은 계획대로 결행하지 않고 마게도냐로 되돌아가서 그곳을 거쳐 예루살렘까지 돌아가기로 계획을 변경했습니다(3절). 지금까지 온 길을 되돌아가기로 한 것이지요.

같이 가기로 한 사람들은 먼저 배를 타고 곧장 드로아로 건너갔습니다. 하나님의 놀라운 섭리입니다. 사도 바울이 계획한 대로 두지 않고 반대한 사람들을 통해서 그의 계획을 막은 것입니다. 그렇게 빨리 갈 수 있는 길을 막고 돌아가게 한 것입니다. 배를 타고 빨리 가면 좋으나 하나님께서 오히려 되돌아가게 하셔서 막 복음의 씨앗을 뿌려둔 곳들을 둘러보며 점검하고 양육하면서 돌아가게 하신 것입니다. 빌립보, 베뢰아, 마게도냐 지방을 돌아서 갔는데 그 당시에는 자동차도 없는 때니 걸어서 수고해야 했습니다. 하나님께서 바울로 하여금 그 모든 곳들을 걸으며 땀을 흘리며 돌아보게 하신 것입니다.

첫날, 주님의 날

그리하여 사도 바울이 드로아에 도착했습니다. 그곳에는 미리 와 있던 동역자들이 기다리고 있었습니다. 그들과 만났을 때 일어난 일이 본문 7절에 기록된 말씀입니다.

> "안식 후 첫날에 우리가 떡을 떼려 하여 모였더니 바울이 이튿날 떠나고자 하여 저희에게 강론할새 말을 밤중까지 계속하매."

안식 후 첫날은 곧 주일날입니다. 떡을 떼려 모였다고 했으니 예배를 드리는 것입니다. 주님의 명령대로 주님이 십자가에 내어주신 몸을 기념하며 모일 때 떡을 떼면서 성만찬을 한 것입니다.

여기서 '주간의 첫날'이 중요합니다. 우리가 주간의 첫날인 주일날 예배를 드리는데, 오늘날 아직까지도 왜 첫날인가 하며 이 문제를 해결하지 못한 분들이 있습니다. 우리는 깨달아야 합니다. 창세기도 보십시오. 하나님께서 첫 창조를 마치시고 하루를 택하여 안식하셨습니다. 그런데 피조물인 인간이 죄를 범함으르써 안식을 깨뜨려버렸습니다. 참 쉼을 깨버린 것입니다. 그리고 사망 죽음이 왔습니다. 첫 창조 때에 이뤄 주신 하나님의 안식, 평화, 평강을 죄를 지음으로써 인간이 깨뜨리고 잃어버렸습니다.

그러나 사랑의 하나님께서 죄인인 우리 인간을 사랑하셔서 정죄와 심판 가운데 그냥 두지 않고 독생자 예수를 보내 주셨습니다. 그분이 인간의 죄를 위하여 십자가에 못 박혀 죽으심으로 우리가 들어가야 할 영원한 멸망, 사망, 무덤 가운데 들어가셨으나, 사망 권세를 깨뜨리고 부활하셨습니다. 그 부활의 날이 바로 안식 후 첫날, 주간의 첫날, 오늘날 우리가 예배드리는 주일입니다.

깨어진 하나님의 안식, 우리 인간에게도 주셨던 그 평화, 쉼, 안식이 인간의 죄로 인해 깨어졌는데 그것을 회복하는 것이 바로 제2의 창조의 역사인 예수 그리스도를 통한 십자가 사건입니다. 예수께서 십자가를 지고 죽으셨다가 부활하여 사망 권세를 깨뜨리셨습니다. 하나님의 영원한 참 안식이 회복되었습니다.

그 예수를 믿는 자가 구원을 받는다는 것은, 다시 말하면 하나님의 영원한 안식을 다시 회복하는 역사입니다. 우리가 예수 그리스도의 부활의 능력과 십자가의 능력을 믿지 않는다면 천국을 못 가는 것은 물론 영원한 안식에 참여하지 못할 것입니다. 초대교회 성도들은 날짜를 지키는 것이 아니라 하나님의 참 안식을 회복해 주신 그날, 안식 후 첫날, 주간 첫날을 서로 교제하며 떡을 떼고 예배드리는 날로 정한 것입니다.

떡을 떼려 하는 그날, 곧 주간 첫날에 그 자리에서 바울이 강론을 합니다. 다음날 떠나니 그는 아쉬운 심정일 것입니다.

> "우리의 모인 윗다락에 등불을 많이 켰는데 유두고라 하는 청년이 창에 걸터앉았다가 깊이 졸더니 바울이 강론하기를 더 오래 하매 졸음을 이기지 못하여 삼층 누에서 떨어지거늘 일으켜 보니 죽었는지라"(8-9절).

사도 바울이 왔으니 아마 많은 사람들이 모였을 것입니다. 얼마나 넓은 장소인지 기록되어 있지 않으므로 알 수 없으나 아마 그 장소에 사람들이 가득 찬 것 같습니다. 이곳에 유두고라는 청년도 왔습니다. 예수 이름으로 모였고 예수 생명이 있는 예배드리는 장소에 온 그는 누구입니까? 떡을 떼기 위해 모인 곳에 왔으니 그는 떡을 떼러 온 것입니다. 그러니 그도 믿는 사람이겠지요. 그가 얼마나 오래 전부터 복음의 말씀을 듣고 예배하는 자로서 떡을 떼는 자리에 참여했는지 기록이 없지만, 아무튼 유두고가 창에 걸터앉아서 말씀을 들었습니다.

그런데 바울이 말씀을 오래 전했으므로 그가 창턱에 걸터앉아서 졸다가 떨어져 죽었습니다. 9절에 "유두고라 하는 청년이 창에 걸터앉았다가 깊이 졸더니 바울이 강론하기를 더 오래 하매 졸음을 이기지 못하여 삼층 누에서 떨어지거늘"이라고 했습니다. 그는 바울의 긴 말씀을 듣다가 졸았습니다. 3층 창턱에 걸터앉아 졸다가 떨어졌는데, 이 말씀을 기록한 누가는 의사니까 그가 진단하여도 죽은 것이 분명했습니다. 그런데 죽은 청년이 다시 살아나는 역사가 일어납니다.

사도 바울의 사역 가운데 많은 사람을 만나고 많은 일들이 일어났는데, 하나님께서 왜 하필 유두고가 말씀을 들으며 창에서 졸다가 떨어진 이 기사를 우리에게 들려 주셨을까요? 유두고는 예배를 드리러 왔으니 믿는 자입니다. 불신자가 아닙니다. 그런데 그가 높은 곳에 앉아서 졸다가 3층에서 떨어져 죽었습니다.

잠든 자를 깨우라

여러분, 지금 어떤 자세로 앉아 계십니까? 앉아 있는 위치가 그 사람의 마음의 위치를 말합니다. 록펠러의 어머니가 아들에게 가정교육을 시킬 때, '주일을 지켜라, 십일조를 꼭 해라, 교회에서 앞자리에 앉아라, 그리고 말씀을 들을 때는 목사님과 같은 마음이 되어서 말씀을 경청하라'고 늘 당부하고 가르쳤다고 합니다. 공간이 중요한 것은 아니지만 자신의 위치를 생각해 볼 필요는 있습니다.

사실 어디에 앉는가에 따라 차이가 있습니다. 오늘 유두고가 창문에 걸터앉았다고 했는데, 혹시 여러분, 지금 예배 자리에 와서 앉아 있지만 마음은 창문에 앉아 있지는 않습니까? 한 발은 교회에, 한 발은 세상에 반씩 걸쳐 있지는 않은지 점검하기 바랍니다. 또 창턱에 앉아 있으면 더 정신을 차려야 할 텐데 유두고는 깊이 잠들었다고 했습니다. 물론 전날 잠도 제대로 못 자고 피곤한 몸으로 왔을 수도 있습니다만 우리도 자신의 마음 상태를 점검해야겠습니다.

졸고 있다는 것은 어떤 상태입니까? 깊이 잠이 든 사람은 무엇이 어떻게 되고 있는지 모릅니다. 자신이 자고 있는 것도 모릅니다. 영적으로도 마찬가지입니다. 영적으로 잠든 사람은 오히려 깨우는 자에게 화를 냅니다. 바리새인들이 그랬습니다. 예수님께서 바리새인들에게 눈을 떠도 보지 못하는 소경이라고 하셨는데 바리새인들은 그 말씀을 이해하지 못했습니다.

로마서 13장에도 말씀합니다.

> "또한 너희가 이 시기를 알거니와 자다가 깰 때가 벌써 되었으니 이는 이제 우리의 구원이 처음 믿을 때보다 가까왔음이니라 밤이 깊고 낮이 가까왔으니 그러므로 우리가 어두움의 일을 벗고 빛의 갑옷을 입자 낮에와 같이 단정히 행하고 방탕과 술취하지 말며 음란과 호색하지 말며 쟁투와 시기하지 말고 오직 주 예수 그리스도로 옷입고 정욕을 위하여 육신의 일을 도모하지 말라"(롬 13:11-14).

깰 때가 되었다는 것입니다. 오늘날로 말한다면, 여러 모양으로 시험에 들고 예배 자리에서 멀어지고 다투고 시기하며 사역을 내려놓고 오락에 빠지고 도박에 빠진 것입니다. 이들은 영적으로 잠들어 있어서 하나님의 말씀이 안 들립니다. 어떤 분은 월스트리트 주식이 조금만 움직여도 다 압니다. 주식에 대해서 꿰고 있습니다. 그는 주식에 대해 깨어 있는 사람입니다. 어떤 사람은 주식은 전혀 모르나 연예계 소식에 환합니다. 누가 어디서 공연을 언제 하는지 다 압니다.

그런데 스포츠에 관해서는 아무 관심이 없습니다. 관심 분야에만 깨어 있는 것입니다.

세상이 그런 것처럼 교회도 마찬가지입니다. 어떤 분들은 골프 치는 일에 교회보다 우선권을 둡니다. 어떤 분은 돈 버는 일에만 깨어 있어 은혜 받는 것을 두려워합니다. 부흥회 한다고 하니까 은혜 받을까 봐 못 온답니다. 영적으로 잠든 사람들입니다. 지금 여기 앉아있지만 말씀이 귀에 안 들어오고 졸음만 온다면 그런 분들도 영적으로 잠든 것입니다. 마찬가지입니다. 깊이 잠들면 떨어져 죽습니다.

그 청년이 죽었을 때 바울이 말씀을 그치고 내려가서 그 위에 엎드려 몸을 안고 '유두고가 죽지 않았고 생명이 있다'고 선포합니다. 기도했겠지요. 많은 경우 낮은 데로 내려갈 때 역사가 일어납니다. 높은 자리에서는 생명을 살릴 길이 없습니다.

열왕기상 17장을 보면, 선지자 엘리야도 사르밧 과부의 아들이 죽었을 때 그 아이를 침상에 눕히고 아이 위에 몸을 대고 엎드리고 세 번 펴면서 여호와께 부르짖어 살려냈습니다(20절). 엘리사도 수넴 여인의 아들이 죽었을 때 역시 침대에 누워 있는 그 아이 위에 올라가 눈과 입과 손을 그 아이에게 마주 대니 그 아이가 살아났습니다(왕하 4:34). 지금 사도 바울이 유두고의 시체 위에 엎드려 하나님께 간구합니다. 그들은 모두 죽은 자를 살리기 위해 사람들이 다 피하는 시체 위에 엎드려 접촉하며 하나님께 기도하여 살려냈습니다. 누구나 시체를 가까이하기 싫어하지만 엘리사와 바울은 죽은 그들을 살리기 위해 시체와 접촉한 것입니다.

우리도 태신자들을 위해 기도하고 있는데, 우리가 어떻게 해야 그들을 깨우고 영적 생명을 살려내겠습니까? 교회 내에도 등록은 되어 있지만 비활성화되어 있는 이들을 깨워야 합니다. 교회 밖의 믿지 않는 이들과 함께, 교회에 적은 두고 있지만 깨어 있지 않은 이들을 깨워내 초청해야 하는 것이 우리들의 기도 제목입니다. 바울이 내려가서 유두고를 안고 하나님께 기도하여 살려낸 것처럼 우리도 영적으로 죽어 있는 그들을 안고 하나님께 아뢰어 깨워야 합니다.

우리는 예수의 생명을 가지고 있기 때문에 그것을 전달해야 합니다. 그렇게 하지 못한다면 내가 영적으로 깨어 있지 못한 까닭입니다. 그 마음이 없다면 여러분은 자고 있는 것입니다.

> "너희는 다 빛의 아들이요 낮의 아들이라 우리가 밤이나 어두움에 속하지 아니하나니 그러므로 우리는 다른 이들과 같이 자지 말고 오직 깨어 근신할지라"(살전 5:5-6).

우리 예수 믿는 사람들은 다 빛의 아들입니다. 어디에 가든지 빛이 증거되어야 합니다. 예수의 흔적이 나타나야 합니다. 우리가 접촉하는 사람마다 예수 생명이 전달되어야 하는 것입니다.

마가복음 13장에도 무화과나무의 비유를 통하여 예수님께서 마지막 때를 위하여 깨어 있으라고 반복하여 강조하십니다. 주인이 언제 올지 모르니 깨어 있으라고 합니다. 제자들에게만 하는 말씀이 아니라 모든 사람들에게 하는 말씀이라고 했습니다. 기도로 깨어 있으라는 것입니다.

천하보다 귀한 영혼을 건져야 합니다. 한 영혼이 천하보다도 귀하다고 했습니다. 지금 술 취하고 노름하고 호색하는 사람들을 깨워야 합니다. 주님은 그 사람들도 위해서 십자가에 돌아가셨습니다. 지금 이 소리가 들려야 합니다.

유두고는 '다행'이란 뜻의 이름입니다. 이름을 잘 지어야 하나 봅니다. 떨어져 죽었는데 다행히 바울 사도가 있어서 그를 살려낼 수 있었습니다. 비록 졸더라도 예배자리에 와 있는 게 다행입니다. 공동체 가운데 들어와 있으니 때가 되면 일어날 기회가 있을 테니까요.

저는 우리가 한 사람도 빠짐없이 깨어 있기를 바랍니다. 그래서 우리 식구 가운데, 친구들 중에, 또 일터에 있는 동료들 가운데 믿지 않는 사람들을 새생명축제에 초청하기 위해 기도하고 지혜롭게 인도하는 축복이 있길 바랍니다. 살려야 합니다. 그런 일에 관심이 없다면 영적으로 졸고 있는 것입니다.

사도 바울은 죽은 자를 살려내고 기뻐서 함께 모여 떡을 떼는 기쁨에 참여했습니다. 우리도 사도 바울과 같이, 엘리야, 엘리사와 같이 잠든 자를 살려내야 합니다. 하나님이 주신 그 사명을 놓고 기도하면 여러분에게도 그들과의 영적 접촉점을 찾는 일이 일어날 줄 믿습니다.

어떻게 주님을 섬겨야 하나?

사도행전 20:17-21

바울이 밀레도에서 사람을 에베소로 보내어 교회 장로들을 청하니 오매 저희에게 말하되 아시아에 들어온 첫날부터 지금까지 내가 항상 너희 가운데서 어떻게 행한 것을 너희도 아는 바니 곧 모든 겸손과 눈물이며 유대인의 간계를 인하여 당한 시험을 참고 주를 섬긴 것과 유익한 것은 무엇이든지 공중 앞에서나 각 집에서나 꺼림이 없이 너희에게 전하여 가르치고 유대인과 헬라인들에게 하나님께 대한 회개와 우리 주 예수 그리스도께 대한 믿음을 증거한 것이라

여러분은 지금까지 어떤 자세로 주님을 섬겨왔으며 앞으로는 또 어떻게 섬기시겠습니까? 본문 말씀을 통해서 확인하며 결단하는 은혜의 시간이 되길 원합니다.

제3차 전도 여행을 마감해 가는 사도 바울이 에베소의 근교 항구도시인 밀레도에 도착했습니다. 예루살렘을 향해서 올라가는 중입니다. 에베소는 3년 동안이나 복음의 말씀과 주의 사랑을 나누면서 제자들과 함께 복음을 전한 곳입니다. 주의 일꾼들을 훈련하기도 했던 에베소에 직접 들르지는 못했지만, 그곳의 장로들을 밀레도에 초청해서 말씀과 권면을 하는 것이 오늘 본문 말씀입니다. 사도 바울은 이

제 교우들을 다시는 볼 수 없다는 것과 이 교제에서 하는 설교가 마지막이 되리라는 것을 영적으로 직감하고 있었습니다. 지금까지 하나님께서 그를 통해서 하신 사역을 같이 나누면서 하나님 앞에 감사하고 그들을 권면하는 것입니다.

바울의 그 섬김을 거울 삼아 우리들의 섬김의 자세를 점검하는 기회가 되길 바랍니다. 그의 섬김은 '모든 겸손과 눈물'이며 '참고 주를 섬긴 것', 영어성경에는 "I served Lord with all humility and with many tears"라고 표현했습니다. 유대인의 간계가 심했지만 참고 주를 섬겼다는 것입니다. 이 말씀을 묵상하면서 저는 많은 감동을 받았습니다. 그러면서 과연 나는 주님을 '많은 눈물과 그리고 겸손'으로 그렇게 참으면서 섬겼는가 자문하며 회개하는 기회도 갖게 되었습니다. 사도 바울이 항상 고백하는 것이 '그리스도 예수의 종 된 나 바울'입니다. 종의 특징은 섬김입니다. 섬기는 자세가 되어야 겸손할 수 있고 또 겸손해야 섬길 수 있습니다. 그 근거는 결국 '교회가 어떤 곳이냐'에 달려 있습니다. 복음이 전파되어 예수 그리스도를 생명의 구주로 믿는 사람들이 모여 교회의 지체를 이룹니다. 교회의 머리는 예수님입니다(엡 1:22-23).

지금 사도 바울은, 주를 섬기기 때문에 교회를 섬기는 것이고 또 성도들을 섬기게 됨을 말씀하고 있습니다. 주님을 섬긴다면서 마음에 안 드는 일이 생기면 '나는 하나님을 섬기는 하나님의 종이지 네 종은 아니다'라는 생각을 품을 때가 많습니다. 그런데 사도 바울의 섬김의 근거는 '종 의식'에 있었습니다. 예수님의 종이며, 그러므로 동시에 그의 몸 된 지체들도 그의 일부이기 때문에 종으로 섬겼다는 것입니다. “우리가 우리를 전파하는 것이 아니라 오직 그리스도 예수의 주 되신 것과 또 예수를 위하여 우리가 너희의 종 된 것을 전파함이라”(고후 4:5)고 했습니다.

모든 겸손으로 섬길 때 그 겸손이 어디서 나옵니까? 예수의 주 되신 것과 또 예수를 위하여 우리가 너희의 종 된 것을 전파한다는 것입니다. 또 나를 다스리시고 지배하시는 주인이기 때문에 그분을 섬긴다는 것입니다. 종은 생각이 있어도 생각이 없고, 감정이 있어도 감정이 없는 존재입니다. 내가 내 것이 아니고 주인의 것으로, 소유권이 완전히 주인에게 있는 것입니다.

눈물이 마른 시대

사도 바울의 ‘우리 주 예수 그리스도의 종 된 나 바울’이라는 고백이 결국 교회와 지체를 향한 고백이 되었기 때문에 그의 ‘섬김’이 ‘모든 겸손’으로 나타날 수 있었습니다. ‘겸손’은 상대를 크고 높게 여기고 나는 작아지고 죽은 자가 되어 없어지는 상태를 말합니다. 내 방법, 내 뜻이 버려지는 것이 겸손입니다. 그래서 하나님 아버지의 보내심을 받은 예수님은 이 땅에서 그의 사역을 하실 때에 완전히 종의 형체를 입었다고 하였습니다. 종으로서 자신을 완전히 비워서 섬기는 섬김으로 나타난 것입니다. 바로 그것이 ‘종’이고 ‘섬김’입니다.

사도 바울도 주를 섬길 때에, 어떤 부분에 있어서만큼은 자신의 생각으로 섬기거나 하지 않고 ‘모든 겸손’으로 섬겼습니다. 내 뜻이 아니라 예수님의 뜻으로 섬겼기 때문에 그의 몸을 이루는 모든 사람들을 섬길 수밖에 없었던 것입니다.

우리도 교회를 섬기다 보면 힘들 때가 많습니다. 아직도 교회에 육신적인 크리스천이 많기 때문입니다. 사도 바울이 고린도 교회를 향해서 말씀을 주실 때에 육신적인 크리스천과 영적인 크리스천으로 표현했는데, 육신적인 크리스천을 어린아이와 같다고 했습니다. 우리는 모두 주님의 몸된 지체입니다. 어린아이라고 해서 미워할 수도 없고 버릴 수도 없고 사랑할 수밖에 없는 존재입니다.

또 그는 많은 눈물로 섬겼다고 했습니다. 여러분, 마음이 강퍅해지면 눈물이 안 나옵니다. 지금까지 신앙생활을 하면서 눈물을 흘린 적이 언제입니까? 예배를 드리면서 눈물이 나는 때가 있습니다. 감격스러운 그 은혜 때문에 주님을 생각만 해도, 주의 이름만 불러도 감사와 감격으로 눈물이 나오는 때가 있습니다. 사막과 오아시스가 다른 것은 물이 있느냐 없느냐로 판가름 납니다. 여러분의 눈에 눈물이 있으면 그만큼 은혜가 있고 그만큼 사랑이 있는 것입니다. 이 사랑의 눈물, 긍휼의 눈물, 은혜에 감사하고 감격하는 눈물은 뜨겁습니다. 사도 바울의 사역 가운데 빼놓을 수 없는 것이 있습니다. 바로 많은 눈물의 사역입니다.

예수님도 겟세마네 동산에서 뜨거운 눈물의 기도를 드리셨으며, 나사로의 무덤 앞에서 눈물을 흘리셨고, 예루살렘 성을 내려다보시면서 감람산에서 눈물을 흘리셨습니다. 암탉이 병아리를 품는 것같이 영혼을 품는 사랑, 바로 그것 때문에 드거운 눈물을 흘리셨습니다. 예수님의 뜨거운 심장을 품고 눈물의 사역을 한 것입니다.

사도 바울은 에베소의 장로들을 초청해서 말합니다. "3년 이상 함께 있으면서 처음부터 끝까지 내가 어떻게 행했는지 여러분이 잘 아시지 않습니까?" 하면서 곧 모든 겸손과 눈물이라고 했습니다. 빌립보서에서는 "내가 여러 번 너희에게 말하였거니와 이제도 눈물을 흘리며 말하노니 여러 사람들이 그리스도 십자가의 원수로 행하느니라"(빌 3:18)고 했습니다. 또 고린도 교인들에게는 "내가 큰 환난과 애통한 마음이 있어 많은 눈물로 너희에게 썼노니"(고후 2:4)라고 했습니다. 그들이 주님을 열심히 섬긴다고 하지만 분쟁을 일으키고 시기하고 질투하는 안타까운 모습을 보면서 애통한 마음으로 눈물의 서신을 쓴다는 것입니다. 그들의 영혼을 향한 간절한 마음 때문에 바울이 많은 눈물을 흘렸다는 것입니다.

이 시대는 눈물이 마른 시대입니다. 내 마음에 긍휼과 사랑과 자비의 마음이 고갈되었습니다. 눈에 눈물이 있다는 것은 마음에 눈물이 있다는 말입니다. 애통하는 마음과 사랑의 마음, 긍휼과 자비의 마음이 있을 때에 눈물로 나타나는 것입니다. 주님을 향한 감격의 마음이 있을 때 눈물이 있습니다. 또한 하나님의 일을 제대로 행하지 못하고 혹시 거역한 일이 있을 때, 죄를 범했을 때, 하나님께 기쁨이 되지 못할 때, 회개할 때 눈물이 나오게 마련입니다.

사도 바울의 능력의 사역과 그의 남긴 글을 통해서 우리에게 엄청난 영향력으로 다가오는 열매는 '모든 겸손과 눈물'로 섬긴 결과였습니다. 나를 나타내기 위해서 봉사하고 섬길 때는 영혼을 건지는 열매가 되지 못합니다. 내가 죽고 예수님이 나타나는 섬김 속에 영혼을 건지는 역사가 일어나는 것입니다. 복음을 전할 때 "논쟁에는 져라. 그러나 영혼은 얻어라"는 말을 합니다. 나의 옳은 것, 잘난 것, 많이 알고 있는 것을 증명하다가 영혼을 잃어버리는 경우가 많이 있다는 것이지요. 세상과 정반대로 나의 약함과 부족함을 고백할 때 영혼을 얻는 역사가 일어납니다. 바로 그것이 하나님의 사랑입니다. 내가 하나님 앞에 못난 자임을 깨닫고 부족한 것을 깨달을 때 눈물이 있습니다.

교회는 눈물의 씨앗, 순교의 피의 씨앗입니다. 사랑의 눈물, 긍휼의 눈물을 흘렸는가에 대한 결과입니다. 태신자들을 안고 기도할 때, 그 영혼을 긍휼히 여기는 마음, 사랑의 마음, 천하보다도 귀하다고 여기는 주님의 마음을 품고 눈물로 기도할 때 비로소 생명 탄생의 역사가 일어나는 것입니다. 그럴 때에 흑암의 세력들이 물러가는 역사가 일어납니다.

또 '유대인의 간계로 말미암아 당한 시험을 참고 주를 섬긴 것'이라고 했습니다. 나를 잘 아는 사람, 가장 가까운 사람으로부터 어려움을 당할 때 견디기가 힘듭니다. 사도 바울은 유대인입니다. 그런데 그가 전도하러 가는 곳마다 그를 괴롭힌 사람은 동족인 유대인들이었습니다. 그런데도 사도 바울은 시험을 당하며 끝까지 참았다고 했습니다. 고난당할 때에 그 인내 속에서 연단이 이루어지고 소망이 이루어지는 법입니다(롬 5:3). 그래서 그 사람의 사람됨은 어려움을 당해봐야 알 수 있습니다. 시험 당할 때에 결단하는 행동은 열매로 나타납니다. 사도 바울의 3년 반 동안 사역으로 전 아시아에 복음을 듣지 못한 사람이 없을 정도로 말씀 선포가 될 수 있었던 이유는 '모든 겸손과 눈물이며 유대인의 간계를 참는 섬김'이었다는 것입니다.

우리도 '주님이 나를 부르셨고 사명을 주셨다'고 하면서 사역하는

데, 내 힘으로는 도저히 할 수 없고 마치 하나님께서 나를 적에게 넘기신 것과 같은 때가 있습니다. 저에게도 때로는 내 힘과 능, 지혜로써는 도저히 할 수 없는 때가 있었습니다. 마치 예수님이 빌라도 앞에 섰을 때, 모두 도망가고 다 그를 정죄할 때, 하나님 앞에 홀로 서 있던 것 같은 외로움을 느꼈습니다. 혹시 여러분도 그런 외로움을 느껴 보셨습니까? 하나님을 가장 가까이 모시고 바로 십자가를 이룰 때, 그것을 잘 참고 인내하며 그리스도의 긍휼, 그리스도의 자비, 하나님 아버지의 그 마음, 독생자를 보내신 그 마음을 깨달아야 합니다. 그러면서 '내 힘이 아니구나. 내 능이 아니구나' 하고 하나님 앞에 전적으로 맡겨 드리는 예수님의 사역처럼, 하나님을 인정하고 그분을 모시고 그분의 종이 되는 것, 바로 그것을 통해서 십자가의 역사가 일어나는 것입니다.

우리 인생에도 때로는 상황과 형편은 다르지만 여러분에게 그런 모습으로 다가오실 때가 있습니다. 그런데 많은 사람들이 그런 일을 당할 때 뭐라고 하는지 아십니까? '하나님, 내가 그래도 하나님 섬겼는데 왜 이러십니까? 하나님, 계시긴 합니까?' 하면서 완전히 주님의 축복과 은혜의 기회를 걷어차 버립니다. 수많은 영적인 실패자들은 영적인 길을 가다가 그 길을 벗어나버립니다. 만약에 예수님이 로마 병정과 유대 관원들에게 "너희 따위가 뭐냐" 하면서 그냥 당신의 길로 갔다면 십자가가 이루어졌겠습니까? 예수님의 십자가, 우리를 구원하신 십자가, 긍휼과 자비가 나타난 십자가, 하나님의 사랑이 나타난 십자가, 그 십자가의 사랑이 오늘 우리를 울리고 감격시키고 오늘도 나를 엎드러지게 만듭니다. 그럴 때 '예, 나는 당신의 종입니다' 하고 인정할 수밖에 없게 되는 것은 주님이 그 모든 것을 다 담당하셨기 때문입니다. 그 수난과 모욕과 고통을 다 당하셨기 때문입니다.

사도 바울이 지금 에베소에 장로님들과 마지막 작별 인사를 하면서 "내가 여러분 가운데서 모든 겸손과 눈물 그리고 이렇게 오래 참음으로 주를 섬긴 것 아시지 않습니까?" 그러면서 그다음의 말씀을 부탁하는 것입니다.

저도 이 말씀을 읽으면서 좀 더 눈물로 섬길 수 있는 종이었다면, 그리고 주님의 그 심장 가지고 주님이 나에게 넘겨진 것임을 정말로 인정할 수 있었다면, '하나님, 이것은 주님으로부터 온 것입니다' 하고 그것을 받고 참을 수 있었다면, 우리 교회가 더 주님의 영광을 드러내고 그 구원과 감격이 드러나며 성도들의 눈에 눈물이 있고 감격이 있고 생명을 살리는 일이 더욱더 활발하게 일어나지 않았을까 하는 생각이 들었습니다.

사랑하는 성도 여러분, 우리 모두 "하나님, 이 긍휼의 마음을 주옵소서" 하고 기도해야 합니다. "주님을 나도 이렇게 섬기기 원합니다. 내게 어려움과 고난과 환난이 다가오지만 그러나 그것도 나에게 넘겨진 것이라면 감당할 수 있기를 원합니다" 하고 고백할 수 있어야 합니다. 바로 그 축복이 있기를 바라며, 그로 말미암아 하나님의 마음을 시원하게 하고 기쁘게 해드리는 여러분이 되시기를 예수님의 이름으로 축원합니다.

나는 어느 길을 가고 있는가?

사도행전 20:22-27

보라 이제 나는 심령에 매임을 받아 예루살렘으로 가는데 저기서 무슨 일을 만날는지 알지 못하노라 오직 성령이 각 성에서 내게 증거하여 결박과 환난이 나를 기다린다 하시나 나의 달려갈 길과 주 예수께 받은 사명 곧 하나님의 은혜의 복음 증거하는 일을 마치려 함에는 나의 생명을 조금도 귀한 것으로 여기지 아니하노라 보라 내가 너희 중에 왕래하며 하나님 나라를 전파하였으나 지금은 너희가 다 내 얼굴을 다시 보지 못할 줄 아노라 그러므로 오늘 너희에게 증거하노니 모든 사람의 피에 대하여 내가 깨끗하니 이는 내가 꺼리지 않고 하나님의 뜻을 다 너희에게 전하였음이라

본문 가운데 특별히 24절 말씀은 사도 바울의 사명 선언입니다.

> "나의 달려갈 길과 주 예수께 받은 사명 곧 하나님의 은혜의 복음 증거하는 일을 마치려 함에는 나의 생명을 조금도 귀한 것으로 여기지 아니하노라."

지금 사도 바울은 이 길을 왜 달려가고 있습니까? 바울은 주께 받은 사명, 곧 하나님의 은혜의 복음을 증언하는 일을 마치려고 달려간다고 고백했습니다. 그것을 위해서 '나의 생명조차도 조금도 귀한 것

으로 여기지 아니한다'는 것입니다.

삶의 목적과 그것을 이루기 위한 목표가 분명한 사람들은 다른 삶을 살 수 있습니다. 더군다나 예수 믿는 사람들에게는 어떻게 살아야 하는지가 분명한 것보다 더 행복할 수 있는 조건이 없습니다.

이 땅에 태어나면서 우리가 인생에서 선택할 수 있는 두 길이 있습니다. 하나는 악인의 길이고, 하나는 의인의 길입니다. 시편 1편에 복 있는 사람에 대해 말하면서 6절 마감을 할 대 "대저 의인의 길은 여호와께서 인정하시나 악인의 길은 망하리로다"라고 말씀했습니다. 그러나 사람은 처음부터 죄인으로 태어나기 때문에 악의 길을 가게 됩니다. 믿음의 시작도 '내가 죄인이다'라는 것을 깨닫는 데서 시작됩니다.

우리는 태어나면서부터 영적으로는 죽은 자, 사망 가운데 태어나기 때문에 내 스스로 죄의 값을 지불할 수가 없습니다. 그래서 예수님이 십자가에서 돌아가심으로써 대신 죄의 값을 지불해 주셨습니다. 이 사실을 믿고 예수님을 구세주로 영접하는 자는 죄의 길에서 돌이키고 의의 길을 갈 수 있게 됩니다. 예수 그리스도를 생명의 구주로 믿고 영접한 사람들은 "예, 나는 크리스천입니다. 예수님을 생명의 구주로 믿습니다. 나는 의의 길을 가고 있습니다"라고 고백할 것입니다.

그런데 우리가 정말 생명의 길, 의의 길을 가고 있습니까?

바울은 '나의 달려갈 길과 주 예수께 받은 사명, 곧 하나님의 은혜의 복음 증언하는 일을 마치려 함'이라고 했습니다. 여기에 사명 이야기가 나옵니다. '사명'이 무엇입니까? 내 생각과 내 뜻, 나의 육신의 요구로는 하고 싶지 않음에도 불구하고 해야만 하는 요구와 욕구가 있는 것이 '사명'(Mission), '하나님이 나를 불러서 하게 하시는 일'입니다. 하나님이 정하신 일을 위해서 우리를 부를 때는 '소명'(Calling)이라고 합니다. 목회자나 선교사들이나 전문 사역자만을 이야기하는 것이 아닙니다. 우리가 예수 그리스도를 생명의 구주로 믿고 영접했을 때 누구에게나 주어지는 것은 "오직 성령이 너희에게 임하시면 너희가 권능을 받고 예루살렘과 온 유대와 사마리아와 땅끝까지 이르러 내 증인이 되리라"는 말씀입니다. 누구에게나 주의 영의 인도함을 받는 사람들은 이 사명을 받습니다.

> "예수께서 나아와 일러 가라사대 하늘과 땅의 모든 권세를 내게 주셨으니 그러므로 너희는 가서 모든 족속으로 제자를 삼아 아버지와 아들과 성령의 이름으로 세례를 주고"(마 28:18-19).

우리 모두에게 주어진 사명입니다. 그런데 그 길을 어떻게 가려고 하는지 점검하길 원합니다.

사도 바울은 사명을 위해서 달려가는데(22절) '성령에 매여'(Compel)라고 했습니다. 매였다는 것은 어떤 중압감이 가해진다는 것입니다. 그런데 성령이 나를 매고 있다는 것입니다. 하나님의 은혜의 복음 전하는 일을 위해서 성령님께서 사도 바울을 붙들어 매어서, 하지 않고는 견딜 수 없도록 만든다는 것입니다. 그래서 이 일을 위해서 전적으로 달려가면서 뛰고 있다는 고백입니다.

지금 여러분은 어떤 힘에 매여 있습니까? 무슨 힘이 여러분을 끌어가고 있습니까? 우리는 이 세상에서 무엇인가에 이끌려가게 되어 있습니다.

우리는 분명히 예수를 믿기 때문에 의의 길에 들어섰습니다. 그런데 하루하루의 삶에서 주체가 누구입니까? 자기의 뜻이나 자기 계획을 이루기 위해서 시간을 다 보내고, 그 걱정으로 시간을 보내고 삶을 살아가고 있지는 않습니까? 사도 바울은 삶에서 그를 매어 끌고 가는 것이 성령님이심을 고백하는 것입니다. 어떻게 하면 내가 주인이던 삶에서 내 주인이 예수님으로 바뀔 수 있습니까? 어떻게 하면 성령님이 나의 주인이 되어서 내가 그분에게 완전히 양도해 드린 삶, 그분이 주인이시고 나는 종인 삶을 살 수 있습니까?

바울은 "주 예수 그리스도의 종 된 나 바울은"이라고 서신서마다 고백을 했습니다. 종은 주인의 것을 받아서 순종하며 사는 사람입니다. 자기 생각, 자기 뜻, 자기 의지도 있지만 주인이 원하는 것을 받아서 주인을 위해서 사는 자가 종입니다. 바울 사도가 지금 예수의 부름을 받았습니다. 이제는 종이라는 것입니다. 크리스천은 주인이 바뀐 자입니다. 주인이 바뀌지 않은 자는 사명자가 아닙니다. 예수님을 믿고 예수님이 원하시는 일, 하나님이 원하시는 일을 내가 받을 때, 그리고 그것에 순종하면서 그의 길을 달려가는 자가 하나님의 일을 하는 자입니다.

주께 받은 사명이 분명한 사람

본문 말씀을 묵상하면서 자신의 하루를 되돌아보시길 바랍니다. 저도 이 말씀을 묵상하면서 제 자신을 보았습니다. 크리스천이라고 하면서도 내 뜻, 내 생각, 나의 계획을 이루기 위해서 결국 나의 삶을 살아가고 있습니다. 내 시간도 내 육신도 내 물질도 말로는 하나님을 위해서 살겠다고 하지만 실제 삶은 그게 아닙니다.

우리가 "하나님을 위해서 살겠습니다"라고 말하는데, 실제 삶은 어떻습니까? 무엇인가를 위해서 나의 생각과 뜻으로 계획하고 그것을 이루고자 전심전력하고 있습니까? 예수를 믿고 영혼은 구원을 받았다고 하면서, 과연 하나님이 맡겨 주신 사명을 감당하고 있습니까? 그렇지 않을 수 있다는 것입니다. 자기의 일을 하느라 하나님이 원하시는 일은 하나도 해드리지 못합니다.

이민 생활은 어렵고 힘듭니다. 노력하고 힘쓰는데도 고통과 고난 속에 살아가고 있는 분들도 참 많습니다. 그런 하루하루를 사는 목적이 무엇입니까? 베다니 교회 모든 성도님들이 다 내 집을 마련하고 좋은 자동차도 마련하고 나름대로 여가생활도 할 수 있기를 바랍니다. 그런데 무엇 때문에 그렇게 하느냐는 것입니다.

집을 구하느라 기도 생활을 못합니다. 예배 생활도 못합니다. 영적 생활도 못합니다. 하나님이 기뻐하시는 일을 위해서 물질을 쓰고 싶다고는 하지만 마음뿐이고 하나도 쓰지 못하는 가정도 너무 많습니다. 나 하나의 영혼이 구원받았다는 것으로만 만족하겠습니까? 내 길 가고 내 삶을 살겠습니까? 아니면 하나님의 의를 이루어드리면서 하나님이 나에게 맡겨 주신 사명을 감당하기 위한 과정으로 이것들이 쓰임 받는 삶을 살겠습니까?

사도 바울이 우리와 다를 수 있었던 이유는 무엇입니까? 그는 성령에 매여서 성령의 음성을 듣고 순종하며 사명을 위해서 달려갔습니다. 저는 구원 받은 자로서 우리가 한 발 더 나아가, 사명의 길을 가야 한다고 생각합니다. 이 사명의 길은 사명자만이 걸어가는 것이 아닙니다. 부름 받은 사람들은 어떤 의미에서든지 다 사명이 맡겨졌습니다. 전도할 사명을 주셨습니다. 영혼을 구원할 사명을 주셨습니다.

사도 바울이 자기의 생명을 건 것은 '은혜의 복음 증거하는 일'입니다. 이 일을 위해서 달려갈 길을 최선을 다해서 달려가고 있는 것입니다.

저는 시골에 살았는데, 가만히 보면 길이라는 게 별것이 아니었습니다. 추수가 끝나고 나면 논밭 조금 건조한 곳에 지름길이 나게 됩니다. 밭을 가로질러서 어떤 사람이 한두 번 다니다 마을 사람들이 그리로 다니면 길이 되는 것입니다. 여러분은 마음이 오직 그 길만 가면 그것이 여러분의 길이 되는 것입니다. 지금 끌려가고 있는 일이 무엇입니까? 하지 않고는 견딜 수 없는 그 일이 무엇입니까? 세상에서도 중독에 걸리면 내 힘으로, 내 의지로 안 되고 자꾸 끌려가게 됩니다. 하지 않고는 견딜 수 없습니다. 우리의 삶을 삼켜버리고 우리를 매어버립니다. 나를 붙들어서 주의 길에서 떠나게 만들고, 하나님의 일에서 사람의 일로 전락시켜 버리는 상태가 되면 그것은 멸망의 길, 사망의 길입니다.

마태복음 16장을 보면 가이사랴 빌립보 지방에서 예수님이 제자들에게 "너희는 나를 누구라 하느냐?"라고 질문을 하십니다. 그러자 제자 베드로는 "주는 그리스도시요 살아 계신 하나님의 아들이시니이다"라고 대답했습니다. 그래서 예수님은 그에게 "이 반석 위에 교회를 세우리니" 하며 천국 열쇠를 주셨습니다. 그다음에는 예수님이 고난 받고 죽임을 당하고 사흘 만에 부활할 것을 말씀하실 때에 베드로가 예수님께 "그리 마옵소서"라고 항변하자 "사탄아 내 뒤로 물러가라 너는 나를 넘어지게 하는 자로다. 네가 하나님의 일을 생각하지 아니하고 도리어 사람의 일을 생각하는도다" 하면서 예수님께서 하나님의 일과 사람의 일을 말씀하셨습니다.

결국 하나님의 일의 핵심은 예수 그리스도의 십자가의 죽음과 그의 부활입니다. 어떻게든지 우리의 삶 가운데 예수의 십자가와 예수의 부활이 나타나야 합니다. 베드로는 말로는 예수님을 사랑하고 예수님을 위한다고 했지만 "예수님은 죽임을 당할 수 없습니다. 십자가를 질 수가 없습니다"라고 말하는 것은 예수님의 십자가를 가로막는 행동입니다. 선악과와 같이 보암직도 하고 먹음직도 하고 지혜롭게 할 만큼 탐스럽게 보이는 것들이 십자가를 멀리하게 만들고, 순교자의 삶을 포기하게 만드는 경우가 너무도 많습니다.

지난 주 동안 한국 교계에 평신도를 깨우는 운동, 제자훈련을 앞장서서 하셨던 옥한흠 목사님이 소천하셨습니다. 개인적인 친분은 없지만 그분을 존경하는 것은, 한국 교회가 너무도 관료주의적인 체제 가운데 움직이고 있을 때 평신도를 깨워서 일꾼으로 세우는 운동을 하셨기 때문입니다. 달려갈 길, 하나님이 그에게 주신 사명을 깨닫고 외롭고 힘들지만 그 길을 달려갔습니다. 우리도 25년 전에 교회가 시작될 때 한 사람 한 사람이 사명을 감당하려면 훈련을 받아야겠구나 해서 제자훈련을 시작했습니다.

저는 가만히 생각해 보았습니다. '나는 지금 어떤 길을 달려가고 있는가? 지금까지 달려왔는데 앞으로 어떻게 달려갈까?' 그래서 하나님께서 저 나름대로의 확신을 주셔서 제가 새가족반에서 '저들이 거듭나는 중생의 체험을 해야 한다. 예수 생명 받아야 한다. 성령 세례 받아야 한다'는 것을 강조합니다. 그 결과 많은 분들이 중생의 체험을 했고, 많은 분들이 성령의 체험을 했고, 또 성령 충만을 받아 많은 분이 헌신을 하고 있습니다. 앞으로도 저는 그 길을 갈 것입니다.

여러분! 여러분은 지금 무엇을 위해 최선을 다해서 달린다고 생각하십니까? 사명을 위해서 달려갈 길을 다 달려가고 있습니까?

사명의 길이 어떤 길입니까? 얀 후스(1370-1415)는 보헤미아(체코)의 종교개혁운동가인데 화형으로 순교했습니다. 당대 중세 가톨릭교회의 교권에 대항했습니다. 평신도들에게 하나님의 말씀이 읽히지 않은 것과, 구원이 믿음으로가 아니라 어떤 일을 행함으로 받는 것처럼 변질되어 가는 것에 대해 '아니다'는 것을 깨닫고 진리를 전파했습니다. 그러나 결국은 화형을 선고받았습니다.

그가 화형을 당하는 전날의 일입니다. 그 저녁에 감옥에 촛불 하나가 밝혀져 있었습니다. 그가 촛불 끝에 손가락 끝을 대어 보면서 "내일은 내가 불에 타 죽겠지요. 촛불에 손끝만 대도 이렇게 뜨거워서 깜짝 놀라는데 어떻게 그 불구덩이에 들어가서 내 생명을 불태워 드릴 수 있을까요. 하나님 아버지, 나는 할 수 없습니다"라고 기도하며 하나님의 도움을 구하면서 자신을 내어 맡겼습니다. 예수님이 겟세마네 동산에서 십자가를 안고 눈물과 통한으로 하나님 앞에 기도하면서도 이미 하나님께서 맡기신 십자가를 지신 것처럼, 얀 후스도 그날 밤 하나님 앞에 자신을 화형으로 바칠 것을 기도하였고 끝에는 순교의 제물이 되었습니다.

하나님의 은혜의 복음을 증거하는 일을 위해서 나의 생명조차 조금도 귀한 것으로 여기지 아니하고 자신이 달려갈 길을 간 것입니다. 주 예수께 받은 사명을 위해서 달려갈 길이 분명한 사람, 주께로부터 받은 사명이 분명한 사람입니다.

베다니 성도 여러분, 직장생활도 사업도 열심히 잘하셔야 합니다. 그런데 무엇을 위해서 지금 질주를 하고 있습니까? 지금 무엇을 위해서 생명조차 귀한 것으로 여기지 않고 불철주야 노력하고 있는지 점검해 보기를 부탁드립니다. 그리고 실제 주의 일, 하나님의 일을 위해서 하루하루가 쓰임 받는 과정 속에서 십자가의 길을 가시길 부탁드립니다. 순교자의 삶, '너 자신을 부인하고 네 십자가를 지고 나를 따르라' 하신 삶이 이루어지고, 그런 삶을 드릴 수 있는 크리스천이 되기를 예수님의 이름으로 축원합니다.

네 양 떼의 형편을 부지런히 살피라

사도행전 20:28-32

너희는 자기를 위하여 또는 온 양 떼를 위하여 삼가라 성령이 저들 가운데 너희로 감독자를 삼고 하나님이 자기 피로 사신 교회를 치게 하셨느니라 내가 떠난 후에 흉악한 이리가 너희에게 들어와서 그 양 떼를 아끼지 아니하며 또한 너희 중에서도 제자들을 끌어 자기를 좇게 하려고 어그러진 말을 하는 사람들이 일어날 줄을 내가 아노니 그러므로 너희가 일깨어 내가 삼년이나 밤낮 쉬지 않고 눈물로 각 사람을 훈계하던 것을 기억하라 지금 내가 너희를 주와 및 그 은혜의 말씀께 부탁하노니 그 말씀이 너희를 능히 든든히 세우사 거룩케 하심을 입은 모든 자 가운데 기업이 있게 하시리라

사도 바울이 제3차 전도 여행을 마치며 밀레도에서 제자들과 성도들, 특별히 에베소에서 수고하는 장로들을 초청해서 마지막 고별 설교와 권면의 말씀을 나누고 있습니다. 바울이 에베소에서 지난 3년 동안 어떻게 사역했는지를 말했습니다. 특별히 그의 사역 가운데 모든 겸손과 눈물과 인내로 성도를 섬겼던 것은, 그 자리에서 말씀을 듣는 장로들이나 고별을 나누는 성도들도 익히 잘 알고 있는 내용이었습니다.

사도 바울은 장소를 가리지 아니하고 거리낌이 없이 복음을 증거해 왔습니다. 이제는 성령님의 인도하심을 따라서 예루살렘에 올라

가게 됨을 고백하며, 또 예루살렘에 올라가면 환난과 결박이 기다리고 있으나 순종하여 가고자 하며, 그 후 로마와 서바나에 가고자 하는 계획을 말합니다. 더불어 교회와 성도들을 부탁하는 내용이 본문 말씀입니다.

> "너희는 자기를 위하여 또는 온 양 떼를 위하여 삼가라 성령이 저들 가운데 너희로 감독자를 삼고 하나님이 자기 피로 사신 교회를 치게 하셨느니라"(28절).

사도 바울이 에베소 교회 지도자들과 장로들에게 부탁한 것입니다. 여기서 '삼가라'는 말은 '집중하다, 전심전력하다, 관심을 가지다, 조심하다'는 뜻을 가지고 있습니다. 성도들을 돌보기 위해서 먼저 자기를 살펴야 한다는 것입니다. 우선 내 신앙이 어떤 상태에 있는지, 내가 누구인지 돌아봐야 합니다.

> "너희는 믿음 안에 있는가 너희 자신을 시험하고 너희 자신을 확증하라"(고후 13:5).

예수님 때문에 구원을 받았다는 확신이 있습니까? 또한 자신의 현재 신앙 상태, 양육 상태 등을 살피는 역사가 일어나야 하며, 자기뿐만 아니라 온 양 떼를 위해서 삼가라고 말씀했습니다. 먼저 믿은 사람들, 확신을 받은 사람들은 그 양 떼를 돌봐야 하는 사명이 있다는 것입니다. 그것은 성령이 그들을 감독자로 삼고 하나님이 자기 피로 사신 교회를 보살피게 하셨기 때문입니다(28절). 그러기에 교회를 보살피려면 자기 자신을 살피며 자신을 점검해야 한다는 것입니다.

"네 양 떼의 형편을 부지런히 살피며 네 소 떼에 마음을 두라"(잠 27:23).

부지런히 살피라고 했는데, 과연 나는 그렇게 했는지 돌아보며 마음에 찔림이 많았고, 말씀과 같이 성도들에게 마음을 두어야겠구나 생각하며 회개했습니다. 목장을 담당하고 계시는 교역자들, 교구장님들, 그리고 셀 리더 여러분께 부탁드립니다. 양 떼의 형편을 부지런히 살피고 그들에게 마음을 두십시오. 성령이 그들 가운데 여러분을 감독자로 삼았기 때문입니다. 보통 감독자라고 하면 관료주의적인 느낌이 있어서 감독만 하면 되겠다는 생각을 하게 됩니다. 그런데 여기서 말씀하고 있는 감독자는 shepherding, 곧 목양하는 자입니다. 목자는 양을 위해서 생명을 바칩니다.

"내가 온 것은 양으로 생명을 얻게 하고 더 풍성히 얻게 하려는 것이라"(요 10:10).

예수님 자신이 나는 선한 목자라고 말씀하시며 오신 목적을 말씀했습니다. 사실 목자는 양이 없으면 의미가 없습니다. 또 양은 목자가 없으면 의미가 없습니다. 양과 목자의 관계는 생명관계입니다. 단순하게 다스리고 치리하는 것이 아니라 생명을 함께 나누는, 돌보고 양육하는 자라는 것입니다.

부활하신 예수님께서 베드로에게 "네가 나를 사랑하느냐?"고 세 번 물으시고 "내 양을 먹이라, 내 양을 치라, 내 양을 먹이라" 부탁의 말씀을 하십니다. 그런데 "네가 이 양 떼를 사랑하느냐?" 이렇게 묻지 않으시고 "나를 사랑하느냐?"라고 먼저 물으셨습니다. '너를 위해서 생명을 준 나를 사랑하면 내 양을 먹여야 한다'는 것입니다.

하나님을 사랑하는 사람들, 구원을 체험하고 구원의 확신을 가지고 있는 사람들, 더군다나 성령을 받은 사람들은 주님의 양을 쳐야 합니다. 양을 친다는 것은 돌보고 먹인다는 것입니다. 거짓 목자, 거짓 선지자들은 양을 먹이지 않습니다. 오히려 양을 잡아먹습니다. 이용합니다. 그렇지만 참 목자는 양을 보살핍니다. 이리나 늑대가 오면 그 짐승과 싸우고 생명까지도 바치면서 양 떼를 보호하는 것이 목자이고 그것이 바로 감독자입니다.

깨어 있으라

> "내가 떠난 후에 흉악한 이리가 너희에게 들어와서 그 양떼를 아끼지 아니하며 또한 너희 중에서도 제자들을 끌어 자기를 좇게 하려고 어그러진 말을 하는 사람들이 일어날 줄을 내가 아노니"(29-30절).

이제 사도 바울이 떠나면 사납고 흉악한 이리가 들어와서 자기들의 이익과 목적을 위해서 잡아먹고 피를 흘리는 일들을 행할 수 있다는 것입니다. 양의 가죽을 입은 흉악한 이리는 양 떼를 분열시키고, 자기를 따르게 만들고, 어그러진 말로 현혹시키고 비판하는 일들을 행합니다. 적그리스도적인 거짓 교사들이 들어와서 이 일을 행할 수 있다는 말입니다. 또 외부에서 들어오는 것뿐만 아니라 여러분 자신 안에서도 이런 사람들이 일어날 수 있다고 경고합니다. 제자들을 끌어 자기를 따르게 하고 어그러진 말, 비뚤어진 말로 자기를 따르게 만드는 사람들이 일어날 줄을 바울 사도는 안다는 것입니다.

실제로 요한계시록 2장에서 에베소 교회에 대해 무엇이라고 말씀합니까? 참으로 뜨겁게 주님을 사랑하며 섬겼던 교회인데 처음 사랑을 버렸다고 했습니다. 이 일을 바울은 미리 경고했습니다. 그렇게 되지 않기 위해서 우리가 어떻게 해야 하겠습니까?

> "그러므로 너희가 일깨어 내가 삼 년이나 밤낮 쉬지 않고 눈물로 각 사람을 훈계하던 것을 기억하라"(31절).

잠자는 상태와 같이 있다가 이리 떼에게 먹히도록 방치해 두지 말고 깨어야 한다는 것이지요. 지금이야말로 깰 때입니다. 지금은 시대적으로 말세의 끝입니다. 성경에서 때와 징조를 보라고 말씀했습니다. 사나운 이리, 흉악한 이리가 나와서 그 양 떼를 아끼지 아니하는 일이 지금까지 하나님의 교회에 계속되어 왔습니다. 그런데 마지막 때가 되어 적그리스도가 나타나면 어떻게 되겠습니까? 우리 신앙생활 자체도 지금처럼 마음껏 예배를 드릴 수 있는 때가 지나간다는 것입니다.

전도도 마음대로 하지 못하고 예수 믿으면 죽임을 당하는 곳이 지금 이 땅에도 얼마든지 있습니다. 요즘에 일어나는 현상들을 보십시오. 우리가 삶을 즐기는 동안에 적그리스도의 영은 지금 배후에서 자기 체계를 만들어 가고 있습니다. 그래서 때가 되면 경제, 정치, 사회적인 제도를 통해서 여러분을 묶어서, 그 테두리 안에 있지 않으면 먹고 살지도 못하고 꼼짝없이 걸려들게 만드는 그때가 온다는 것입니다. 그 준비가 지금 되어 가고 있습니다. 실제로 지금도 조그마한 칩을 손이나 몸에다 넣어서 활용하는 곳이 있습니다. 심지어는 1만여 명이 모이는 교회에서 그런 것들을 하고 있다는 것입니다. 정말로 우리가 믿음을 갖지 않으면 이제는 살지 못하는 때가 올 것입니다. 적그리스도와 함께 그냥 지옥 가는 길을 택하든지 믿음의 길을 택하든지, 둘 중의 하나를 택해야 하는 때가 온다는 것이지요.

2천 년 전 초대 교회에도 거짓 교사들, 거짓 선지자들이 교회에 살며시 들어와서 성도들을 사냥해가는 일을 행한 것처럼, 오늘날도 교묘한 방법으로 이런 일들을 너무 많이 행하고 있습니다. 혹시 지금 이 가운데 있을 수도 있습니다. 때로는 교회에 파송시켜서 양 떼같이 충성하는 자와 계획적으로 몇 년을 같이 지낸 후 분열을 일으키고 비판하여 자기 편으로 만들고 양 떼를 사냥하는 자들도 있다는 것입니다. 그래서 분별력을 가져야 합니다.

> "그가 혹은 사도로, 혹은 선지자로, 혹은 복음 전하는 자로, 혹은 목사와 교사로 주셨으니 이는 성도를 온전케 하며 봉사의 일을 하게 하며 그리스도의 몸을 세우려 하심이라"(엡 4:11-12).

여러분에게 직분을 주신 것이 무엇 때문입니까? 하나님의 교회를 세우기 위함입니다.

> "우리가 그를 전파하여 각 사람을 권하고 모든 지혜로 각 사람을 가르침은 각 사람을 그리스도 안에서 완전한 자로 세우려 함이니 이를 위하여 나도 내 속에서 능력으로 역사하시는 이의 역사를 따라 힘을 다하여 수고하노라"(골 1:28-29).

사도 바울은 이를 위해서 힘을 다하여 수고한다는 것입니다. 모든 겸손으로 섬긴다고 할 때 모든 겸손은 종의 형체로 나타납니다. 예수님께서도 종으로 오셨습니다. 자신이 종이라는 '종의 의식'만 철저히 가진다면 겸손할 수밖에 없습니다. 교회 섬기다가 멸시를 받고 오해를 받습니다. 사도 바울은 자신이 종이라는 마음을 가지고 섬겼습니다. '그리스도 예수의 종 된 나 바울'로 자신을 표현하며 모든 겸손과 눈물로 종 된 의식으로 섬겼습니다.

긍휼과 자비의 마음, 사랑의 마음, 불쌍히 여기는 마음, 그 속에서 눈물이 나오는 것입니다. 너희 원수를 사랑하라 하신 주님의 사랑, 예수 그리스도의 피 값으로 사신 교회, 성도들에게 예수님처럼 너희 원수를 사랑하라, 너희를 저주하는 자를 축복해라, 너희를 모욕하는 자를 위해 기도해라, 너희를 미워하는 자를 선대하라는 것입니다.

우리 인간의 힘으로는 할 수가 없습니다. 그러나 주님의 사랑 때문에, 그 긍휼과 자비 때문에 할 수 있는 것입니다. 거기에 눈물이 있습니다. 사도 바울은 그 긍휼의 눈물을 흘렸습니다. 하나님의 눈물, 예수 그리스도의 눈물입니다. 그러면서 닥쳐온 시험을 참고 주를 섬겼습니다. 끝까지 참고 인내하면서 십자가를 지기까지 사랑한 주님의 인내와 같이 사도 바울도 인내한 것입니다.

> "그러므로 너희가 일깨어 내가 삼년이나 밤낮 쉬지 않고 눈물로 각 사람을 훈계하던 것을 기억하라"(31절).

바울 사도가 그렇게 한 것처럼 장로들도 기억하고 양 떼를 돌봐 달라고 부탁하는 것입니다.

> "지금 내가 너희를 주와 및 그 은혜의 말씀께 부탁하노니 그 말씀이 너희를 능히 든든히 세우사 거룩케 하심을 입은 모든 자 가운데 기업이 있게 하시리라"(32절).

사도 바울은 주님께 그리고 그의 은혜의 말씀께 부탁하고 있습니다. 주님의 말씀이 여러 장로들을 능히 든든히 세우사 자신을 능히 이기고 승리할 수 있도록, 능히 사나운 이리 떼를 이길 수 있도록 극복할 수 있도록, 시험을 이길 수 있도록, 극복할 수 있도록, 앞으로 적 그리스도의 영이 우리를 괴롭힌다고 해도 능히 이기고 승리할 수 있도록 당부하는 것입니다. 에베소 장로들을, 그리고 지금 우리들을 세우는 것은 말씀입니다.

"그 말씀이 너희를 능히 든든히 세우사 거룩케 하심을 입은 모든 자 가운데 기업이 있게 하시리라."

말씀이 없으면 어떻게 됐을까요? 말씀이 없으면 우리도 세상 사람과 똑같은 사람일 뿐입니다. 신앙생활을 한다고 하지만 여전히 육을 가지고 있어서 나쁜 소리를 듣거나 누가 나를 멸시하면 기분 나빠지고 화도 나고 미워하는 마음도 생깁니다. 그런데 다른 것이 무엇입니까? 하나님의 은혜를 받았다는 것이 다릅니다. 은혜를 받았다는 것은 하나님의 말씀을 우리에게 주셨다는 것입니다. 말씀을 생각하고 나를 용서해 주신 주님의 은혜를 생각하면 화가 물러가고 미움이 사라집니다. 좌절과 낙망이 물러갑니다. 그래서 하나님의 말씀을 주야로 묵상하라, 쉬지 말고 기도하라 말씀합니다.

우리의 옛사람 흔적, 육신적인 것은 끊임없이 우리를 끌어내립니다. 아담과 하와를 타락케 한 그 영은 지금도 계속해서 우리 가운데 역사합니다. 우리를 미혹합니다. 그런 것을 이길 수 있는 힘은 사탄의 권세를 깨뜨린 예수 그리스도의 십자가와 보혈의 능력입니다. 주님께서는 우리에게 성령의 능력을 부어 주셨습니다. 그 말씀으로, 그 은혜로, 그 구원의 감격으로 기억하고 생각하라는 것입니다. 그리고 이기라는 말씀입니다. 나만 이기는 것에 그치지 않고 저들을 보살피라는 것입니다.

사랑하는 성도 여러분! 지금은 마지막 때입니다. 이제는 긴박한 때입니다. 그래도 마음껏 예배드리고 마음껏 전도할 수 있는 이런 때에 최선을 다해야 합니다.

> "그러므로 오늘 너희에게 증거하노니 모든 사람의 피에 대하여 내가 깨끗하니 이는 내가 꺼리지 않고 하나님의 뜻을 다 너희에게 전하였음이라"(행 20:26-27).

사도 바울은 말했습니다. 하나님께서 맡겨 주신 영혼들을 어떻게 책임졌느냐 물으실 때에 우리도 "예, 그들의 피에 대해서 내가 깨끗합니다"라는 고백을 할 수 있습니까? 하나님이 여러분에게 영혼들을 맡겨 주실 때에 우리는 어떤 심정을 가져야 합니까? 예수님의 심정, 아버지의 심정, 하나님이 자기 피로 사신 교회를 보살피도록 하시는 주님의 심정을 가지고 임할 때 하나님이 여러분을 쓰십니다.

마지막 때에 하나님의 사람으로 하나님이 여러분을 챙겨 주시는 은혜, 어떤 어려움이 다가오고 환난이 다가와도 이길 수 있는 성령의 능력, 하나님의 말씀의 능력을 우리에게 주실 것을 믿습니다. 깨어 기도하시길 바랍니다.

그렇습니다. 우리는 주 안에 있어야 합니다. 그리고 은혜의 말씀 가운데 있어야 합니다. 사도 바울이 그들을 주와 은혜의 말씀에게 부탁한 것처럼 우리도 주와 은혜의 말씀에 우리 자신을 맡겨야 합니다. 그리고 사도 바울이 순종과 오랜 참음 가운데 모든 겸손과 눈물로 이 일을 감당해낸 것처럼 감당하며 천하보다 귀한 영혼들을 주님 앞으로 인도하는 일에 쓰임 받기를 소망해야 합니다. 여러분 모두 하나님께 칭찬 받는 축복이 일어나기를 예수님의 이름으로 축원합니다.

하나님의 계획 가운데 세워진 베다니 교회

사도행전 20:32-38

지금 내가 너희를 주와 및 그 은혜의 말씀께 부탁하노니 그 말씀이 너희를 능히 든든히 세우사 거룩케 하심을 입은 모든 자 가운데 기업이 있게 하시리라 내가 아무의 은이나 금이나 의복을 탐하지 아니하였고 너희 아는 바에 이 손으로 나와 내 동행들의 쓰는 것을 당하여 범사에 너희에게 모본을 보였노니 곧 이같이 수고하여 약한 사람들을 돕고 또 주 예수의 친히 말씀하신 바 주는 것이 받는 것보다 복이 있다 하심을 기억하여야 할지니라 이 말을 한 후 무릎을 꿇고 저희 모든 사람과 함께 기도하니 다 크게 울며 바울의 목을 안고 입을 맞추고 다시 그 얼굴을 보지 못하리라 한 말을 인하여 더욱 근심하고 배에까지 그를 전송하니라

사도 바울은 에베소서를 통해서, 창세 전부터 하나님의 계획 가운데 우리를 택하시고 부르시고 구원하셨음을 말씀했습니다. 주님 몸의 지체를 이루고 교회의 머리 되신 주님을 섬기기 위해서 부르신 것입니다. 하나님께서 베다니 교회도 하나님의 계획 가운데 세우셨습니다. 창세 전부터 하나님의 계획 가운데 있던 하나님의 교회를 25년 전에 현상으로 나타나게 하셔서 세워 주신 것입니다.

여러분과 저를 부르시고, 주님 몸의 지체를 이룰 수 있도록 축복하신 하나님께 감사드립니다. 특별히 사도행전 20장은 사도 바울을

통해서 베다니 교회에 주시는 말씀으로 믿습니다. 하나님께서 바울을 통해서 에베소 교회에 주신 말씀이라면 그 동일하신 하나님이 오늘 우리 베다니 교회에게 주시는 말씀이기 때문입니다. 사도 바울이 저들을 다시 볼 수 있을지 없을지 모르는 상태에서 남긴, 유언과 같은 말씀입니다.

그가 성령님의 인도하심을 따라서 순종하며 예루살렘으로 가며 3년 동안 훈련과 말씀을 나누었던 에베소 교회, 특별히 그 교회의 지도자들과 장로들을 초청해서 교회를 부탁했습니다. 그동안 베다니 교회를 주시고 인도하신 것을 보면 모든 것이 하나님의 은혜이며 사랑과 긍휼이었습니다. 우리 힘이나 능으로 한 것이 아니라 모든 것은 다 하나님이 하신 일입니다. 우리가 섬길 때 인간적이고 육신적인 면도 많았으나 그럼에도 불구하고 하나님께서는 참으시고 용서해 주시며 오늘에 이르게 하셨습니다. 본문 말씀을 통해서 감사하고 회개도 하고 또 결단하고 다짐하는 시간을 가지길 원합니다.

우리의 머리이신 예수님

교회의 머리는 예수님입니다. 그를 믿는 자들을 지체로 삼으셔서 주님의 몸 된 교회를 이루게 하셨습니다. 하나님이신 주님께서 이 땅에 와서 섬기신 모습이 사도 바울에게 그대로 전달되어 바울도 그렇게 섬겼고 교회를 이루고 갔습니다. 그렇다면 주님의 지체 된 우리가 그리스도를 머리로 해서 이루어 가기 원하시는 베다니 교회는 어떤 모습이어야 할까요?

그 근본적인 것을 19절 가운데 볼 수가 있습니다. 예수님께서 섬기실 때에 모든 겸손으로 섬기셨습니다. 빌립보서 2장을 보면 하나님이신 그분이 이 땅에 오실 때 육신을 입고 오셨다고 했습니다. 섬기실 때에 죽기까지 복종하면서 섬기셨습니다. 그리고 종이라고 했습니다. 만왕의 왕, 만주의 주이신 그분이 종으로서 죽기까지 복종하면서 섬기셨다는 것입니다. 인류를 위해서, 여러분과 저를 위해서 그렇게 섬기셨다는 것입니다. 사도 바울도 겸손으로 섬겼습니다. 자기를 완전히 비운 종으로 오셔서 죽기까지 복종하신 예수님을 겸손의 모본으로 삼은 것입니다.

여러분과 제가 정말 주인이 바뀐 삶을 살고 있습니까? "우리가 우리를 전파하는 것이 아니라 오직 그리스도 예수의 주 되신 것과 또 예수를 위하여 우리가 너희의 종 된 것을 전파함이라"(고후 4:5)고 했습니다. 서로 섬길 때에 종 된 모습으로 섬기라는 것이지요. 그래서 사도 바울의 주인은 예수 그리스도였습니다. 그리고 맡겨진 영혼들을 위해서 종으로서 전파했다는 것입니다. 여기서 종은 '둘로스'(δοῦλος, slave, 노예)라는 표현을 썼습니다. 사도 바울은 철저하게 자신은 '종'이라는 의식을 가지고 있었습니다.

주님은 눈물로 부활의 생명을 주시고, 눈물로 반역의 도성을 건진 주님이십니다. 그의 구원의 역사와 새 생명의 역사를 우리를 통해서 이루기를 원하시는데, 우리의 눈물이 메마른 사막과 같이 됐다면 어떻게 그 구원이 전파될 수 있겠습니까? 눈물을 흘린 적이 언제입니까? 영혼을 바라보는 안타까운 눈물이 있습니까? 죄악의 도성을 바라보는 눈물이 있습니까? 흑암의 세력에 매여 있는 이들을 향한 눈물이 있습니까? 여러분과 제가 자신들을 다시 한 번 점검해야 할 사항입니다.

그리고 사도 바울이 유대인의 간계로 말미암아 당한 시험을 참고 주를 섬겼다고 했습니다. 예수님의 참음을 통해서 이루신 십자가와 부활의 생명을 전하기 위해서, 사도 바울도 갖은 매를 맞고 수난과 위험을 당할 때에 참고 또 인내하면서 주님의 십자가를 이루고 부활의 생명을 전하였습니다.

에베소 성도들과 장로님들에게 "내가 여러분 가운데서 어떻게 행한 것을 여러분이 알지 않습니까?"라고 말했습니다. 이 말씀을 보면서 저도 "성도들과 영혼들을 향한 눈물이 있게 하시고, 끝까지 참을 수 있는 인내를 주십시오. 사랑 때문에 참을 수 있는 인내를 주시기를 원합니다"라고 기도하였습니다. 이제 우리 교회가 25주년이 되었습니다. 25살이면 상당히 성장한 청년입니다. 정말 교회가 교회 되게 성도가 성도답게 되려면 겸손의 섬김과 눈물의 인내가 있어야 합니다.

사도 바울이 이렇게 종으로서의 섬김과 눈물로 인내하면서 섬긴 이유가 무엇입니까?

> "유대인과 헬라인들에게 하나님께 대한 회개와 우리 주 예수 그리스도께 대한 믿음을 증거한 것이라"(행 20:21).

그가 거리낌 없이 전파한 내용은 하나님께 대한 회개, 주 예수께 대한 믿음입니다. 지금까지 우리 교회를 통해서 기회 있을 때마다 말씀을 선포하고 같이 확인한 것은, 어떻게든지 우리가 거듭남의 체험을 하고, 성령세례를 받고 무장해서 주님을 섬기자는 것입니다. 하나님의 은혜로 거듭난 사람들, 주인 의식이 바뀐 사람들, 그리고 성령세례 받고 은사도 받고 주님을 잘 섬기는 사람들이 많이 일어났습니다. 한편으로는 많은 분들이 아직도 거듭나지 못했습니다. 아직도 성령 받지 못하고 주인이 바뀌지 않았고, 영적인 사람들이 되지 못했습니다.

고린도 교회에는 육에 속한 사람이 있고 육신에 속한 사람이 있고, 신령한 사람이 있다고 했습니다.

"잠자는 자여 깨어서 죽은 자들 가운데서 일어나라 그리스도께서 네게 비취시리라 하셨느니라"(엡 5:14).

에베소 교회를 향해서도 사도 바울은 죽은 자가 있고, 잠자는 자가 있고, 깨어 있는 자가 있다고 말했습니다. 예수의 생명이 없는 사람은 죽은 자입니다. 살아 있는데 깊이 잠들 자는 사람들은 죽은 자와 같습니다. 영적으로 잠자는 자란, 예수의 생명이 있어 숨은 쉬지만 활동하는 산 자가 아닙니다. 그런데 이런 사람들이 많다는 것입니다. 깨어 있는 사람은 신령한 자입니다.

하나님의 사랑 때문에

깨어 있는 사람은, 사도 바울이 전심전력으로 증거한 것처럼 하나님께 대한 진정한 회개를 한 사람입니다. 진정한 회개는 삶의 방향을 전환하는 것입니다.

마태복음 7장에 "주여, 주여" 하는 자마다 다 천국에 갈 것이 아니라고 했습니다. 더러는 선지자의 활동을 했지만 주님께서 "나는 너를 모른다"고 하십니다. 예수 그리스도의 주 되심이 무엇입니까? 주님이 십자가를 지심, 부활의 몸으로 일어나심이 모두 내 죄 때문이라고 고백하는 진정한 회개로 예수를 내 삶의 주인으로 모시는 신앙입니다. 구원에 이르지 못하는 믿음을 가지고도 입으로는 "주여, 주여" 얼마든지 부를 수 있다는 것입니다.

창립 때부터 지금까지 25년을 다녔는데도 만약에 죄로부터 돌이키는 회개, 하나님께서 원하시는 회개를 하지 않고, 예수 그리스도께서 십자가를 지신 구원의 은총이 진정 내 중심에 믿어지지 않는다면 다시 점검하시길 바랍니다.

> "나의 달려갈 길과 주 예수께 받은 사명 곧 하나님의 은혜의 복음 증거하는 일을 마치려 함에는 나의 생명을 조금도 귀한 것으로 여기지 아니하노라"(행 20:24).

사도 바울은 성령님께 이끌림 받고 성령님께 매인 삶을 하나님께 드렸습니다. 성령에 매이면 그보다 더 자유한 것은 없지만 생명까지도 바치면서 최선을 다해서 그 길을 달려가는 것입니다. 지금까지 여러분이 질주해 온 길은 어떤 길이었습니까?

> "너희는 자기를 위하여 또는 온 양 떼를 위하여 삼가라 성령이 저들 가운데 너희로 감독자를 삼고 하나님이 자기 피로 사신 교회를 치게 하셨느

니라"(행 20:28).

직분도, 사역도 목사가 주는 것이 아니라 성령님이 세운다는 말씀입니다. 사람에게 받은 것은 적당하게 할 수 있어도, 주 예수께 받은 사명이기 때문에 자기의 생명까지라도 내어 놓으면서 최선을 다한다는 것입니다.

사도 바울은 성령에 매여서 성령의 인도함을 받았기 때문에 환난과 결박이 기다리고 있는 예루살렘을 향해서도 발걸음을 늦추지 않습니다. 얼마나 빨리 예루살렘으로 올라가기를 원하는지, 갈 길이 바빠서 에베소 장로들을 밀레도의 항구로 불러내서 부탁의 말씀, 권면의 말씀과 기도를 함께 합니다. 성령님의 인도하심을 따라서 가는 길이기 때문에 환난과 결박이 기다린다 하여도 순종하는 것입니다.

성도 여러분, 우리 크리스천의 길은 십자가의 삶입니다. 순교자의 길입니다. 세상은 우리의 대적자가 될 수 있고 올무를 놓을 수 있습니다. 우리를 인정하지 않습니다. 우리는 이것을 인정해야 합니다. 그러기 때문에 오래 참아야 합니다. 또 눈물을 흘려야 합니다. 종처럼 내가 죽고 예수가 사는 삶으로 섬겨야 합니다. 그럴 때 성령님께서 감독자로 삼아 주시고 자기 피로 사신 교회를 보살피게 하셨습니다. 이제 내가 떠나면 사나운 이리가 너희들에게 와서 너희들을 삼킨다는 것입니다. 내적으로 또 외적으로 이런 사나운 이리가 올 것이니 우리가 무장해야 한다는 것입니다.

오늘날은 사나운 이리와 같은 거짓 선지자들, 거짓 교사들, 악한 영들, 흑암의 영들, 우리의 신앙을 넘어뜨리려는 더러운 원수 귀신들이 교묘하게 역사하고 있는 때입니다. 마지막 때입니다. 우리가 믿음이 없으면 믿음을 다 팔아먹는 시대가 오고 있습니다.

"지금 내가 너희를 주와 및 그 은혜의 말씀께 부탁하노니 그 말씀이 너희를 능히 든든히 세우사 거룩케 하심을 입은 모든 자 가운데 기업이 있게 하시리라"(32절).

사도 바울이 주와 그 은혜의 말씀께 부탁하는 것이며 사람에게 부탁하는 것이 아닙니다. 에베소 교회를 주님께, 주의 은혜의 말씀께 부탁하는 것입니다.

여러분, 사람에게 믿음이 있으면 우리는 금방 넘어집니다. 신앙생활도 뿌리를 목회자에게 두어서는 안 됩니다. 넘어집니다. 그러므로 신앙의 뿌리를 주님과 그 은혜의 말씀께 두어야 합니다.

"그 말씀이 여러분을 능히 든든히 세우사"

여러분을 든든히 세우는 구원의 믿음, 흔들리지 않는 믿음 가운데 거할 수 있고 승리의 믿음으로 설 수 있게 하는 것은 주님의 은혜의 말씀입니다. 사도 바울이 에베소서를 마감하면서 전신갑주로 무장할 것을 언급합니다. 전신갑주를 입고 영적 전쟁을 하는 군사의 무장을 해야 하는 것입니다. 시대가 만만하지 않습니다. 세상과 짝하고서 세상과 같이 가려고 합니까? 그것은 지옥입니다. 위협이 아니라 성경이 말씀하고 있는 것입니다.

말씀이 너희를 능히 든든히 세운다고 했습니다. 저와 여러분의 섬김의 근거가 주와 은혜의 말씀께 있고, 머리 되신 주님께 붙어 있는 자가 건강한 주님의 몸의 지체가 된다는 것입니다.

요한계시록 2장 1-7절의 말씀을 보면 사도 바울이 에베소 교회 장로들에게 간곡하게 부탁했던 말씀들을 잘 지키면서 순종했음을 알 수 있습니다.

> "내가 네 행위와 수고와 네 인내를 알고 또 악한 자들을 용납지 아니한 것과 자칭 사도라 하되 아닌 자들을 시험하여 그 거짓된 것을 네가 드러낸 것과 또 네가 참고 내 이름을 위하여 견디고 게으르지 아니한 것을 아노라"(계 2:2-3).

"네가 니골라당을 미워하였도다. 나도 이것들을 미워하노라. 그러니까 악한 이리가 왔을 때 잘 참고 인내하고 잘 물리쳤다"고 하셨습니다. 그러나 4절에서 "너를 책망할 것이 있나니 너의 처음 사랑을 버렸느니라"고 말씀하셨습니다. 고린도 교회를 향해서는 사랑이 없으면 소용이 없다고 하며 사랑에 근거를 해서 능력도 은사도 일어나야 한다고 말씀하셨습니다.

예수님께서 긍휼과 자비, 하나님 아버지의 사랑 때문에 구원의 사역을 행하신 것처럼 사도 바울도 그 사랑 때문에 복음 사역을 한 것입니다. 여러분과 제가 교회를 위해서 희생하고 헌신하고 섬기며 복음을 전하고, 하나님의 교회에서 양 떼를 지키는 일도 하나님의 사랑 때문에 행해야 합니다. 아직 예수님이 누구신지, 하나님이 누구신지, 성령님이 누구신지 모르는 분들을 우리가 잘 섬겨야 합니다.

이 말씀을 묵상하면서 우리가 그들을 섬겨야 하는 근거는 무엇이어야 하는지를 생각해 보았습니다. 하나님께 대한 회개, 주 예수께 대한 믿음 증언, 주의 피로 사신 교회를 보살피고 섬기게 하심, 주와 및 그 은혜의 말씀에 부탁, 성령님의 인도하심을 근거로 삼고 따라서 섬겨야 합니다.

그리고 그 근본 바탕에는 사랑이 있어야 합니다. 열심히 사역하다 보면 사랑을 잊어버리는 경우가 많습니다. 환난을 통과할 때도 사랑을 잃어버리는 경우가 너무나 많습니다. 정의를 부르짖다가 남을 비판하고 정죄하는 경우가 너무 많습니다. 하나님은 그것을 원하지 않으십니다. 하나님의 교회에서 많이 일어나는 일들, 오늘날 교회의 많은 문제들이 정의를 부르짖다가 남을 정죄하고 심판하고, 그러다가 교회가 분리되고 싸우고 사랑이 다 산산조각 나고 맙니다. 그래서 에베소 교회를 향해서도 너희가 처음 사랑을 잊었으니 회복해야 한다고 하신 것입니다.

여러분, 지금까지 수고 많이 하셨고 하나님 앞에 귀하게 쓰임 받으셨습니다. 그런데 앞으로도 갈 길이 멀고 우리의 부족한 면들이 많습니다. 회개할 것도, 점검해야 할 것도 많습니다. 사랑으로 용서하고 사랑으로 이해했습니까? 이 사랑으로 행함으로 가정과 교회, 그리고 나아가서 사회 문제가 다 해결되는 놀라운 은혜와 축복이 있기를 예수님의 이름으로 축원합니다.

인생의 방향이 정해졌는가?

사도행전 21:1-14

우리가 저희를 작별하고 행선하여 바로 고스로 가서 이튿날 로도에 이르러 거기서부터 바다라로 가서 베니게로 건너가는 배를 만나서 타고 가다가 구브로를 바라보고 이를 왼편에 두고 수리아로 행선하여 두로에서 상륙하니 거기서 배가 짐을 풀려 함이러라 제자들을 찾아 거기서 이레를 머물더니 그 제자들이 성령의 감동으로 바울더러 예루살렘에 들어가지 말라 하더라 이 여러 날을 지난 후 우리가 떠나갈새 저희가 다 그 처자와 함께 성문 밖까지 전송하거늘 우리가 바닷가에서 무릎을 꿇어 기도하고 서로 작별한 후 우리는 배에 오르고 저희는 집으르 돌아가니라 두르로부터 수로를 다 행하여 돌레마이에 이르러 형제들에게 안부를 묻고 그들과 함께 하루를 있다가 이튿날 떠나 가이사랴에 이르러 일곱 집사 중 하나인 전도자 빌립의 집에 들어가서 유하니라 그에게 딸 넷이 있으니 처녀로 예언하는 자라 여러 날 있더니 한 선지자 아가보라 하는 이가 유대로부터 내려와 우리에게 와서 바울의 띠를 가져다가 자기 수족을 잡아매고 말하기를 성령이 말씀하시되 예루살렘에서 유대인들이 이같이 이 띠 임자를 결박하여 이방인의 손에 넘겨주리라 하거늘 우리가 그 말을 듣고 그곳 사람들로 더불어 바울에게 예루살렘으로 올라가지 말라 권하니 바울이 대답하되 너희가 어찌하여 울어 내 마음을 상하게 하느냐 나는 주 예수의 이름을 위하여 결박 받을 뿐아니라 예루살렘에서 죽을 것도 각오하였노라 하니 저가 권함을 받지 아니하므로 우리가 주의 뜻대로 이루어지이다 하고 그쳤노라

여러분은 인생의 방향이 결정되었습니까? 내가 할 일이 결정됐고 또 마땅히 할 일을 하고 계십니까? 지금 하고 있는 일이 정말 하나님

께서 원하시는 일인가 하는 질문입니다.

사도 바울이 예루살렘을 향한 마지막 여행을 하고 있습니다. 제3차 여행을 마쳐가면서 힘들고 고통스러운 일들과 감사한 일도 너무 많았지만, 모두 뒤로하고 오직 사명을 앞에 놓고 예루살렘으로 올라가고 있습니다. 밀레도에서 에베소의 장로들을 초청해서 마지막 고별의 말씀을 나누고 눈물로 헤어졌습니다. 사도 바울은 '결박을 당할 뿐만 아니라 예루살렘에서 죽을 것도 각오하였다'고 고백했습니다. 이미 바울은 "나의 달려갈 길과 주 예수께 받은 사명 곧 하나님의 은혜의 복음 증거하는 일을 마치려 함에는 나의 생명을 조금도 귀한 것으로 여기지 아니하노라"(행 20:24) 고백한 바 있습니다.

어찌하여 울어 내 마음을 상하게 하느냐

무엇을 할 때 생명까지 바칠 수 있다는 확신을 가진 사람은 행복한 사람입니다. 바울은 전도 여행을 마치고 예루살렘에 올라가서 구제헌금을 드리고 성도와 사도들과 하나님이 행하신 일들을 나눈 후 거기서 로마로 가기 원하고 있습니다. 다시 거기서 땅끝 서바나까지 가서 주의 복음을 증거하는 것이 그의 꿈입니다.

본문은 그 과정들을 말하고 있습니다. 1절에 "우리가 저희를 작별하고 행선하여" 바로 고스로 갔다고 했습니다. 고스는 밀레도에서 조금 떨어진 곳입니다. 그리고 소아시아 대륙에서 조금 떨어져 있는 섬인 로도에 이르러 거기서 바다라로 갔는데, 이곳은 소아시아의 조그만 항구도시입니다. 그리고 베니게로 건너가는 배를 타고 가다가 구브로와 수리아를 지나는 등 한참 항해해서 두로 항에 도착했습니다. 그곳에서 주를 믿는 제자들을 만나 이레 동안 머물고 돌레마이를 거쳐 가이사랴로 갔습니다.

두로와 가이사랴에 이르렀을 때에 특이하게도 같은 사건이 일어납니다. 그들이 성령의 감동을 받아 바울더러 예루살렘에 올라가지 말라고 권하는 것입니다. 가이사랴에서는 성령 충만한 전도자 빌립 집사의 집에 들렀는데 예언하는 네 딸들과 예루살렘에서 온 예언자 아가보가 와서 예루살렘에 가지 말라고 권면합니다. 거기 가면 사도 바울이 결박당할 것이라고 예언합니다. 아가보는 이미 예루살렘에 흉년이 들 것을 예언했던 사람입니다. 성령께서 이렇게 고난당할 것을 미리 알려 주시는데 왜 올라가느냐는 것입니다.

그러나 예루살렘에서 죽을 것도 각오한 바울은 더욱 굳건한 결심을 내보이며, 그들에게 눈물을 흘려서 어찌 자신의 마음을 갈기갈기 찢어놓느냐고 나무라며 묵묵히 그 길을 향해서 갑니다.

> "보라 이제 나는 심령에 매임을 받아 예루살렘으로 가는데 거기서 무슨 일을 만날는지 알지 못하노라 오직 성령이 각 성에서 내게 증거하여 결박과 환난이 나를 기다린다 하시나"(행 20:22-23).

사도 바울은 성령의 인도함을 따라 예루살렘에 올라감에 있어서 결박과 환난이 자신을 기다리고 있다는 것을 이미 알고 있습니다. 그는 누구보다도 성령 충만하므로 그걸 알면서도 순종함으로 가는 것입니다. 그런데 두로에 있는 제자들이나 가이사랴의 예언하는 사람들도 모두 성령 충만합니다. 그러므로 바울이 예루살렘에 올라가면 환난을 당하고 결박까지 당한다는 것까지 성령님이 알려 주신 것입니다.

문제는, 두로의 제자들과 가이사랴의 예언자들이 바울을 위해서 예루살렘에 올라가면 고난을 받고 결박을 당하니 올라가지 말라고 했다는 점입니다. 성령님이 고난에 대해 미리 알려 주신 것은 맞습니다. 그런데 성령님이 바울을 말려서 예루살렘에 올라가지 않도록 하라고 가르쳐 주셨다는 말씀은 없습니다. 그러면 성령의 도우심으로 알게 된 이 내용을 어떻게 해야 합니까? 사도 바울이 성령의 인도함을 따라서 예루살렘에 올라가면 고난을 당한다니 기도를 많이 해야 하겠구나 생각할 수도 있는 것입니다.

우리도 선교지에 갈 때 성령님께서 선교 여행에서 어려운 일이 있게 될 것을 영적인 감동으로 암시를 주실 수 있습니다. 그러면 하나님이 어려움이 많을 것을 미리 알려 주셨으니까 이번은 포기하자는 성도와 기도 많이 하여 무장하고 가자고 하는 분이 있을 것입니다. 두로 사람들이나 가이사랴에 있는 분들은 바울을 사랑했기 때문에 가지 말라고 말렸습니다.

예수께서 십자가를 지시기 전에도 예루살렘에 올라가면 십자가 처형이 있다는 것을 알고 계셨습니다. 그러나 하나님의 계획과 뜻을 이루는 길이기 때문에 가신 것입니다. 어떤 어려움이나 고난과 결박이 기다린다고 해도 순종으로 그 길을 가는 것, 그것이 십자가의 길입니다.

우리가 기도하고 성령 충만하고 말씀이 충만해도 어떻게 그 말씀을 따라서 순종하며 삶에 적용을 하는가, 이것이 중요합니다. 그때 육신의 요구대로 육신의 사랑대로 하면 육신의 일을 이루고 하나님의 길을 방해하게 됩니다.

마태복음 16장에 비슷한 내용의 말씀이 나옵니다. 예수님이 가이사랴 빌립보 지방에 가셨을 때 제자들에게 "사람들이 인자를 누구라고 하느냐" 물으시는 내용이 나옵니다. 또 "너희는 나를 누구라고 하느냐"고 물으시니 베드로가 "주는 그리스도시요 살아 계신 하나님의 아들시니이다"라고 고백합니다. 예수님은 "너는 베드로, 반석이다. 이 반석 위에 교회를 세우리니 음부의 권세가 해치 못할 것이다"라고 말씀하시며 베드로에게 엄청난 축복을 주셨습니다.

> "이때로부터 예수 그리스도께서 자기가 예루살렘에 올라가 장로들과 대제사장들과 서기관들에게 많은 고난을 받고 죽임을 당하고 제 삼일에 살아나야 할 것을 제자들에게 비로소 가르치시니 베드로가 예수를 붙들고 간하여 가로되 주여 그리 마옵소서 이 일이 결코 주에게 미치지 아니하리이다"(마 16:21-22).

예수님께서 앞으로의 일을 드러내며 가르치고 선언하자, 자신의 삶을 맡기고 따르는 선생님이자 메시아인 예수님이 죽는다는 것을 받아들이지 못한 베드로가 깜짝 놀라 예수님께 "그리 마옵소서" 하고 말렸습니다. 베드로의 사랑은 육신적인 것입니다. 예수님이 하시려는 영적인 구원을 아직 이해하지 못했기 때문입니다. 아직 성령 받지 못했기 때문에 이것을 이해하지 못한 것입니다.

예수님께서 돌이키시며 베드로에게 "사탄아 내 뒤로 물러가라 너는 나를 넘어지게 하는 자로다 네가 하나님의 일을 생각지 아니하고 도리어 사람의 일을 생각하는도다"(23절) 하며 꾸짖습니다. 예수님을 위해서 말한 것이나 그것은 십자가의 길을 막고 있는 사탄의 일이라는 것입니다. 그러면서 "누구든지 나를 따라오려거든 자기를 부인하고 자기 십자가를 지고 나를 따를 것이니라 누구든지 제 목숨을 구원하고자 하면 잃을 것이요 누구든지 나를 위하여 제 목숨을 잃으면 찾으리라"고 말씀하셨습니다.

성령 충만함으로 받은 감동을 육신의 요구대로 적용하느냐 아니면 하나님의 뜻을 이루기 위해 적용하느냐는 하늘과 땅 같은 차이가 있습니다.

하나님의 뜻대로

사도 바울도 사람들이 계속해서 말리니 예루살렘에 올라가지 않는 것이 하나님이 원하시는 것이라고 생각할 수도 있었을 것입니다. 그러나 그는 성령님이 그에게 주신 사명을 위해서는, 예수님을 따르는 삶에는, 고난과 결박이 온다고 해도 목숨까지도 내어놓겠다면서 굽히지 않고 그 사명의 길을 갑니다. 하나님이 정하신 일이기 때문입니다.

그 길을 벗어나게 하고 주어진 십자가를 내려놓게 만드는 교묘한 사탄의 일이 많이 있습니다. 그런데 사탄의 이런 일들을 행하는 사람은 대개 가까운 사람입니다. 예수님에게는 수제자 베드로를 통해서 일어났고, 사도 바울에게는 성령 충만한 사람들이 예루살렘에 올라가는 것을 막는 것입니다. 울면서까지 열정을 보이는 사랑이지만 그것은 십자가의 길을 가지 못하게 하는 것입니다.

우리가 가는 길 또한 고난과 어려움이 있음을 알고 가는 길입니다. 내가 어떤 짐을 지고 가는지를 압니다. 예수님을 따라가면 당연히 얹어지는 어려움이라고 성경이 말씀하고 있습니다. 그러므로 이것을 위해서 준비를 해야 합니다.

예수님께서 겟세마네 동산에서 피땀 흘리는 기도를 하셨습니다. 하나님의 뜻이 이루어지기 원하면서 십자가 지는 일을 하나님께 맡기면서 기도하셨는데, 예수님은 이미 기도로 십자가를 지셨습니다. 그다음부터는 그 길을 순종하는 것입니다. 하나님께서 우리의 십자가의 길에 어려움이 있을 때에 그것을 우리에게 미리 알려 주시는 이유가 무엇이겠습니까? 말씀과 기도로 영적으로 무장해서 적들의 공격이 온다고 해도 그 길을 굳건히 갈 수 있도록 하시기 위함입니다.

지금 두로에 있는 제자들과 가이사랴에 있는 형제들에게 사도 바울에게 다가올 일들을 알게 하신 것도 마찬가지입니다. 그 일을 위해서 기도로 준비하라는 것이겠지요. 그런데 그들은 그것을 막는 일을 하고 있습니다. 우리도 이런 신앙생활을 하기 쉽습니다. 우리가 가는 신앙의 길은 아무것도 모르는 길이 아닙니다. 이미 성경에서 다 알게 하셨습니다. 사도 바울을 통해서 보여준 길이고, 예수 그리스도께서 보여주신 십자가의 길이 바로 그런 길입니다.

요한복음 17장에 예수님께서 대제사장으로서 기도하실 때에 '아버지께서 아들에게 주신 모든 사람에게 영생을 주게 하시려고 나에게

이 길을 가게 하셨다'고 하셨습니다. 여기서 예수님의 고백을 보면 '하나님이 주신 사람'과 '하나님이 주신 일'을 위해서 그 길을 간다고 하셨습니다.

우리가 인생을 걸고 가는 길이 하나님의 길인지 내가 원해서 가는 길인지 확인을 해야 합니다. 아니면 이도저도 아닌 방황하는 길은 아닙니까?

> "내가 선한 싸움을 싸우고 나의 달려갈 길을 마치고 믿음을 지켰으니 이제 후로는 나를 위하여 의의 면류관이 예비되었으므로 주 곧 의로우신 재판장이 그 날에 내게 주실 것이니 내게만 아니라 주의 나타나심을 사모하는 모든 자에게니라"(딤후 4:7-8).

우리는 십자가의 길을 고난의 길이라고 이야기합니다. 그러나 우리가 지금 걸어가고 있는 잠깐의 길입니다. 면류관이 예비되어 있는 길입니다. 목표가 정해졌는데 다른 곳으로 돌아가겠습니까? 그래서 사도 바울은 "푯대를 향하여 그리스도 예수 안에서 하나님이 위에서 부르신 부름의 상을 위하여 좇아가노라"(빌 3:14)고 고백했습니다.

예수님도 맡겨 준 영혼, 맡겨 준 일을 감당하기 위하여 오셨습니다. 우리에게도 그것 때문에 생명을 주셨는데 그 생명 바쳐서 해야 하는 일이 무엇입니까? 생명 바쳐서 돈 버는 이유가 무엇입니까? 만약 생명을 구원하는 하나님의 일과 관계없다면 그것은 멸망의 길입니다. 돈은 많이 벌어도 멸망할 뿐입니다. 심판 받습니다.

한 영혼이 천하보다 귀하다고 했습니다. 영혼 구원의 일에 우리의 생명을 걸어야 합니다. 하나님이 영광 받으시는 일을 위해서 여러분의 건강과 물질과 시간을 써야 합니다. 하나님이 기뻐하시고 관심 가지시는 일은 어떻게 이 영혼들을 주님께로 인도하겠는지, 우리 자신들이 어떻게 이 길을 가고 있는지 하는 것입니다.

사도 바울이 예수님을 만나고 아나니아 선지자를 만났을 때에 아나니아는 그에게 안수하면서 이방인을 위해서 하나님이 택하신 그릇이라고 했습니다. 그런데 그렇게만 말씀하신 것이 아니라 이제는 많은 환난과 고난을 받을 그릇이라고 말했습니다. 하나님의 사도로 그 사명을 감당하려면 환난과 고난의 그릇이 된다는 것입니다. 사도 바울은 부름을 받을 때 이방인의 사도로 사명을 감당하려면 고난 받을 것을 이미 깨달았습니다. 그렇기 때문에 성령 받은 자들이 울며 말려도 가는 길을 굽히지 않은 것입니다. 하나님이 계획하시고 성령님이 인도하시는 길을 가는 것이기 때문입니다. 그런데도 우리는 고난의 길을 알려 주실 때에 하나님이 가지 말라고 미리 알려 주셨다고 생각할 때가 얼마나 많습니까?

사랑하는 성도 여러분! 우리가 가야 할 길은 정해졌습니다. 의의 면류관을 바라보는 천국의 길이 이미 정해진 것입니다. 환난도 많고 결박도 많을 것입니다. 그러므로 결단을 해야 합니다.

> "저가 권함을 받지 아니하므로 우리가 주의 뜻대로 이루어지이다 하고 그쳤노라"(14절).

지금 바울이 권함을 받지 않기 때문에 저들도 전송해서 보냈다는 것입니다. 성령의 뜻에 하나가 되는 것이 얼마나 귀하고 아름다운 일입니까? 이것이 하나님의 뜻임을 깨닫고 내 뜻을 단호히 내려놓고 순종함으로 엎드릴 수 있는 사람은 하나님 앞에 쓰임 받을 수 있는 사람입니다. 천하보다 귀한 영혼들을 위해서 앞으로 더 많이 수고하기를 예수님의 이름으로 축원합니다.

복음을 위하여 양보하는 바울

사도행전 21:17-26

예루살렘에 이르니 형제들이 우리를 기꺼이 영접하거늘 그 이튿날 바울이 우리와 함께 야고보에게로 들어가니 장로들도 다 있더라 바울이 문안하고 하나님이 자기의 봉사로 말미암아 이방 가운데서 하신 일을 낱낱이 고하니 저희가 듣고 하나님께 영광을 돌리고 바울더러 이르되 형제여 그대도 보는 바에 유대인 중에 믿는 자 수만 명이 있으니 다 율법에 열심 있는 자라 네가 이방에 있는 모든 유대인을 가르치되 모세를 배반하고 아들들에게 할례를 하지 말고 또 규모를 지키지 말라 한다 함을 저희가 들었도다 그러면 어찌할꼬 저희가 필연 그대의 온 것을 들으리니 우리의 말하는 이대로 하라 서원한 네 사람이 우리에게 있으니 저희를 데리고 함께 결례를 행하고 저희를 위하여 비용을 내어 머리를 깎게 하라 그러면 모든 사람이 그대에게 대하여 들은 것이 헛된 것이고 그대도 율법을 지켜 행하는 줄로 알 것이라 주를 믿는 이방인에게는 우리가 우상의 제물과 피와 목매어 죽인 것과 음행을 피할 것을 결의하고 편지하였느니라 하니 바울이 이 사람들을 데리고 이튿날 저희와 함께 결례를 행하고 성전에 들어가서 각 사람을 위하여 제사 드릴 때까지의 결례의 만기된 것을 고하니라

본문 말씀은 바울 사도가 제3차 전도 여행을 마치고 예루살렘에 돌아와 그동안 하나님께서 행하신 일을 예수님의 제자들과 장로들 및 성도들에게 보고하는 내용입니다.

당시 예루살렘 교회는 야고보 사도가 제1대 감독으로 교회를 치리하고 섬기는 귀한 사역을 담당했습니다. 본문은 사도 바울이 예루

살렘에 이르니 형제들이 기꺼이 바울과 그의 일행들을 영접했다고 했습니다. 그 이튿날 바울이 일행과 함께 야고보에게로 들어가 거기 장로들도 다 있는 가운데 문안하고 하나님께서 이방 가운데서 하신 일을 낱낱이 증거했습니다.

주인이 바뀌었습니까?

사도 바울에게 예루살렘 교회는 모체 교회입니다. 원래 바울은 이방 지역의 첫 교회였던 안디옥 교회에서 파송 받아서 선교 사역에 힘썼으나 모체 교회인 예루살렘 교회와는 긴밀한 관계에 있습니다. 그래서 모든 선교 사역을 다 마치고 돌아와서 그 보고를 하는 것입니다. 그리고 새로운 비전을 가지고 로마를 향해서, 서바나를 향해서 이제 다른 차원의 선교 사역을 하기를 원하면서 성령님의 인도하심을 따라 순종하며 예루살렘에 왔습니다. 예루살렘에 오면 결박과 환난이 기다린다고 말씀하신 성령님의 음성을 듣고서도 순종하면서 그곳에 올라온 것입니다.

그는 그동안 자신의 사역 중에 하나님이 하신 일을 낱낱이 예루살렘 교회에서 말했다고 했습니다. 지금까지 많은 사람들이 믿게 되고, 주님 앞에 돌아왔으며, 성령이 임하였고, 또 두란노 서원을 통해서 3년 가까이 에베소에서 제자들을 가르치고 그리고 많은 사람들이 와서 훈련을 받고 각 지역에 돌아가는 등 풍성한 복음의 역사를 이루었는데, 그 모든 일들은 하나님이 하신 일이라고 사도 바울은 낱낱이 고백했습니다.

우리가 크리스천이 된다는 것은 예수 그리스도를 생명의 구주로 그리고 주님으로 영접하여 구원 받는 역사가 일어나고, 세례 받고, 교회의 지체가 되어서 주님을 섬기는 것입니다. 중요한 것은, 지금까지는 내가 주인이었는데 이제는 나의 주인이 예수님이며 하나님 아버지께서 나의 주인이시라고 진정으로 고백하는 것입니다. 그것이 우리의 신앙입니다. 만약 믿는다고 하면서 지금도 주인이 바뀌지 않았다면 진정한 크리스천이 아니라는 것입니다. 교회에 오래 다녀서 직분도 받고 여러 가지 일도 많이 하지만 주인이 바뀌지 않았다면, 내가 내 힘과 능으로, 내 경험으로 일하고 있다면 그것은 진정한 섬김이 아닙니다.

세상에서는 자기가 목표를 세우고 뜻을 정하고 스스로 열심히 일하고 자기 경험을 쌓습니다. 그렇게 자기 주관을 세워서 일을 하지만 신앙은 그렇지 않습니다. 우리 신앙은 하나님이 아버지시고, 그분이 나의 주인이시고, 그분의 일을 우리가 감당하게 되는 것입니다. 하나님께서 당신의 일을 우리를 통해서 하기를 원하시기 때문입니다.

하나님의 일은 결국은 영혼 구원입니다. 영혼을 건지는 일, 변화시키는 일을 우리 인간의 힘과 능으로, 우리의 방법으로는 할 수 없습니다. 하나님이 사람을 사역자로 세우셔서 일을 하십니다. 주체는 하나님이시며, 주님이 주인이시라는 것입니다.

사도 바울은 그 자신의 주인이 완전히 바뀐 것을 그의 서신마다 맨 첫 머리에 "그리스도 예수의 종 된 나 바울은"으로 시작하며 고백하고 있습니다. 자기의 신분 관계를 아주 정확하게 밝힌 것입니다.

사도 바울은 3차에 걸친 선교 여행을 하며 20년이라는 기간 동안 많은 사역을 했습니다. 당시는 걸어 다니면서 또 배를 타고 다니면서, 잠시 신세질 수 있는 곳에 들러 머물면서 고생 속에 복음을 증거했습니다.

자신이 하나님의 종으로서 쓰임을 받고 섬김을 통해서 하나님이 이방인들 가운데 행하신 일을 낱낱이 고백할 때 야고보와 그곳에 모여 있던 장로들과 여러 예루살렘 성도들이 듣고 하나님께 영광을 올려 드렸습니다.

사도 바울에게는 사실 얼마나 많은 힘든 일, 어려움이 있었는지 모릅니다. 매 맞고 감옥에 갇히고, 돌에 맞아 죽은 것으로 알고 성 밖에 던져 버려지기까지 했습니다. 그런 고난이 있었지만 하나님께서 행하신 일들을 나눌 때에는 얼마나 많은 영혼들이 돌아왔는지, 특별히 3차 전도 여행 가운데서는 성령의 역사하심이 불일 듯 얼마나 많이 일어났는지 증거하고 있습니다. 두란노 서원을 통해서 3년 가까이 사역하는 동안에 인근 지역에 있는 많은 지도자들이 와서 훈련을 받고 교회들이 인근에 세워지는 놀라운 역사가 일어났음을 하나님 앞에서 예루살렘 성도들과 나누었습니다.

우리도 지금까지 먹고 입고 오늘 이 자리에 앉아 있다는 자체가 하나님께 감사할 일입니다. 하나하나 생각해 보면 물론 어려운 일들도 많았지만, 그러나 삶 속에서 어려운 가운데도 우리를 건져 주시고 이끌어 주신 하나님의 은혜를 생각하면 감사하지 않을 수 없습니다. 사실 우리가 햇빛을 쬐는 것만 해도, 숨을 쉴 수 있다는 자체가, 물을 마실 수 있다는 것이, 음식을 먹을 수 있다는 것이 얼마나 귀한 일인지 모릅니다.

하나님은 그냥 하늘에 천둥번개를 치면서 "너 안 믿으면 심판이야. 지금 믿어" 이렇게 해서도 믿게 하실 수 있지만 그렇게 하지 않고 우리를 사용하셔서 전도라고 하는, 사람에게는 미련하게 보이는 방법을 통해서 그리스도가 전파되게 하고 전도하게 하셨습니다. 하나님께 감사하고 순종하는 하나님의 사람들의 섬김을 통해서 하나님의 구원을 이루시는 것입니다. 사도 바울은 이 도구로 쓰임 받은 것을 고백하였습니다.

서로 격려하는 것은 참 좋은 일입니다. 그러나 영광은 하나님께 올려 드려야 합니다. 초대교회의 아름다운 모습은 하나님이 하신 일을 낱낱이 말하니 그들이 듣고 영광을 하나님께 드린 것입니다.

또 하나 교훈을 받아야 하는 것이 있습니다.

> "바울더러 이르되 형제여 그대도 보는 바에 유대인 중에 믿는 자 수만 명이 있으니 다 율법에 열심 있는 자라 네가 이방에 있는 모든 유대인을 가르치되 모세를 배반하고 아들들에게 할례를 하지 말고 또 규모를 지키지 말라 한다 함을 저희가 들었도다"(20-21절).

당시 초대교회 때는 아직 교리적으로 확립되어 있지 않았습니다. 사도 바울은 믿음과 복음이 확실하였기 때문에 구원은 율법을 행한 결과로 받는 것이 아니라 예수 그리스도를 믿음으로 받는다고 가르쳤습니다. 그래서 유대인 율법주의자들이 바울을 율법 폐기론자, 율법을 무시하는 자라고 오해했습니다.

특별히 바울이 3차에 걸쳐 전도를 해서 그 이방 지역에 살고 있는 유대인들 가운데 예수를 믿게 된 사람들이 있었습니다. 그런데 그들은 예수를 믿는다고 하지만 율법과의 관계를 제대로 이해하지 못했기 때문에 율법을 행함으로 구원을 얻는다는 믿음도 동시에 가지고 있었습니다. 그들이 "바울은 율법이 필요없다고 했다. 할례도 행하지 말라고 했다. 그리고 전통적으로 내려오는 관습도 지키지 말라고 했다" 그리고 "모세를 배반했다"는 루머를 퍼뜨립니다.

말은 여러 사람을 거쳐 잘못 건너가면 나중에는 엉뚱한 말이 되어버립니다. 사도 바울이 율법을 지킴으로, 행함으로 구원받는 것이 아니라 믿음으로 구원받는다고 하는 여러 가지 말씀을 가르쳤는데 그것을 완전히 오해한 것입니다. 오순절 때가 되었는데 인근에서 당시 예루살렘에 200만 명이 모였다고 합니다. 그중 외국에서 온 유대인들 가운데 이와 같이 바울을 곡해한 수만 명이 있었습니다. 그러니까 이 사람들이 발끈해서 들고 일어난 것입니다.

이 사실을 야고보 감독이 알고 어떻게 해결할까 고심합니다. 그래서 하나님 앞에 그 모든 행하신 일을 영광 돌리고, 바울에게 지금 여차여차해서 그를 곡해하고 있는 사람들이 많음을 알려줍니다. 바울을 보았고 그의 가르침을 들었던 사람들 중에 외국에서 순례하기 위해서 예루살렘에 많이 와 있는 이가 많은데 그들이 바울 사도를 기다리고 있다고 알려 줍니다. 그것을 해결하기 위해서 바울은 율법 폐기론자가 아니며 장로들의 유전을 버리는 사람이 아니라는 것, 관습을 버리는 것이 아니라는 것을 알게 해야 하는데, 어떻게 해야 하겠느냐고 의논합니다.

한 사람 한 사람 찾아다니면서 해명을 할 수 없으니 억울함을 짊어지고 양보하라고 권합니다. 즉 서원을 한 네 사람이 있는데 그들과 함께 바울이 의식을 한 번 행하라고 권한 것입니다. '당신이 율법을 버린 자가 아니고 의식을 버린 자가 아니라는 것을 행함으로 보여주라'고 권합니다.

나실인의 서원은 어떤 특별한 목적을 두고 하나님 앞에 헌신된 사람으로, 하나님께 자신을 바치기 위해서 혹은 외국에서 죄를 범하거나 법을 어긴 사람들이 특별히 하나님 앞에 구별된 삶으로 회개하면서 드리는 기간이 있었습니다. 어떤 사람은 7일 동안, 혹은 30일간 포도주도 마시지 아니하고 고기도 먹지 아니하고 구별되게 하나님 앞에 자신을 드리고, 마지막에는 희생제 헌신제를 올려드려서 자신을 구별시켰습니다.

그런 사람이 네 명이 있었습니다. 지금 바울은 율법을 버리지도 않았고 관습을 철폐한 것도 아니고 할례를 철폐한 사람도 아닌데 그렇게 하라니까 억울한 처지입니다. 야고보에게 "감독님, 왜 억울하게 나보고 그렇게 하라고 합니까?"라고 할 수 있지만 사도 바울은 평화를 위해서 그것을 감당하고 일주일 동안 성전에 가서 그 의식을 행합니다.

그러나 사도 바울은 복음에 대해서는 일체 양보가 없습니다. 근본적인 복음의 교리를 위배하는 것은 생명을 놓고 말합니다. 갈라디아서 1장에 "내가 전한 복음 외에 다른 복음을 전하면 저주를 받을 것이다"라고 했습니다. 그러나 윤리 도덕적인 차원에서 억울함을 받고 오해를 받더라도 화평을 누릴 수 있다면 자신이 그 오해를 받고 억울함을 감당하겠다는 것입니다.

복음의 진보를 위해서

예수님보다 더 억울한 일을 당한 사람이 어디 있습니까? 그 억울함을 다 그 몸에 담당하고 십자가를 지신 분이 예수님입니다. 오늘 우리도 주님의 몸을 이룰 때 크리스천으로서 가정이나 직장 또 교회를 섬기면서 억울한 일을 당하기도 합니다. 사실 그런 때가 너무 많습니다. 내가 언제 그랬느냐, 절대로 하지 않았다 하고 반박하고 싶을 때가 너무도 많을 것입니다. 그러나 때로는 묵묵히 감당하지 않으면, 정말 양보하고 이해하지 않으면 싸움 날 일이 많습니다. '내'가 살아서 양보하지 않으면 싸우는 것입니다. 그러니 억울한 것을 짊어져 보시기 바랍니다.

사도 바울은 그 억울한 일, 오해 받은 일을 감수합니다. 전혀 그렇게 가르치지 않은 것을 감당하는 것입니다. 교회의 화평을 위하고 복음 전파를 위해서입니다. 이것을 고린도전서에서 이렇게 말씀합니다.

> "유대인들에게는 내가 유대인과 같이 된 것은 유대인들을 얻고자 함이요 율법 아래 있는 자들에게는 내가 율법 아래 있지 아니하나 율법 아래 있는 자 같이 된 것은 율법 아래 있는 자들을 얻고자 함이요"(고전 9:20).

율법 없는 자에게 자신이 율법 없는 자같이 된 것은 율법 없는 자를 얻기 위해서이며, 약한 자들에게 자기가 약하게 된 것은 약한 자를 얻기 위해서라는 것입니다.

"여러 사람에게 내가 여러 모양이 된 것은 아무쪼록 몇몇 사람들을 구원코자 함이니 내가 복음을 위하여 모든 것을 행함은 복음에 참예하고자 함이라"(고전 9:22-23).

복음에 참여하는 자가 되기 위해서, 복음의 진보를 위해서 바울은 때로는 약한 사람이 되고, 때로는 율법 있는 자, 또 때로는 율법이 없는 자처럼 보이도록 그때그때 복음이 나타나는 일을 위해서는 자기를 완전히 죽였습니다. 복음의 진보를 위해서 내가 나를 내려놓고, 나를 죽이고, 내가 억울한 일을 당하고, 수모를 당했습니다. 그것 때문에 복음이 진보가 되고 복음이 전파된다면 억울한 일도 기꺼이 당하겠다는 것입니다.

여러분, 여러분을 통해서 예수님의 얼굴이 보였습니까? 가정에서 혹은 교회에서 성도들을 통해서 예수님의 사랑과 예수님의 이미지가 반영되는 것을 느꼈습니까? 전도라는 것이 무엇입니까? 예수 믿으라고 한다고 전도가 되던가요? 삶을 보니까 예수 냄새가 나는구나 하는 것 아닙니까? '나도 신앙생활 해보고 싶다. 그 교회 가보고 싶다. 그 사람같이 되고 싶다' 하는 것이 전도 아닙니까?

복음이 전파되고 예수님이 전파된다면 사도 바울은 어떤 상황 가운데라도 들어가겠다는 것입니다. 율법 없는 자같이, 율법 있는 자같이, 유대인같이, 로마인같이 될 수 있습니다. 그렇게 되어서라도 복음이 전파되기를 원한다는 것입니다.

여러분! 그래서 예수님이 나의 주인이시고 나의 목표가 된다면 우리의 삶이 바뀌는 것입니다. 사도 바울은 하나님이 하신 일을 전파하게 됐고, 자기가 억울한 일을 당하지만 그 억울한 일을 몸에 짊어졌습니다.

우리는 모두가 다 그리스도 안에서 죽은 자들입니다. 그리스도 안에서 내가 죽고 그리스도 안에서 내가 살아야 합니다. 우리가 참을 때도 믿음으로 참는 자들이 되어야 합니다. 만약 믿음이 아닌 어떤 일 때문에 그냥 꾹꾹 눌러서 참는다면 그것은 병이 되고 말 것입니다. 그러나 내가 억울한 일을 당하고도 복음을 위해 참고 견디고 담당할 때는 기쁨이 옵니다. 십자가를 진 기쁨이 있는 것입니다.

예수를 믿어도 인간적으로 믿는 사람과 그리스도 안에서 믿는 사람은 다릅니다. 사랑하는 성도 여러분, 오늘 여러분과 저도 복음을 위해서, 예수를 위해서, 하나님 사역의 진보를 위해서 양보할 수 있고 억울한 일, 힘든 일을 감당할 수 있기 바랍니다.

다시 보라

사도행전 22:2-13

저희가 그 히브리 방언으로 말함을 듣고 더욱 종용한지라 이어 가로되 나는 유대인으로 길리기아 다소에서 났고 이 성에서 자라 가말리엘의 문하에서 우리 조상들의 율법의 엄한 교훈을 받았고 오늘 너희 모든 사람처럼 하나님께 대하여 열심하는 자라 내가 이 도를 핍박하여 사람을 죽이기까지 하고 남녀를 결박하여 옥에 넘겼노니 이에 대제사장과 모든 장로들이 내 증인이라 또 내가 저희에게서 다메섹 형제들에게 가는 공문을 받아 가지고 거기 있는 자들도 결박하여 예루살렘으로 끌어다가 형벌 받게 하려고 가더니 가는데 다메섹에 가까왔을 때에 오정쯤 되어 홀연히 하늘로서 큰 빛이 나를 둘러 비취매 내가 땅에 엎드러져 들으니 소리 있어 가로되 사울아 사울아 네가 왜 나를 핍박하느냐 하시거늘 내가 대답하되 주여 뉘시니이까 하니 가라사대 나는 네가 핍박하는 나사렛 예수라 하시더라 나와 함께 있는 사람들이 빛은 보면서도 나더러 말하시는 이의 소리는 듣지 못하더라 내가 가로되 주여 무엇을 하리이까 주께서 가라사대 일어나 다메섹으로 들어가라 정한 바 너의 모든 행할 것을 거기서 누가 이르리라 하시거늘 나는 그 빛의 광채를 인하여 볼 수 없게 되었으므로 나와 함께 있는 사람들의 손에 끌려 다메섹에 들어갔노라 율법에 의하면 경건한 사람으로 거기 사는 모든 유대인들에게 칭찬을 듣는 아나니아라 하는 이가 내게 와 곁에 서서 말하되 형제 사울아 다시 보라 하거늘 즉시 그를 쳐다보았노라

사도 바울은 자기를 죽이려고 하는, 폭도로 변한 동족 유대인들 앞에서 자신을 변호하면서 예수 그리스도를 변호하는 증언자가 되었습니다.

삶 가운데 안목이 새롭게 열렸다고 할 때가 있습니다. 사도 바울은 9장에 기록된 대로 예수 믿는 이들을 체포하러 가던 다메섹 도상에서 예수님을 만나면서 그의 영육의 눈이 열리는 축복을 경험하였습니다. 그것을 세 가지로 요약하며 우리에게도 이러한 열림의 역사, 새롭게 보는 역사가 일어날 수 있도록 점검하는 시간을 갖겠습니다.

새롭게 보는 축복

첫째로 사도 바울은 주님을 다시 보는, 축복의 체험을 했습니다.

> "내가 대답하되 주여 뉘시니이까 하니 가라사대 나는 네가 핍박하는 나사렛 예수라 하시더라"(8절).

정오의 빛보다도 더 밝은 빛이 그에게 비췄을 때에 그는 고꾸라져 그 앞에 엎드릴 수밖에 없었습니다. 눈은 볼 수도 없었습니다. 예수 믿는 자들을 핍박하고 박해하고 잡아 옥에 가두고 심지어는 죽음에까지 넘기는 일을 위해서 다메섹에 가는 그를, 주님이 만나셔서 "나는 네가 박해하는 나사렛 예수 그리스도라"고 음성을 들려주셨습니다. 예수님을 주님이라고 부를 수밖에 없는 신앙의 대전환이 이루어지는 순간입니다.

우리는 내가 나의 주인인 줄 압니다. 내 생각대로 원하는 대로 살고 그게 이루어지면 성공했다고 합니다. 그런데 믿음은 나의 주인이 바뀌어서 예수님이라고 고백하는 것입니다. 나의 사역, 직분, 모든 영역에서 그분이 나의 주님, 나의 구세주라는 참 고백입니다.

여러분에게 물질의 주인이 누구인지 보십시오. 오늘도 이 세상은 어렵고 힘듭니다. 경제적으로도 세계적으로도 어려움 가운데 처해 있습니다. 이런 가운데서 내가 물질을 남보다 더 갖고 있든지 덜 갖고 있든지, 그 주인이 누구입니까? 내 물질의 주인이 주님이시라고 하는 것은 내가 종이라는 고백입니다.

사도 바울은 끊임없이 "우리 주 예수 그리스도의 종 된 나 바울은"이라고 했습니다. 그것도 '둘로스'라고 표현했는데, 이것은 일반적인 종이 아니라 노예를 말합니다. 완전히 주인이 소유권을 가진 노예임을 고백했습니다.

요즘에 경기가 너무 어렵고 힘드니까 차라리 내 집에 와서 일하는 종업원이 부럽다는 고백을 하는 사업 경영자들이 많습니다. 그들은 자기 시간 일하고 주인이 주는 봉급을 받아 가면 된다는 것이지요. 주인은 봉급 주는 일을 위해서 얼마나 고민을 많이 해야 하는지 모릅니다. 손님이 한 사람이라도 줄어들면 어떻게 저들의 주급을 지급할까, 걱정이 너무도 많습니다. 종은 먹을 것 걱정하지 않고 주인만 바라보면 됩니다. 주인의 명령대로 잘 수행만 하면 먹을 것, 잠잘 것이 다 공급됩니다.

우리 하나님이 정말로 나의 주인이시고 예수 그리스도께서 나의 구세주, 주님이면 나는 그의 종입니다. 그러니 모든 걱정을 다 맡기라는 것입니다. 우주 만물의 창조주이신 바로 그분이 내 주인이시기 때문에 우리가 먹고 입을 것을 걱정할 필요가 없습니다. 그래서 예수께서 "너희 염려를 내게 맡겨라. 너희 짐 나에게 맡겨라. 수고하고 무거운 짐 진 자들아, 다 내게 맡겨라. 내 멍에를 메라"고 말씀하셨습니다. 내가 너를 책임지겠다는 것입니다.

그러나 우리는 믿는 것 같은데 안 믿습니다. 여전히 내가 그 짐을 지면서 넘어지고 원망합니다. 왜 그렇습니까? 그분이 주인이 되지 못하기 때문입니다. 그분이 약해서가 아니라, 주인으로서의 실력이 없기 때문이 아니라 우리가 믿지 않기 때문입니다. 그분을 신뢰하지 않기 때문입니다. 내 삶의 주인이 바뀌지 않습니다.

바울이 어떤 사람이었습니까? 하나님을 얼마나 사랑한 사람입니까? 하나님을 사랑하기 때문에 예수 믿는 사람들을 핍박하고 잡아 죽이는 열심이 있었습니다. 그래서 우리는 열심을 내도 바른 열심을 내야 합니다. 주인도 바로 알아야 한다는 것입니다. 아나니아가 그에게 기도해 줄 때 바울의 눈에서 비늘 같은 것, 가려졌던 것이 떨어졌습니다. 새로운 세계가 열린 것입니다.

오늘 우리도 세상을 향한, 사람을 향한, 나 자신을 향한 기대, 하나님의 것이 아닌 것들은 비늘로 거두어져야 한다는 말씀입니다. 그 역사를 바울이 경험한 것입니다.

당시 예수님을 주님, 구세주, 아도나이로 부르는 것은 생명을 내놓은 것입니다. 당시 세상의 주인은 가이사입니다. 황제를 두고 예수를 주인이라고 부르는 사람은 전부 죽임을 당하던 때입니다. 원형극장에서 사자의 밥이 되는 것입니다.

사랑하는 여러분, 우리에게 참 고백이 있기를 원합니다. 악하고 어렵고 힘든 세상이더라도 하나님의 말씀을 의지하고 주님의 음성을 듣고, 세상의 음성을 듣지 않는 축복이 있기를 축원합니다.

두 번째로 사도 바울이 본 것이 있습니다. 주님을 만나고 주님 되심이 고백될 때 그에게는 사명을 다시 보고 확인하는 은혜가 임했습니다. 본문 10절에서 바울 사도가 "주여 무엇을 하리이까" 여쭈었을 때 주님께서 "일어나 다메섹으로 들어가라 정한 바 너의 모든 행할 것을 거기서 누가 이르리라"고 하셨습니다. 9장에는 아나니아를 통해서 바울에게 한 말씀이 기록되어 있습니다.

> "주께서 가라사대 가라 이 사람은 내 이름을 이방인과 임금들과 이스라엘 자손들 앞에 전하기 위하여 택한 나의 그릇이라 그가 내 이름을 위하여 해를 얼마나 받아야 할 것을 내가 그에게 보이리라 하시니"(행 9:15-16).

눈이 열리는 순간 바울에게는 사명이 보였습니다. 이방인을 위한 사명, 주님의 그 이름을 전하기 위한 택한 그릇이었습니다. 예수 믿는 사람을 잡아 죽이는 데 앞장섰던 그 그릇이 이제는 예수님의 이름을 위하여 고난도 받을 수 있는 그릇으로 바뀌었습니다.

사명이 분명한 사람, 할 일이 분명한 사람이 행복한 사람입니다. 중요한 것은 내가 무엇을 위해서 삶을 드릴 수 있는가, 내 물질과 시간 그리고 건강을 내 주인을 위하여, 생명을 걸겠다는 것입니다. 그래서 본문 말씀에 바울은 주님께 "무엇을 하리이까" 여쭈었고 주님께서 "일어나 다메섹으로 가라"고 하시면서 사명을 위한 장소를 지시하셨습니다. 예루살렘으로 돌아가라는 것이 아니라 핍박하러 가던 길, 다메섹으로 가라는 것입니다. 장소는 변하지 않았습니다. 변한 것은 목적입니다. 다메섹으로 가는 의미와 목적이 변한 것입니다.

내 삶의 장소, 여전히 내 가정, 직장, 사업 등은 변한 것이 없습니다. 그러나 주님을 만나 주인이 바뀌고 사명이 확인되고 나니 어제의 가정이 아니고, 어제의 직장, 어제의 사업체가 이제 사명의 장소가 되었습니다. 만나는 사람들이 달라 보입니다. 저는 여러분의 직장이 달라지고 가정이 달라지기 원합니다. 교회를 섬기면서 환경은 여전히 똑같지만 그러나 내 마음이 달라졌습니다.

여러분, 많은 고백을 들으셨을 것입니다. 주님을 만나고 난 다음, 성령 받고 난 다음, 거듭나고 난 다음에 사람을 보니 그렇게 아름답더라, 들의 숲을 바라보아도 그렇게 아름답더라, 하늘을 봐도 별을 바라봐도 그렇게 아름다울 수가 없더라는 간증을 들었을 것입니다. 밤하늘의 별을 바라보며 눈물을 흘리면서 한숨짓던 그것이 이제는 나를 반기는 반짝이는 별들로 달라진 것입니다.

바울도 예수 믿는 사람들을 박해하고 핍박했던 그 불타는 마음, 사명이 예수를 위하는 열정으로 바뀌었습니다. 오늘 여러분과 제가 주인이 바뀌면서 사명이 바뀌는 영적인 경험이 일어나고, 영적인 눈, 삶의 눈이 새롭게 떠지는 축복이 있기를 예수님의 이름으로 축원합니다.

세 번째 이어지는 발견입니다. 사도 바울은 이웃을 다시 보게 되었습니다. 사명의 대상이기 때문입니다.

"나와 함께 있는 사람들이 빛은 보면서도 나더러 말하시는 이의 소리는 듣지 못하더라"(9절).

"나는 그 빛의 광채를 인하여 볼 수 없게 되었으므로 나와 함께 있는 사람들의 손에 끌려 다메섹에 들어갔노라"(11절).

지금 사도 바울이 '나와 함께 있는 사람들의 손에 끌려 다메섹에 들어갔다'는 것은 핍박의 대상이었던 그들을 사랑의 대상으로 바꾸는 일을 위해서 동행자들의 도움으로 다메섹에 갔다는 것입니다. 그들은 박해의 대상에서 함께하는 이웃, 섬김의 대상으로 바뀌었습니다.

저는 오늘 여러분을 미워하는 사람들, 정말 관계가 불편한 사람들이 섬김의 대상이 되기를 바랍니다. 지금까지 오해하고 미워할 수밖에 없었던 이유가 있었더라도 새로운 눈을 뜨면서 그들이 섬김의 대상, 사랑할 수 있는 대상으로 바뀌는 경험이 있기를 원합니다.

요즘 한국에는 중동이나 동남아시아계 외국인 근로자들이 많습니다. 중소기업을 경영하는 한 집사님도 많은 외국인들을 종업원으로 쓰고 있었습니다. 그가 하나님의 말씀을 통해 예수님이 주인으로 바뀌는 경험을 하기 전에는 그들이 이용의 대상이었습니다. 그들을 돈을 벌고 회사를 키우기 위한 존재로만 생각하며 이용하려고 했습니다.

그러나 그가 예수님을 경험하고 기도하는 사람이 된 후로는 외국인 근로자를 보는 눈이 달라졌다는 고백을 들었습니다. 선교사로 가서 현지에서 사역을 해도 한 사람을 구원하는 것이 얼마나 힘든 일인지 모르는데, 하나님께서 선교의 대상을 자기 일터에 이웃으로 보내 주셨음을 깨달은 것입니다. 달라진 것입니다. 섬기는 대상이 된 것입니다. 이 근로자 한 사람이 믿음을 갖고 변화되어 고국에 돌아가면 선교사의 역할을 할 수 있다는, 새로운 선교의 눈이 열린 것입니다. 그들이 새롭게 보였습니다. 그러니까 이들을 섬기면서 선교사같이 여기는 것입니다. 동역자로 여기는 것입니다.

여러분, 작은 가게를 운영하면서 남미에서 온 사람들을 섬기는 분들이 있습니다. 그들이 가게에서 일할 때 여러분은 어떻게 대하고 계십니까? 선교 대상자로 보십니까? 그들을 선교사 역할을 할 수 있는 사람들로 보십니까? 우리의 눈이 어떻게 열리느냐에 따라서 우리의 세계는 완전히 달라질 수 있습니다. 주인이 바뀐 사람, 사명의 대상이 바뀌는 것입니다. 그래서 그 사람들을 사랑하게 되고 배려할 수 있는 것입니다.

그래서 저는 배려해야 한다는 것을 배웠습니다. 우리가 앞으로 이웃을 더 배려해야겠구나, 이웃에 대한 사랑을 더 표현해야겠구나 하는 것을 깨달았습니다. 배려는 이웃을 향한 사랑의 표현입니다. 작은 것으로도 이웃을 배려할 줄 아는 사람이 되어야 합니다. 예를 들어, 주차를 할 때도 내가 이렇게 하면 다른 사람이 나올 때 불편하지 않을까 하는 작은 것도 고려할 수 있습니다. 조금 불편하지만 그러나 그 불편을 감수할 때, 처음 교회에 와서 어디다 주차해야 할지 모르는 분들에게 편하게 주차할 수 있는 기회를 주는 배려가 됩니다.

바울은 주님을 만나고 난 다음에 자기 할 일을 깨닫고 사랑하고 섬길 수 있는 대상이 보였고, 그 일을 위해서 일생을 바쳤습니다. 우리가 말씀과 기도로 무장해서 섬기면서 전도를 하자는 것이 그냥 입으로만 되는 것이 아닙니다. 우리의 삶의 현장 가운데서 하나하나 실천해야 할 일입니다. 우리가 인생의 경주를 하는 현장 가운데 우리를 부르신 이유가 무엇이겠습니까? 사명자로 우리를 부르신 것입니다. 우리 가정은 그냥 바뀌는 것이 아닙니다. 직장과 일터가 그냥 바뀌는 것이 아닙니다. 작은 배려, 동료에 대한 사랑, 아랫사람에 대한 배려가 필요합니다. 남이 나를 대우해 주길 원하는 것처럼 내가 남을 대우해 줄 수 있는 것이 배려이고 사랑이고 섬김입니다.

그래서 사도 바울이 빌립보서 2장 3절에서 인간관계 때문에 어려움이 있던 이 빌립보 교회를 향해서 "아무 일에든지 다툼이나 허영으로 하지 말고 오직 겸손한 마음으로 각각 자기보다 남을 낫게 여기고"라고 하며, 5절에서는 "너희 안에 이 마음을 품으라 곧 그리스도 예수의 마음이니"라고 했습니다. 도도하고 교만했던 사도 바울인데 그것이 다 빠졌습니다. 그래서 인간관계의 어려움이 있던 교회를 향해서 다툼이나 허영으로 하지 말고, 오직 겸손한 마음으로 남을 오히려 나보다 더 낫게 여기고 주님의 마음을 품으라, 종의 마음을 품으라 말한 것입니다. 바로 그런 곳에 천국의 역사가 일어나고 이것을 통해서 하나님의 역사가 일어나고 하나님이 기뻐하는 은혜의 역사가 일어날 줄로 믿습니다.

내 인생의 주인은 누구인가?

사도행전 22:14-23

그가 또 가로되 우리 조상들의 하나님이 너를 택하여 너로 하여금 자기 뜻을 알게 하시며 저 의인을 보게 하시고 그 입에서 나오는 음성을 듣게 하셨으니 네가 그를 위하여 모든 사람 앞에서 너의 보고 들은 것에 증인이 되리라 이제는 왜 주저하느뇨 일어나 주의 이름을 불러 세례를 받고 너의 죄를 씻으라 하더라 후에 내가 예루살렘으로 돌아와서 성전에서 기도할 때에 비몽사몽간에 보매 주께서 내게 말씀하시되 속히 예루살렘에서 나가라 저희는 네가 내게 대하여 증거하는 말을 듣지 아니하리라 하시거늘 내가 말하기를 주여 내가 주 믿는 사람들을 가두고 또 각 회당에서 때리고 또 주의 증인 스데반의 피를 흘릴 적에 내가 곁에 서서 찬성하고 그 죽이는 사람들의 옷을 지킨 줄 저희도 아나이다 나더러 또 이르시되 떠나가라 내가 너를 멀리 이방인에게로 보내리라 하셨느니라 이 말 하는 것까지 저희가 듣다가 소리질러 가로되 이러한 놈은 세상에서 없이 하자 살려 둘 자가 아니라 하여 떠들며 옷을 벗어 던지고 티끌을 공중에 날리니

사도 바울은 자신을 죽이려고 폭도로 변한 유대인들 앞에서 자신을 변호합니다. 보통은 자기 보호나 유익을 위해서 변호를 합니다. 그러나 사도 바울은 그것을 뛰어넘었습니다. 그는 오직 자기 인생 속에 하나님께서 어떻게 개입하셨으며, 어떻게 삶에 간섭하셔서 만나 주셨고 변화되었는가, 지금 자신이 어떤 사람이 되었는가에 대해 말하고

있습니다. "나도 전에는 여러분 같은 유대인이었습니다. 예수 믿는 사람들을 핍박하고 잡아서 옥에 가두고 죽이는 데도 앞장선 사람이었습니다. 그러한 나를 하나님이 만나 주셔서 증인 삼아 주셨습니다"라고 밝히고 있는 것입니다.

본문 14-15절에서도 이 증언은 계속되고 있습니다. 주님께서 어떻게 자신을 택하시고 주님의 뜻을 알려 주셨으며, 주님을 보게 하시고 음성을 듣게 하셨는지, 그리고 "네가 그를 위하여 모든 사람 앞에서 너의 보고 들은 것에 증인이 되리라" 하시면서 주님이 직접 자신에게 주님의 증인이 되어달라고 부탁하셨다는 말씀을 증거하고 있습니다. 더욱 중요한 것은 자신을 주님께서 이방인의 사도로 부르고 보냈다는 것입니다.

> "나더러 또 이르시되 떠나가라 내가 너를 멀리 이방인에게로 보내리라 하셨느니라"(21절).

다시 말하면, 바울 자신이 지금 하고 있는 일이 하나님의 명령이고 사명이라는 것을 당시 유대 백성들에게 전했는데, 그것이 유대인들에게 큰 분노를 불러일으켰다는 것입니다. 유대인들은 "이러한 놈은 세상에서 없이 하자 살려 둘 자가 아니라" 하며 분노를 터뜨렸습니다.

유대인들은 주권이 바뀌지 않았다

유대인들은 자신들은 선택 받은 사람들이라는 자부심을 갖고 이방인 사이에서 점잖게 체통을 지키고 거룩한 몸과 마음을 가지려고 애쓰는 사람들입니다. 그런데 바울의 이 증언을 들을 때에 옷을 벗어 던지고 티끌을 날리고 분통을 터뜨립니다. 왜 그랬는지를 이해하려면 먼저 유대인들의 문화와 전통을 알아야 합니다.

그들은 선민이라는 우월감을 갖고 있었습니다. 특별히 자기 민족이 유일한 하나님의 백성이라는 자부심을 가졌습니다. 사실 하나님께서도 그들이 하나님을 증거하도록, 열방에 제사장 나라로서의 사명을 감당하라고 그들을 부르시고 택하시고 그 직분을 주셨습니다. 그런데 지금 유대인들은 다른 민족과 더불어 동화하는 것을 절대로 용납할 수가 없기 때문에 분통을 터뜨리고 있습니다. 자기들만 택한 백성이기 때문에 천한 민족들과 하나가 될 수 없다는 것입니다. 유대인들이 갈릴리로 갈 때도 사마리아 땅은 밟지도 않고 멀리 돌아서 가는 것도 다 그런 이유에서입니다.

그러나 저들은 이방인들이 하나님을 믿고 유대교로 오는 것은 용납합니다. '너희들이 우리한테 오면 오지, 우리가 너희에게로 갈 수는 없다'는 것입니다. 이것이 그들의 전통적인 생각인데, 지금 바울이 증거하는 것은 하나님이 자신을 부르고 만나 주셔서 자기를 이방 가운데로 보내셨다는 것입니다. 유대인의 체통이 있지, 이방인의 사도로 그가 부름을 받고 이방인에게로 보내졌다는 것은 도저히 참을 수가 없었습니다. 그래서 티끌을 날리면서 옷을 벗어 던지면서 이런 자는 죽여야 한다고 분통을 터뜨린 것입니다.

보통 기득권은 다른 사람보다도 자기에게 유익하고 자신을 위한 것이라고 생각할 때 문제가 많이 일어납니다. 바울은 자신도 그 유대인들과 동일한 사람이었다, 아니, 오히려 더한 존재였다고 말하고 있습니다. "예수 믿는 사람들을 핍박했고 잡아서 옥에 가두고 죽이는 데 앞장섰으며, 공문을 받아 그들을 잡으러 다메섹으로 가던 중이었다. 그런데 예수님께서 자기를 만나 주셨고 지금은 내 주인이 바뀌었다"는 것입니다. 지금까지 자기 주인은 자신이었는데 예수님이 자신을 만나 주신 후에는 이것이 완전히 바뀌고 변했다는 것입니다.

바울과 폭도로 변한 유대인들의 차이점이 무엇입니까? 유대인들도 하나님을 사랑하고 하나님을 잘 믿는다고 자처하지만 그것은 명목일 뿐 삶의 주인이 바뀌지는 않았습니다. 여전히 자신이 자기 주인입니다. 그러기 때문에 분노하는 것입니다. 그런데 바울은 주인이 바뀌었습니다. 차이점은 바로 그 주인 문제입니다.

신앙이 무엇인지 정의를 내려 봅시다. 신앙이란 결국 하나님이 한 인생의 주인이 되시느냐, 아니면 한 인간이 자기 인생의 주인이 되느냐의 차이입니다. 여러분, 주님이 내 인생의 주인이 되셨습니까, 아니면 여러분 자신이 여러분 인생의 주인입니까? 결국 신앙은 하나님을 하나님 되게 하여서 나를 지배하고 다스리는 분이 되고 하나님의 하나님 되심, 그 권위와 절대 주권 앞에 무릎을 꿇는 것이 기초가 됩니다. 만약 이것이 흔들리면 주님의 주권을 내가 누리는 것입니다.

마태복음 28장 18-19절에서 지상명령 곧 "하늘과 땅의 모든 권세를 내게 주셨으니 그러므로 너희는 가서 모든 족속으로 제자를 삼아"라고 말씀할 때 하나님의 모든 권세를 받으신 예수님이 당신을 믿는 자들, 당신을 주님으로 영접한 자들, 주인으로 모신 자들에게 그 권세를 주셔서 예수님의 증인이 되게 하신다는 차원과는 완전히 다릅니다.

지금 유대인들은 하나님을 빙자하여 자신의 주권을 여전히 자신들이 잡고 있습니다. 결국 이것은 신앙이 아닙니다. 지금 이렇게 바리새인, 서기관, 백성의 장로 된 유대인들이 티끌을 날리면서 분통을 터뜨리고 혈기를 부리고 바울에게 증오를 품으며 그를 죽이려고 달려드는 이것이 바로 주권 싸움에 관한 문제입니다. 주인이 누구인가 하는 문제입니다. 우리의 삶 가운데 주인이 바뀌지 않을 때 일어나는 많은 증상들 때문에 우리 신앙생활이 몸살을 앓고 있는 것입니다.

주님이 지으신 인간이 주님의 통치와 질서를 싫어하여 스스로 독립해 나간 것, 이것이 타락입니다. 주님의 권위 아래서 순종하며 사는 것이 싫어서 나간 것입니다. 에덴동산에서 일어난 사건이 이것입니다. 아담과 하와가 주님의 주인 됨을 거절하고 마귀 말을 들어서 마귀를 주인 삼아버렸습니다. 그러나 예수 그리스도를 통해서 이것을 뒤집어서 바꾸고, 그분을 주인으로 삼고 주님 앞으로 돌아오는 것이 구원입니다. 주님의 주권과 권위 밖으로 나가서 제멋대로 살다가 다시 주님의 주권 가운데로 돌아오는 것이 구원입니다.

영적 성숙은 주님께 사로잡히는 수준만큼, 주님께 순종하는 만큼입니다. 예수님을 주인 삼은 만큼 우리는 영적으로 성숙해집니다. 하나님의 통치 질서를 인정하지 않고 순복하지 않는 것이 타락입니다. 사도 바울의 간증이 바로 그러한 유대인들의 신경을 건드린 것입니다. 바울과 유대인들의 차이점이 무엇인지 오늘 우리들은 깊이 생각해야 합니다.

성숙한 크리스천과 그렇지 못한 크리스천들의 차이는 바른 주인을 모셨느냐, 그러지 못했느냐 하는 것입니다.

내가 주인일 때 나타나는 증상

하나님은 천국의 주인이시고 우주를 다스리시는 주인이십니다. 산천초목, 우주의 별들, 모든 만물이 주님의 말씀과 권위에 순복하며 운행되고 있습니다. 그래서 우리는 하나님의 창조 질서 안에 들어가게 될 때에 평화를 느끼고 휴식을 느끼고 안정을 느낍니다. 자연 속에서 휴식을 그리고 활력과 생기를 공급받습니다. 자연은 타락하지 않고 하나님의 창조질서대로 운행하고 있기 때문입니다. 자연은 인격을 가지고 있지 못하므로 창조 때부터 지금까지 계속해서 하나님의 질서 가운데 지정된 궤도를 따라 움직입니다.

> "대저 산들을 지으며 바람을 창조하며 자기 뜻을 사람에게 보이며 아침을 어둡게 하며 땅의 높은 데를 밟는 자는 그 이름이 만군의 하나님 여호와니라"(암 4:13).

하나님의 형상대로 지으셔서 인격을 갖고 있는 우리가 하나님의 영과 인격에 순복하면서 그 질서에 따라서 순종한다면 천국은 우리 것이고, 그 기쁨과 감격 그리고 아름다움도 모두 다 우리 것입니다.

지금 유대인들이 이렇게 분통을 터뜨리고 티끌을 날리는 이유는 주님을 바르게 주인으로 모시지 못했기 때문입니다. 여러분과 저는 그래도 예수 믿는 사람들, 적어도 주일을 지키며 예수님을 생명의 구주로 영접했다고 고백하고 있는 사람들입니다. 그런데도 여전히 여러 부작용이 일어나고 하나님의 창조 질서에 어긋난 증상들이 우리에게 나타나고 있습니다. 이것 역시 주인이 누구인가 하는 것에서 비롯되는 문제입니다.

예수님이 주인이 되지 못하고 하나님이 우리의 주인이 되지 못했을 때에 일어나는 증상들을 몇 가지 지적해서 우리 자신을 진단하기 원합니다.

첫째, 혈기와 분노로 나타납니다. 분노의 근원은 주님 앞에 굴복되지 못했다는 증거로 나타나는 것입니다. 내 뜻대로 되지 않는다는 것입니다. 자기 자신이 주인이기 때문에 자신을 만족시키지 못하면, 내 뜻에 동의가 안 되면 속이 상합니다. 그 배후에는 악한 영이 도사리고 있습니다. 하나님의 지배를 떠난 우리 인간, 마귀에게 속아서 하나님의 질서를 어기고 타락한 인간을 사로잡고 있는 근본은 흑암의 영, 마귀의 세력입니다. 그래서 마음의 평화가 깨지는 것입니다. 우리 의지를 주님께 굴복하기 전에는 마음의 평화가 오지 않습니다. 자신이 인생의 중심, 우주의 중심이 됐기 때문에 자신을 만족시키지 않으면 만족이 없는 것입니다.

둘째, 염려와 근심과 두려움이 임합니다.

"하나님이 우리에게 주신 것은 두려워하는 마음이 아니요 오직 능력과 사랑과 근신하는 마음이니"(딤후 1:7).

두려워하는 마음은 하나님이 주시는 것이 아니라 흑암의 영이 주는 것입니다. 하나님을 주인 삼지 못한 사람들, 죄인들의 심령 상태입니다. 이것은 환경적인 문제가 아닙니다. 우리 인생의 중심에 주님의 왕 되심과 주인 되심이 없이는 이런 증상이 들 수밖에 없습니다.

셋째, 묶임 곧 중독 증상입니다. 중독은 자기가 조절할 수 없는 것입니다. 주님이 우리의 주인이 되지 않고 세상의 영, 거짓의 영이 나와 함께하는 것입니다.

"도적이 오는 것은 도적질하고 죽이고 멸망시키려는 것뿐이요 내가 온 것은 양으로 생명을 얻게 하고 더 풍성히 얻게 하려는 것이라"(요 10:10).

음란, 혈기, 분노, 근심, 염려, 이런 것들은 주기적으로 찾아옵니다. 우리를 어둠의 영들이 역사하면 처음에는 우리에게 좋은 것 같고 만족시키는 것 같지만 결국 파괴하고 맙니다. 그들은 파괴의 영이기 때문입니다. 가정이 파괴되고 우리 마음과 생활이 파괴되고 교회가 분열합니다. 그러나 성령이 역사하셔서 예수님이 주인이 되시면 분리되었던 것들이 하나가 됩니다. 회복이 일어나고 치유가 일어납니다. 생명이 더 풍성해집니다.

사도 바울도 유대인들과 마찬가지였으나 하나님이 그를 택하셨고, 그로 하여금 하나님의 뜻을 알게 하시고 예수님을 보게 하시며, 그 음성을 듣게 하셔서 예수님의 주님 되심, 구세주 되심을 경험하게 하셨습니다. 그래서 그 사실을 솔직하게 그들에게 고백할 때 죽이려고 달려드는 그 폭도들을 오히려 긍휼히 여길 수 있고 중보할 수 있었습니다. 주인이 바뀌었기 때문입니다.

오늘 말씀을 통해 내 인생의 주인이 누구인가를 확인하면서, 주님의 주님 되심에 대해서 우리가 순복하고 자신을 쳐서 복종할 때 일어나는 축복이 무엇인가 나누기를 원합니다.

출애굽 과정과 나의 신앙단계

하나님의 말씀은 우리에게 거울 같아서, 유대인들이 행하는 일들을 통해서 그 신앙이 어떻게 행동으로 나타나는가를 적나라하게 보여주십니다. 우리는 때로 자신의 신앙상태를 과대평가하고, 때로는 과소평가합니다.

하나님께서는 400년 동안 이스라엘 백성을 애굽에서 종살이하게 하셨습니다. 전능하신 능력으로 그들을 출애굽시키시고 40년 동안 광야 생활을 하게 했습니다. 그리고 가나안 땅에 들어가게 하셨습니다. 이것은 우리들의 영적인 발전 단계, 성숙 단계를 말씀해 주는 것입니다.

첫 번째 단계는 출애굽입니다. 그들을 출애굽시키실 때 하나님께서는 권능과 이적과 표적 가운데 저들을 내보내십니다. 그들은 자신의 힘, 능력이 아니라 전적인 하나님의 능력과 권능 아래 출애굽합니다. 이스라엘 백성들이 어떤 일을 행하거나 선택한 것이 아닙니다. 마치 아버지를 통해서 내가 이 세상에 태어나는 것처럼 이스라엘 백성들이 하나님의 아버지 되심과 그 사랑과 은혜 때문에 출애굽한 것입니다. 하나님의 외적인 능력을 체험하는 것입니다.

그들은 하나님의 놀라운 권능과 능력을 체험했지만 개개인의 내면을 다루는 일은 아직 경험하지 못했습니다. 출애굽의 역사는 예수 그리스도를 상징하는 모세, 그리고 사탄 마귀를 상징하는 바로의 싸움이었습니다. 열 가지 재앙 중 마지막의 열 번째로 장자의 죽음이 임할 때, 유대인들은 재앙을 피했습니다. 양을 잡아서 그 피를 인방과 문설주에 바르게 하셔서 모든 장자들을 칠 때에 그 피를 바른 집들은 죽음이 유월하게, 곧 넘어가게 하신 것입니다. 그 일을 통해서 바로가 항복하며 이스라엘 백성들을 내보내는 역사가 일어났습니다.

이것은 전적인 하나님의 능력과 권능의 역사입니다. 그래서 하나님과 나의 관계가 나의 선택으로 이루어지는 것이 아니라 하나님이 내 아버지 되심의 관계가 형성되는 것입니다.

두 번째 단계는 광야생활입니다. 출애굽 시 하나님의 이적 표적을 경험하는 것처럼, 여러분도 하나님의 어떤 능력을 경험하거나 은사를 체험하기도 하는 등 외적인 경험들을 하게 됩니다. 그런데 여기에서 중요한 것은, 그 외적인 경험이 실제로 여러분의 내적인 면들을 얼마나 다루는가 하는 것입니다. 예수 그리스도가 나의 구세주이고 주님이신 것이 고백되면서 내가 얼마만큼 순복하는 단계에까지 이르는가를 점검해야 합니다.

오늘날 많은 은혜와 은사, 하나님의 능력을 체험했음에도 불구하고 광야의 이스라엘 백성들처럼 시비하고 원망하고 불평하며, 여전히 내가 주인 된 상태인 것은 우리 내면이 다루어지지 않았기 때문입니다. 자기 욕망이 원망과 시비로 나오기 때문에 광야 생활을 통해서 하나님의 주인 되심을 다루고 주인이 바뀌는 훈련을 하는 것입니다.

세 번째 단계는 가나안입니다. 가나안은 하나님 나라, 천국의 실제입니다. 그리스도와의 연합을 가리키는 것입니다. 주인 됨이 바뀌지 않은 사람은 절대로 그리스도와 연합할 수 없습니다. 자기가 주인 되어 자기를 이끌어가는 삶의 사람들은 그리스도와 연합한 상태가 되지 못합니다. 대부분의 이스라엘인들이 죽지 않고 불순종하다가 광야에서 죽어갔습니다.

이 세상에는 자신의 영적 상태가 가나안에 이르렀다고 착각하면서 살아가는 많은 크리스천들이 있습니다. 광야의 이스라엘 백성을 어림잡아 200만이라고 추정해도, 그중 가나안 땅에 들어간 출애굽 1세대는 단 두 명, 하나님의 뜻에 순종한 여호수아와 갈렙뿐입니다. 이것은 성경이 우리에게 거울로 준 것입니다. 순종, 순복해야 한다는 뜻입니다. 안타깝게도 수많은 이스라엘인들은 홍해를 건넜고 하나님의 놀라운 이적과 표적을 경험했지만 여전히 광야에서도 자기 자신의 실상과 모습으로 자아를 내려놓지 못한 것입니다.

크리스천들의 능력

"항상 기뻐하라 쉬지 말고 기도하라 범사에 감사하라 이는 그리스도 예수 안에서 너희를 향하신 하나님의 뜻이니라"(살전 5:16-18).

이 말씀은 대부분의 크리스천이 알고 있거나 암송하고 있는데, 그렇다면 과연 말씀처럼 항상 기뻐하십니까? 쉬지 않고 기도하며 범사에 감사하십니까? 모든 것들을 제대로 행하지 못하는 이유는 다 우리가 감정의 문제, 대인관계의 문제, 어떤 묶인 것들을 해결하지 못하기 때문에 일어나는 것입니다.

무엇이 내 감정을 지배합니까? 우리 예수님이 내 안에서 지배하고 다스리신다면 엔도르핀이 문제가 아닙니다. 영원한 생명의 주인이신 그분, 우리를 창조하신 바로 그분께서 원래 창조하셨던 그 가나안의 축복이 이루어진다는 말씀입니다. 자신의 감정을 주님 앞에 드리지 못하고 평생을 번민과 근심과 시름 속에 분노를 품고 살아가고 있는 수많은 예배자들, 출애굽을 경험하고 홍해를 건너는 경험을 했지만 감정에 사로잡히고 자신이 주인 되어 원망과 시비가 그치지 않고 광야에서 죽어가는 자들을 보며 생기는 안타까움을 말씀하는 것입니다. 애굽에서는 구원받은 자들이지만 주님 앞에 순종한 자들이 이렇게 적다는 것입니다.

분노가 치밀어 오를 때, 근심 걱정이 다가올 때마다 "우리의 왕이신 예수님이 다스려 주옵소서"라고 고백하십시오. 불안하고 슬프고 외로운 마음이 올 때마다 나의 감정의 주인은 예수님이라고 고백하십시오. 그 고백은 반복적이어야 합니다. 한 번으로는 되지 않습니다.

묶인 부분들을 주님 앞에 드려야 합니다. 주님의 통치하심 가운데 중독된 것, 죄나 악한 습관들을 드려야 합니다. 중요한 것은 우리들의 의지입니다. 에덴동산에서 아담과 하와가 마귀의 말을 듣고 하나님의 말씀을 불순종한 것도 결국은 의지적인 선택이었습니다. 하나님의 것이냐, 마귀의 것이냐 하는 선택이었습니다. 선택에는 의지가 들어갑니다. 죄나 습관도 그 즐거움을 내가 받아들이고 자신의 의지로 선택하기 때문에 그것이 내 안에서 주인 노릇을 하는 것입니다. 그래서 결국 우리 삶의 전 모습을 그렇게 중독시켜서 끌고 가게 만듭니다. 그러므로 우리는 이것을 회복하기 위해서 순간순간 예수 그리스도의 주님 되심을 고백하고 자신을 순복시켜서 그분의 종으로서의 자기 자신을 확인해야 합니다. 그럴 때 우리는 그것에서 풀림을 받을 수 있습니다.

"내가 그리스도와 함께 십자가에 못 박혔나니"(갈 2:20).

예수 그리스도가 십자가에 못 박힐 때에 '나'라는 존재가 예수님과 함께 십자가에 못 박혔다는 것을 순간순간 인정해야 합니다. 육체의 즐거움을 내가 선택하지 말고 그 모든 것들, 내가 주인 노릇 하던 모든 것은 이미 십자가에 못 박혔다고 인정해야 한다는 것입니다. 교회생활을 하면서도 악한 영들은 끊임없이 우리에게 불신앙의 영들을 불어넣습니다. 그리고 모세와 하나님께 대항하는 영을 불어넣는 것입니다. 이것은 어둠의 영들입니다. 가나안을 경험할 수 있는 사람은 이것을 극복해야 합니다. 마지막 때가 가까울수록 반항의 영들이 더 기세등등할 것입니다. 여기에 속지 말아야 합니다. 예수님의 주인 되심, 주님 되심과 나의 종 됨, 하나님의 백성 됨을 확인해야 합니다.

우리는 하나님의 소유된 백성, 거룩한 백성이고 제사장 된 백성입니다. 이것이 끊임없이 고백되어야 합니다.

다음에는 인간관계를 주께 드려야 합니다. 우리의 인간관계 가운데 일어나는 문제는 모두 내가 주인 됨의 주장 때문에 일어납니다. 특별히 의존의식이나 남을 지배하고 다스리려고 하는 소유 욕망이 우리를 묶고 있습니다. 어떤 관계를 통해서 내가 주인이 되어버립니다. 자녀들을 위해서 기도할 때 걱정과 염려를 가지고 내가 주인이 되어 해결하려 할 때, 말은 하나님께 기도로 아뢴다고 하지만 여전히 내가 주인으로 남아 있기 때문에 그 근심과 걱정은 내 것입니다. 그래서 주님이 그런 우리를 향해 "수고하고 무거운 짐 진 자들아 다 내게로 오라 내가 너희를 쉬게 하리라"(마 11:28) 하고 말씀하셨습니다. 또 바울도 "아무 것도 염려하지 말고 오직 모든 일에 기도와 간구로, 너희 구할 것을 감사함으로 하나님께 아뢰라 그리하면 모든 지각에 뛰어난 하나님의 평강이 그리스도 예수 안에서 너희 마음과 생각을 지키시리라"(빌 4:6-7)고 했습니다.

우리 삶이 변화되지 못하고 기도하고 있는 대상인 가족들이 변화되지 않는 이유는, 그 근심과 짐을 우리 스스로가 계속 지고 있기 때문입니다.

> "그가 찔림은 우리의 허물을 인함이요 그가 상함은 우리의 죄악을 인함이라 그가 징계를 받음으로 우리가 평화를 누리고 그가 채찍에 맞음으로 우리가 나음을 입었도다"(사 53:5).

이 말씀을 우리에게 주신 것은, 영과 혼과 육의 모든 죄의 짐, 하나님을 불순종함으로써 일어난 모든 것을 예수님이 십자가에 지셨다는 것입니다. 그러므로 예수님의 십자가를 믿고 그분을 나의 주인으로 구세주로 믿고 순복하는 자에게는 죄로 말미암아 일어난 모든 부작용, 불편한 관계들이 하나님이 창조하신 원래의 뜻과 목적으로 회복되는 역사가 일어날 것입니다.

"그가 또 가로되 우리 조상들의 하나님이 너를 택하여 너로 하여금 자기 뜻을 알게 하시며 저 의인을 보게 하시고 그 입에서 나오는 음성을 듣게 하셨으니"(14절).

지금 사도 바울은 유대인들을 바라보면서, 조금 전까지만 해도 그들처럼 행동했던 자기의 모습을 봅니다. 그렇기 때문에 자기를 죽이려고 이를 갈며 달려드는 그들을 향해서 긍휼과 자비의 마음이 일어나는 것입니다. 예수를 경험하고 십자가를 경험하고 십자가를 통과한 사람들, 그래서 자기 자신이 굴복되고 순종한 사람들, 예수님이 주인이 된 사람들에게 결국 원수를 사랑하고 저주하는 자를 축복하고 미워하는 사람을 선대하고 자신을 모욕하는 사람을 위해서 기도할 수 있는 능력이 생깁니다. 그런데 그것은 자신 때문이 아니라 그 안에서 주인 되신 예수님 때문이며, 이것이 곧 크리스천들의 능력입니다.

순종의 영을 주시고 굴복하게 하셔서 예수님의 주인 되심을 순간마다 고백하는 축복이 일어나기 원합니다.

예수님의 주인 되심을 날마다 고백하라!

사도행전 22:24-30

천부장이 바울을 영문 안으로 데려가라 명하고 저희가 무슨 일로 그를 대하여 떠드나 알고자 하여 채찍질하며 신문하라 한대 가죽줄로 바울을 매니 바울이 곁에 섰는 백부장더러 이르되 너희가 로마 사람 된 자를 죄도 정치 아니하고 채찍질할 수 있느냐 하니 백부장이 듣고 가서 천부장에게 전하여 가로되 어찌하려 하느뇨 이는 로마 사람이라 하니 천부장이 와서 바울에게 말하되 네가 로마 사람이냐 내게 말하라 가로되 그러하다 천부장이 대답하되 나는 돈을 많이 들여 이 시민권을 얻었노라 바울이 가로되 나는 나면서부터로라 하니 신문하려던 사람들이 곧 그에게서 물러가고 천부장도 그가 로마 사람인 줄 알고 또는 그 결박한 것을 인하여 두려워하니라 이튿날 천부장이 무슨 일로 유대인들이 그를 송사하는지 실상을 알고자 하여 그 결박을 풀고 명하여 제사장들과 온 공회를 모으고 바울을 데리고 내려가서 저희 앞에 세우니라

홍해를 건넌 이스라엘 백성들이 광야에서 하나님의 주 되심을 훈련받습니다. 그들은 애굽에서 능력의 하나님을 경험했지만, 그것은 하나님과의 개인적인 만남을 통한 고백이 아니라 이스라엘 백성 전체를 다루심을 통한 경험이었습니다. 이스라엘 백성들을 가나안 땅에 들어가게 하신 것은 결국 하나님과의 연합된, 오늘 신약의 표현으로는 그리스도와 연합된 하나님 나라, 택함 받은 거룩한 백성으로서 그들이 하나님을 섬기기 원하셨기 때문입니다. 그래서 이스라엘 백성

들을 광야에서 훈련시키셨습니다.

예수 그리스도의 승리를 통해서 하나님의 백성들을 건져내는 역사를 이루시고, 오늘 우리가 그 예수를 믿음으로 말미암아 사망 권세, 마귀 권세에서 해방받는 축복을 누리게 되었습니다. 하나님께서는 하나님의 백성으로서 우리를 다루시고 하나님의 하나님 되심과 우리에게 주인 되심을 인정받기를 원하십니다.

가이사 앞에 서야 하리라

우리는 능력의 하나님, 권능의 하나님을 통해서 구속의 주님을 체험하고 주님의 주인 되심을 인정하고 우리 삶 가운데 그분을 모시고 승리하는 삶을 살아야 합니다. 그리스도와 연합된 가나안 곧 천국의 기쁨을 소유해야 합니다. 예수님은 우리의 구세주일 뿐 아니라 우리의 주인 되심을 날마다 순간마다 고백하자는 것입니다.

앞서 말한 것처럼, 예수님을 주인으로 모시지 못했을 때 우리 삶 가운데 여러 증상들이 나타납니다. 혈기, 분노, 묶임, 근심, 걱정, 염려, 여러 가지 중독 등등이 우리 삶 가운데 증상으로 나타날 수 있습니다.

사도 바울은 예수님을 만난 후 예수님이 구세주와 주님이 되어 주셔서 사명을 받고 그것을 위해서 쓰임 받았습니다. 자기 자신이 주인이었던 모습에서 예수님이 주인 된 모습으로 바뀌었습니다. 그러기 때문에 바울은 순간순간마다 저가 사는 것은 주를 위해 사는 것이라고 고백했습니다. 자나깨나, 먹으나 마시나, 사나 죽으나 자기는 주의 것이라고 예수님의 주인 되심을 날마다 고백했습니다.

앞에서 말씀을 나눈 대로, 폭도로 변한 유대인들은 사도 바울을 살려 둘 자가 아니라고 하며 달려들어 그를 영내로 몰아내고 성 밖으로 내쳤습니다. 성에서는 그를 죽일 수가 없기 때문에 성 밖에서 죽이기 위해서였습니다. 폭도로 변한 그들의 모습은 얼마 전까지만 해도 주인이 바뀌기 전 사도 바울 자신의 모습이었습니다. 자기 명예와 유익함을 위해서 살며, 예수 믿는 사람을 핍박하고 잡아서 옥에 가두고 죽이는 데 앞장섰던 바울은 지금 그들을 보면서 자기의 모습을 거울처럼 보았을 것입니다. 바울은 그들을 향해 불쌍하고 긍휼히 여기는 마음이 들어, 어떻게 하면 그들에게 자신이 만난 예수, 그 사명을 주신 예수님을 증거할까 골몰합니다. 그들도 예수님이 목숨을 바친 사랑의 대상입니다.

> "신문하려던 사람들이 곧 그에게서 물러가고 천부장도 그가 로마 사람인 줄 알고 또는 그 결박한 것을 인하여 두려워하니라 이튿날 천부장이 무슨 일로 유대인들이 그를 송사하는지 실상을 알고자 하여 그 결박을 풀고 명하여 제사장들과 온 공회를 모으고 바울을 데리고 내려가서 저희 앞에 세우니라"(29-30절).

사도 바울은 이 모든 역경과 고난을 통해서 결국 공회 앞에 섭니다. 개인적으로 그가 어떻게 "공회원들 전부 모이십시오. 내가 만난 예수님을 증거하겠습니다"라고 해서 공회원들을 모을 수 있었겠습니까? 비록 가죽줄로 묶이고 죽도록 매를 맞기 위해서지만, 그 과정을 통해서 하나님께서는 바울을 공회 앞에 세워서 예수의 증인 노릇을 하게 하신 것입니다.

그러나 궁극적으로 하나님께서 그에게 계획하신 일은 가이사 앞에 세우는 것입니다. 로마의 수도, 황제가 있는 곳에 이르러 가이사 앞에 세우고자 하셨습니다. 하나님의 방법은 정말 신묘막측합니다.

우리가 예수 믿을 때 형통하고 좋은 일만 있을 수도 있습니다. 그런데 예수님이 내 삶의 주인이시며 주 되심을 고백하는 순간에 오히려 정반대로도 될 수 있습니다. 예수님 때문에 고난과 핍박을 받고 어려움을 당할 수 있습니다. 형통하고 부자가 되는 것이 아니라 전토를 잃어버릴 수도 있고 있는 돈도 빼앗길 수도 있습니다. 매를 맞고 상처를 입을 수도 있습니다.

혹시 하나님이 나를 형통하게 하시고 내가 원하는 것을 이루어 주시는 분, 그분의 능력을 이용하여 내가 잘되게 하시는 분 정도로만 알고 믿음 생활을 하고 있습니까? 신앙이 내가 원하는 것을 이루는 방편입니까? 물론 성경은 우리에게 하나님은 능력이 있으시고 힘이 있으시며 우리를 도와서 안 되던 것들을 되게 하시고 불가능한 것을 가능하게 만드시는 분이라고 말씀합니다. 그러나 한 가지 유의할 것은, 하나님의 능력과 전지전능하심이 나의 소원풀이나 나의 탐심과 유익을 이루기 위한 것은 아니라는 것입니다.

하나님이 이스라엘 백성들을 시내 산 밑에 모으고 모세를 산 위에 부르시어 계명들을 주신 이유는, 그 계명을 받아 그들이 지킴으로써 그들이 하나님의 백성이 된다는 것을 알려 주시기 위함이 아닙니다. "너희들은 이미 내 백성이 됐다. 그러므로 너희들은 이 계명을 따라서 살아야 한다. 그렇게 살아야 하는 이유는 너희들이 나의 소유가 되었기 때문이다. 그리고 너희들은 나의 제사장 나라가 되어야 하기 때문이다. 그리고 거룩한 백성으로 모든 열방 앞에 서야 하고, 나의 증인이 되어야 하므로 너희들이 이 계명을 지켜야 한다'는 것입니다. 계명을 지킴으로 말미암아 하나님의 백성이 되는 것이 아니라 하나님의 백성이기에 계명을 지키라는 말씀입니다.

여러분과 제가 이렇게 주일 예배를 드리고 날마다 예수 그리스도를 나의 구세주요, 주님이요, 왕이라고 고백을 하면서 승리하는 삶을 살아야 하는 이유는 무엇입니까? 그분의 나를 향하신 창조의 목적, 나를 통해서 이루기 원하시는 일이 무엇이냐는 것입니다.

사도 바울이 깨달은 것은, 이방인의 사도로 가이사 앞에 세워서 전 세계 모든 민족, 열방에 예수의 이름이 선포되는 일을 위해서 부름을 받았다는 것입니다. 이방인의 사도로 부름 받은 것에 대한 확신이 있습니다. 그래서 주인 되신 그분이 이끄는 대로 그가 인도함을 받고 있습니다.

> "우리가 살아도 주를 위하여 살고 죽어도 주를 위하여 죽나니 그러므로 사나 죽으나 우리가 주의 것이로라"(롬 14:8).

지금까지 바울이 당하고 있는 여러 가지 어려운 일, 그런 과정을 통해서 하나님께서 그를 가이사 앞으로 인도하는 것입니다. 바울은 예수님을 주인으로 섬기는 사람이 된 후 돌에 맞고, 거의 죽을 정도로 내침을 받고, 광풍을 만나고, 옥에 갇히고, 강도의 위험과 배고픔과 기근을 만납니다.

그렇다면 하나님께서 그의 생애를 통해서 계획하신 일이 무엇일까요?

내 삶의 주인 되심을 확인하라

오늘 우리가 다시 한 번 확인해야 하는 것은, 우리에게 주신 생애 동안 무엇을 위해 살겠는가 하는 것입니다. 안일하고 편안하게 내가 원하는 것들을 이루라고 삶을 주셨습니까? 성경이 우리에게 말씀하고 있는 것은 그것이 아닙니다. 우리는 하나님의 뜻을 이루어드리는 일, 그리고 하나님을 예배하고 온 인류로 하여금 하나님의 예배자로 만드는 일을 이루기 위한 목적으로 쓰임 받았습니다. 그런데 죄를 지은 우리 인간으로서는 그것을 하지 못합니다. 그래서 하나님께서는 그 일을 위해 사람을 회복시키기를 원하십니다. 먼저 하나님을 만난 사람들을 통해서 하나님이 하고자 하시는 일은, 그들이 예수의 증인이 되어서 하나님의 소유된 백성의 사명을 감당하고 제사장 나라의 역할을 하며 그의 거룩한 백성으로서 소금이고 빛이 되는 일을 감당하게 하는 것입니다.

오늘 저와 여러분이 정말 예수님을 나의 주인으로 여기는지, 아니면 내가 원하는 것을 이뤄주는 요술 방망이 같이 생각해서 필요할 때 두드리면 그것을 이루어주시는 예수님으로 여기고 있지는 않는지 한 번 진단하자는 것입니다. 하나님의 전지전능하심에 대한 나의 고백이 어떤 고백이냐는 것입니다.

우리가 살아가면서 중요한 것은 내가 주님 앞에 드리지 못한 부분들, 주님의 주인 되심이 인정되지 않은 부븐들이 어떤 것이며 우리에게 어떻게 나타나는가 진단하는 것입니다. 살아가면서 굉장히 큰 부담과 고통을 느끼는 것들이 있습니다. 늘 마음에, 머리에 짐을 지고 있는 것 같습니다. 바로 그런 문제들, 그 부분이 예수님이 나의 주인이 되지 못했고 주님의 주권이 인정되지 못한 부분들입니다. 내 삶과 내 자녀와 가정의 주인이 예수님임을 고백해야 합니다. 주님이 우리를 인수하셔야 합니다. 내 모든 영역이 주님의 것임을 존재적으로, 믿음으로 고백해야 합니다.

지금 마음 가운데 오는 부담, 짐, 고통이 무엇입니까? 우리가 물질세계에 살아가고 있기 때문에 그 부분에 대한 문제도 진단하고 싶습니다. 요즘같이 어렵고 힘든 가운데 직접 간접으로 물질의 압박을 얼마나 많이 받고 계십니까? 어렵고 힘든 것이 사실이고, 이런 것들을 무시하자는 이야기가 아닙니다. 그러나 어려움 가운데도 우리가 확인해야 하는 것이 있습니다. 과연 나의 물질의 주도권을 주님 앞에 드렸는가 하는 것입니다. 말은 쉽습니다.

어떤 사람은 돈은 자유라고 말하고, 또 어떤 사람은 돈이 우리의 힘이고 능력이라고 믿고 있습니다. 돈이 우리의 삶에서 그런 역할을 하고 있는 것이 사실입니다. 그래서 누구든지 돈을 많이 소유하려고 합니다. 돈이 부족하면 억압 받고 위축되고 자유가 없어진다고 미리 생각합니다. 그러기 때문에 조금이라도 주머니가 얇아지면 벌써 억압이 다가옵니다. 그렇기 때문에 우리가 더욱 재물의 위치를 확인해야 합니다.

예수님은 돈 곧 재물이 주인이 되길 원하지 않으셨습니다. "하나님과 재물을 겸하여 섬기지 못하느니라"(마 6:24)고 말씀하셨습니다. 탐심은 우상이라고 골로새서에서 말씀했는데, 돈이 주인의 위치에 올라가서 좌지우지합니다. 돈이 나를 주장하고 예수님의 위치를 내려앉혀 버렸습니다. 예수 믿는다고 고백을 했어도 돈이 부족하다고 느끼면 벌써 마음이 불안하고 안정이 안 되고 걱정이 다가옵니다.

사도 바울이 이 문제를 해결했는데 빌립보서 4장 11-12절에 "내가 궁핍하므로 말하는 것이 아니라 어떠한 형편에든지 내가 자족하기를 배웠노니 내가 비천에 처할 줄도 알고 풍부에 처할 줄도 알아 모든 일에 배부르며 배고픔과 풍부와 궁핍에도 일체의 비결을 배웠노라"고 했습니다. 여기 바울이 사용한 단어가 '자족'과 '일체의 비결'입니다. '자족'이라는 단어의 헬라어 원어는 '자신을 스스로 지배함, 자신을 스스로 통제함'이라는 뜻의 말입니다. 나를 통제하고 다스리는 것이 자족입니다. 우리 인간은 본성에 욕심, 탐심이 많은데 그것을 억제할 수 있는 능력입니다. 나의 주인이 바뀌지 않고 내가 주인으로 있는 한 이것은 되지 않습니다. 바울 사도는 디모데에게 이런 교훈을 주고 있습니다.

"그러나 지족하는 마음이 있으면 경건이 큰 이익이 되느니라 우리가 세상에 아무것도 가지고 온 것이 없으매 또한 아무 것도 가지고 가지 못하리니 우리가 먹을 것과 입을 것이 있은즉 족한 줄로 알 것이니라"(딤전 6:6-8).

"먹을 것과 입을 것이 있은즉 족한 줄로 알아라." 아마 우리가 제일 듣기 싫은 말이 이것일 것입니다. 부해지려고 할 때 시험과 올무와 어리석고 해로운 욕심에 떨어지고 파멸과 멸망에 빠지게 된다고 했습니다(딤전 6:9). 돈을 사랑함이 일만 악의 뿌리가 되며, 돈을 탐내는 자들은 미혹을 받아 믿음에서 떠나 많은 근심으로써 자기를 찌르게 된다고 했습니다(딤전 6:10).

지금 물질 때문에 자기 가슴을 찌르고 마음을 아프게 하고, 어떻게 해야 할 줄 몰라 안절부절못하는 상태, 벼랑 끝에 서 있습니까? 성경에서 물질이 필요없다고 하는 것이 아니라 물질의 주인이 하나님이라고 말씀합니다. 하나님은 우리가 풍성한 물질을 누리기를 원하신다고 성경에 나와 있습니다. 네 영혼이 잘되고 범사에 잘되고 강건하기를 원한다고 했습니다.

그러나 먼저 그의 나라와 그의 의를 구하면 모든 것을 더해 주겠다고 약속하셨습니다. 하박국 선지자를 통해서 하신 말씀이 기억납니다.

> "비록 무화과나무가 무성치 못하며 포도나무에 열매가 없으며 감람나무에 소출이 없으며 밭에 식물이 없으며 우리에 양이 없으며 외양간에 소가 없을지라도 나는 여호와를 인하여 즐거워하며 나의 구원의 하나님을 인하여 기뻐하리로다"(합 3:17-18).

여러분에게 이런 상태에 처하라는 것이 아니라, 이런 상태에 있을지라도 이 하박국 선지자를 통해서 선포한 하나님의 힘과 능력을 우리도 선포하고 그 믿음을 갖자는 것입니다.

이 하박국의 말씀을 읽다가 제가 무엇을 추구하며 믿음생활을 하고 있는가를 다시 한 번 기억하게 됐고, 지금까지 설교하면서 잘못된 인식을 가지고 예수 믿으면 어떤 일들이 일어난다는 전제를 깔고 있기 때문에 나의 믿음이 자기중심적인 것은 아닌가 돌아보았습니다. 또 내가 원하는 것이 내게 없으면 하나님이 나를 사랑하지 않는 것 같고 내 믿음이 없는 것같이 생각되어 좌절하고 낙망하는 일들은 또 없었는지도 돌아보게 되었습니다.

그러면서 하박국 선지자는 19절에 “주 여호와는 나의 힘이시라 나의 발을 사슴과 같게 하사 나로 나의 높은 곳에 다니게 하시리로다”라고 고백합니다. 비록 현실은 비참한 삶을 살고 있을지라도 나의 발을 사슴과 같이 하셔서 높은 곳으로 다닐 수 있는 것은 주 여호와는 나의 힘이시기 때문이라는 것입니다.

바울은 가이사 앞에 서야 하는 하나님의 뜻과 비전, 이방인의 사도로 부름 받은 것 때문에 매를 맞아도 주인이 바뀌지 않았습니다. 모욕을 당해도, 어떤 비난을 받고 채찍에 맞고 감옥에 던짐을 받아도 그 목적이 변할 수가 없었습니다. 가이사 앞에 서야 했기 때문입니다. 자기가 서는 것이 아니라 하나님이 세우신다고 했습니다.

오늘과 같이 긍정주의 신앙으로 자라오고 그런 분위기 가운데 살아온 사람들에게는 모든 것이 긍정입니다. ‘잘된다고 여기면 잘됩니다’라고 하는데, 그 ‘잘된다, 플러스한다’는 것은 내가 원하는 것들을 말합니다. 직장과 사업이 잘되고, 돈이 많이 벌리고, 건강하고 가정이 외적으로 행복한 그런 일들을 말한다는 것입니다. 그러나 그것이 성경이 말하고자 하는 잘됨은 아닙니다.

물론 일부러 고난을 택하고 어렵고 힘든 길을 가야 한다는 말은 아닙니다. 현실을 한번 보십시오. 주님 재림이 가까운 이때에 사회적인 현상이나 국제적으로 일어나는 현상들은 우리가 원하는 소원풀이 같은 상황으로는 다가오지 않습니다. 지금 중동의 여러 나라에서 일어나고 있는 혁명적 사태들을 보면 세상이 더 안전하고 평화로워지겠습니까? 성경적인 눈으로 볼 때 앞으로 어떤 종교적인 싸움들이 일어나겠습니까? 우리가 관심을 많이 갖고 있는 것이 무엇입니까?

그러므로 우리들의 믿음, 주인을 찾자는 이야기입니다.

사도 바울은 어째서 이렇게 담대할 수 있을까요? 그는 자나깨나, 사나 죽으나 자신은 주님의 것이라고 고백하고 모든 것을 배설물과 같이 여겼습니다. 가는 곳마다 핍박과 매였고, 환영하지 않는 일들이 그토록 많이 일어나는 가운데 그렇게 고백한 것입니다.

하나님의 주인 되심, 예수 그리스도께서 내 모든 삶의 주인 되심을, 우리가 살아가고 있는 매일매일의 공간 속에서 어떻게 인정하며 살아갈 수 있을까요? 주를 부르기조차도 힘겨울 때가 있습니다. 그래도 주 되심을 고백하고 주님이 내 인생의 주인 되심을 고백하십시오. "내 삶, 우리 가정, 사업, 직장, 건강의 주인은 예수님이시다. 우리 교회의 주인은 예수님이시다." 순간순간 고백하십시오.

악한 마귀는 우리 삶의 부분들을 자꾸 빼어가려고 합니다. 다윗이 여인을 볼 때에 죄를 지은 것처럼, 삼손이 들릴라를 볼 때에 죄를 지은 것처럼, 하와가 보암직도 하고 먹음직도 하고 지혜롭게 하는 탐스러운 선악과를 볼 때에 죄를 지은 것처럼 나의 시선이 바로 향해야 합니다. 우리가 예수님을 주인 삼아야 되는 이유입니다.

우리 모두 거룩한 백성이 되고 예수님이 내 삶과 가정의 주인이신 것을 믿으시기 바랍니다.

부당한 대우를 받았을 때

사도행전 23:1-5

바울이 공회를 주목하여 가로되 여러분 형제들아 오늘날까지 내가 범사에 양심을 따라 하나님을 섬겼노라 하거늘 대제사장 아나니아가 바울 곁에 섰는 사람들에게 그 입을 치라 명하니 바울이 가로되 회칠한 담이여 하나님이 너를 치시리로다 네가 나를 율법대로 판단한다고 앉아서 율법을 어기고 나를 치라 하느냐 하니 곁에 선 사람들이 말하되 하나님의 대제사장을 네가 욕하느냐 바울이 가로되 형제들아 나는 그가 대제사장인 줄 알지 못하였노라 기록하였으되 너의 백성의 관원을 비방치 말라 하였느니라 하더라

내가 나의 주인일 때는 예수님의 주인 되심, 다스리심, 통치하심이 인정되지 않기 때문에 우리 삶에 문제가 오고, 이것이 장애 증상으로 나타납니다. 오늘 본문 말씀을 통해서 사도 바울이 부당한 일을 당하고 부당한 말을 들었을 때 어떻게 처리하고 있는지, 그런 상황에서 어떻게 예수님의 증인 노릇을 하여 죽은 자의 부활, 곧 그 소망을 전하는지 같이 나누기를 원합니다.

상처받고 부당한 일을 당해서 정말 넘어질 수밖에 없는 상황일 때 바울은 오히려 하나님의 사명을 감당하는 축복의 기회로 바꾸고 있습니다.

"이는 저희가 전에 에베소 사람 드로비모가 바울과 함께 성내에 있음을 보고 바울이 저를 성전에 데리고 들어간 줄로 생각함일러라"(행 21:29).

지금 성난 유대인들이 바울을 성 밖으로 내치면서 부당한 죄목을 걸어서 고소하여 죽이려고 합니다. 그들이 성전 모독죄를 걸어서 바울을 죽이려고 할 때 바울이 에베소 사람 드로비모와 시내에 있었는데 그를 데리고 성전 안에 들어갔다는 것입니다. 당시 이방인은 이방인의 뜰에만 있어야지 성전 안에 들어갈 수 없었습니다. 억울하지요. 성전모독죄를 걸어서 그를 죽이기로 작정했기 때문에 죄목을 잡는 것입니다. 예수 믿는 것 때문에 그런 경우를 많이 당합니다.

지금 사도 바울이 공회 앞에 서 있습니다. 그리고 그들을 향하여 "여러분 형제들아 오늘까지 나는 범사에 양심을 따라 하나님을 섬겼노라" 선포합니다. 그에게는 하나님께서 주신 양심을 따라서 최선을 다해서 하나님을 섬기는 것밖에 없습니다. "얼마 전까지만 하더라도, 나도 여러분처럼 예수 믿는 사람들을 핍박했습니다. 그러나 내가 예수님을 만났고 사명을 받았습니다. 이방인의 사도로 부르심을 받았습니다. 그래서 나는 이 예수의 증인 노릇을 하고 있습니다. 나는 양심을 따라서 하나님을 섬기고 있습니다" 한 것입니다.

그런데 2절에 대제사장 아나니아가 그의 말을 듣더니 "저 입을 치라"고 말했습니다. 여기서 나오는 아나니아는 9장에 바울을 도운 예수님의 제자 아나니아가 아니라 탐욕스럽고 거만하며 친로마적이기로 악명 높은 자입니다. 그래서 그는 대제사장이지만 외식자요, 육신의 소욕대로 사는 사람이었습니다.

당시 대제사장들은 사두개인이었습니다. 사두개인은 부활을 믿지 않고 내세를 믿지 않는 부류였습니다. 사람들은 결국 영생이 없는 사람들입니다. 그들은 대제사장직을 세습하여 이어갔습니다. 영생도 내세도 부활도 없다고 하는 사람이 대제사장입니다. 그러니 종교의 우두머리 역할을 하는 그를 어떻게 처사하겠습니까? 지금 죽은 자의 소망 곧 부활을 증거하는 바울이 양심을 따라서 하나님을 섬겼다는 말을 하자 그의 입을 치라고 했습니다. 유대인들에게 뺨을 때리는 것도 큰 모욕인데, 입을 치라고 하니 이것은 정말 모욕 중의 모욕입니다. 또 재판 중에 증언하는 이에게 폭력을 행하는 것은 율법으로도 허용되지 않는 것입니다. 그래서 바울이 곧바로 말합니다.

> "회칠한 담이여 하나님이 너를 치시리로다 네가 나를 율법대로 판단한다고 앉아서 율법을 어기고 나를 치라 하느냐"(3절).

이 말씀을 읽고 굉장히 놀랐습니다. 사도 바울답지 않은 반응입니다. 그는 지금 증언하고 있는 자신의 입을 치라는 대제사장에게 항의하는 것인데, 이내 그 곁에 선 사람이 "하나님의 대제사장을 네가 욕하느냐"며 지적합니다. 그러자 바울이 그가 대제사장인 줄 알지 못하였다고 해명합니다.

다시 설명하자면, 지금 정식 공회가 모인 것이 아니고 천부장이 긴급대책으로 공회원들을 불러모은 것입니다. 그래서 대제사장이 옷을 갖추지 않고 경황 중에 뛰어온 것 같습니다. 그러니 아나니아가 입을 치라고 말할 때 바울은 그가 대제사장인 줄 알지 못하고 '회칠한 무덤'이라고 했습니다.

그러면서 "너는 재판장을 욕하지 말며 백성의 유사를 저주하지 말지니라"라고 출애굽기 22장 28절에 있는 말씀을 인용합니다. 비록 불법을 행하는 자였지만 대제사장이란 것을 알았으니, '위에 있는 권세, 위에 있는 관리 비방하지 말고 저주하지 말고 심판하지 말라'는 하나님의 말씀대로, 자기는 그가 대제사장인 줄 모르고 말했으며 그 말한 것을 다시 거둬들일 테니 용서하라고 사과한 것입니다. 만약 바울이 자기가 말한 것에 대해 고집을 세우고 그들이 재판하는 것이 틀렸다고 했다면 다툼만 일어나지, 그 자리가 죽은 자의 소망, 곧 부활을 증거하는 자리가 되지 못했을 것입니다.

실족하게 하는 자는 화로다

바울은 지금 억울한 비방을 받고 있습니다. 이럴 때 어떻게 해야 하는가는 신앙생활에 있어서도 큰 문젯거리입니다. 억울한 비방에 대해 예수님께서는 이렇게 말씀하셨습니다.

> "예수께서 제자들에게 이르시되 실족케 하는 것이 없을 수는 없으나 있게 하는 자에게는 화로다"(눅 17:1).

여기서 예수님께서 '실족'이라는 다른 단어로 표현하고 계십니다. 실족은 우리에게 때로는 시험이 되고 올무가 되고 덫이 됩니다. 죄를 짓게 만들거나 혹은 실족하게 하는 자, 즉 우리의 행동과 말이 남을 억울하게 하고, 남을 실족하게 만들고, 상처와 모욕감과 상한 감정을 줄 수도 있다는 것입니다. 주님이 말씀하신 것은, 실족하게 하는 것이 있을 수 있으나 그렇게 하는 자에게는 화가 된다는 말씀입니다. 그러니까 그렇게 하지 말라는 것입니다. 지금 사도 바울은 즉시로 이를 실천하는 것입니다. '내가 억울한 일을 당했고 부당한 처사를 받아서 이러한 대응을 했지만, 내가 그러한 언어를 사용한 것은 대제사장을 욕한 것이 되기 때문에 성경에 금하고 있는 일을 한 것이다. 그래서 내가 비록 정당하게 반응했다 할지라도 그 말을 거두겠다'는 것입니다. 즉 자신이 잘못했다는 것입니다.

신앙생활 중에 우리가 겪는 많은 어려운 문제들과 실족하는 일들이 무엇입니까? 실족하게 하는 덫, 미끼에 넘어가는 것입니다. '실족한다'는 단어를 사용했을 때, 원어에서 말하는 실족은 '누군가가 나의 다니는 길에 덫을 놓는다'라는 뜻입니다. 덫은 올무와 마찬가지입니다.

마귀는 우리를 덫에 걸리게 만들 때, 우리가 전혀 관심이 없는 곳에는 그 덫을 놓지 않습니다. 우리가 좋아하는 곳에 덫을 놓는데 이것에는 두 가지 특징이 있습니다. 먼저 보이지 않는 곳에 놓고 치명적인 미끼를 매답니다. 그러나 덫에 미끼가 걸려 있는 상태로는 우리에게 해가 되지 않습니다. 문제는 그것을 밟을 때, 그것을 먹고 내 속에 들어왔을 때가 문제입니다. 그것을 먹었을 때 상처, 분노, 질투, 적개심, 분쟁, 미움, 비통, 증오, 복수들이 나타납니다. 실족하게 하는 미끼를 우리가 삼킬 때에 인간관계가 깨어지고, 남을 비난하고 모욕하며, 분열의 증세를 일으키고, 이탈하고, 무례히 행하며, 배신하고 타락하기에까지 이르는 것입니다.

이 덫의 특징은, 덫에 걸렸음에도 덫에 걸렸다는 것을 인정하지 않는다는 것입니다. 우리에게는 자존심이라는 것이 있어 끝까지 그걸 붙들고 있고, 그 자존심을 버리면 죽는다고 여깁니다. 그런데 그 자존심이 죽어야 합니다. 내가 부당한 대우를 당하고 부당한 말을 들었고 나를 완전히 잘못 판단했다고 하며 자기 자신을 정당화합니다. 자신의 결백함을 자꾸 인정하게 만들어서 용서할 마음이 들지 않습니다.

오늘 바울이 이 덫에 걸리기 참 쉬운 입장에 있습니다. 그는 최고의 학문을 공부한 사람이고, 최고의 지식을 갖고 있고 사람들이 이야기하는 모든 것의 성공적인 요소를 다 갖고 있는 사람입니다. 그러기 때문에 그냥 자기가 판단한 대로 대제사장이 그렇게 이야기했다고 하더라도, 그에게 "당신은 회칠한 무덤이야. 내가 얼마든지 증거할 수 있고 증명할 수도 있어"라고 할 수도 있습니다. 그러나 그렇게 하지 않습니다. 하나님의 말씀 때문에 그는 곧바로 자기 자존심을 내려놓습니다. 자기를 내려놓습니다.

"실족하게 하는 일이 없을 수는 없으나 실족하게 하는 자는 화로다" 했습니다. 여러분, 우리가 시험에 들지 않으면 좋지요. 그런데 시험에 들지 않을 수 없습니다. 그러나 내가 시험을 안고 그 올무와 미끼가 내 속에 들어와서 나의 증상으로 나타나도록 그것을 허용하는 것은 우리의 책임입니다. 그러면 안 된다는 것입니다. 오히려 바울은 이렇게 부당한 말을 듣고 억울한 이야기를 들었지만, 곧바로 자기가 말한 것에 대해서도 책임을 지면서 "제가 잘못했습니다"라고 고백을 하여, 오히려 그 기회를 사용해서 죽은 자의 소망과 부활을 전하는 축복의 기회로 삼아서 상황을 역전시켰습니다.

오늘 우리 앞에는, 수많은 어려움이 있습니다. 그 어려움과 고난 속에서 덫에 걸려 부당한 일을 당할 때가 닥습니다. 그러나 하나님의 사람들은 하나님이 주인 되어 주셔서 그 상황이 오히려 디딤돌이 됩니다. 넘어지는 것이 아니라 오히려 멀리 뛸 수 있는 근거가 되는 것입니다. 오히려 하나님을 드러내는 기회를 만드는 것입니다. 부당하고 억울한 일을 당했을 때 하나님의 사람으로서 행동을 하고, 그런 때 하나님의 말씀이 우리를 통해서 나오게 되고, 화목하게 하는 일들이 그것을 통해서 나오고, 이해와 용서가 나올 때 예수 믿는 사람임이 증명되는 것입니다.

지금 사도 바울이 한 일이 그것입니다. 넘어지게 하는 일이 없을 수는 없습니다. 함정이 없을 수는 없는 것입니다. 그러나 그 기회를 어떻게 만드느냐, 그것을 잊지 않아야 합니다.

> "모든 것이 하나님께로 났나니 저가 그리스도로 말미암아 우리를 자기와 화목하게 하시고 또 우리에게 화목하게 하는 직책을 주셨으니"(고후 5:18).

예수 그리스도가 화목하게 하기 위해서 오셨고 우리로 하여금 화목하게 하는 직분을 주셨다는 말씀입니다.

"우리가 아직 죄인 되었을 때에 그리스도께서 우리를 위하여 죽으심으로 하나님께서 우리에게 대한 자기의 사랑을 확증하셨느니라……곧 우리가 원수 되었을 때에 그 아들의 죽으심으로 말미암아 하나님으로 더불어 화목되었은즉 화목된 자로서는 더욱 그의 살으심을 인하여 구원을 얻을 것이니라"(롬 5:8-10).

그래서 내가 죄인 되었을 때, 원수 되었을 때 예수님께서 먼저 오셔서 나를 위한 사랑을 확증해 주셨기 때문에 나는 구원을 받았다는 것입니다. 하나님이 먼저 독생자를 보내셔서 화목 제물로 우리를 위한 제사를 드려주시고 용서를 하셨기 때문에 내가 그 앞에 나아갈 수 있는 것입니다.

"사랑과 용서를 절대 포기하지 말아라. 절대 우리가 실천해야 하는 것은 사랑과 용서다." 이것을 선포하라는 말씀입니다. 로마서 12장 18절에 "할 수 있거든 너희로서는 모든 사람으로 더불어 평화하라", 마태복음 5장 9절에 "화평케 하는 자는 복이 있나니 그들이 하나님의 아들이라 일컬음을 받을 것이요" 할 때, 하나님의 아들이라 일컬음을 받는 자가 누구입니까? 화목케 하는 자, 화평케 하는 자입니다. 이 일이 하나님의 아들 예수 그리스도가 하신 일이고, 우리도 그런 사람이 되게 하길 원하시기 때문입니다.

여러분과 제게 지금 덫이 되어서 시험에 들게 하는 그런 요소들이 참 많을 것입니다. 오늘 본문 말씀에서도 사도 바울은 자기의 고집을 세우고 자기 지식과 자기 정당성을 고집하고 세우면서 그들 앞에서 주장할 수 있었습니다. 그러나 그는 하나님의 말씀으로 자기 자신을 완전히 내어주고 자존심을 다 내려놓고 오히려 죽은 자의 소망, 부활을 증거하는 기회로 삼았습니다. 이것이 하나님의 은혜입니다. 그 사랑 때문이고 생명 때문입니다. 그분을 증거하는 능력이 되었습니다.

오늘 여러분을 실족하게 한 것들, 내가 남을 실족하게 했든지 남으로 인해 내가 실족했든지 문제가 아닙니다. 우리는 그리스도 안에 있기 때문에 우리를 실족하게 한 자를 용서할 수 있고, 내가 실족하게 한 사람을 찾아가 용서를 구할 수 있으며, 화평케 하는 자가 될 수 있습니다. 이 평화와 화평이 여러분의 가정과 우리들의 전 삶에 나타나기를 예수님의 이름으로 축원합니다.

인생의 밤에 비치는 빛

사도행전 24:1-9, 24-26

닷새 후에 대제사장 아나니아가 어떤 장로들과 한 변사 더둘로와 함께 내려와서 총독 앞에서 바울을 고소하니라 바울을 부르매 더둘로가 송사하여 가로되 벨릭스 각하여 우리가 당신을 힘입어 태평을 누리고 또 이 민족이 당신의 선견을 인하여 여러 가지로 개량된 것을 우리가 어느 모양으로나 어느 곳에서나 감사무지하옵나이다 당신을 더 괴롭게 아니하려 하여 우리가 대강 여짜옵나니 관용하여 들으시기를 원하나이다 우리가 보니 이 사람은 염병이라 천하에 퍼진 유대인을 다 소요케 하는 자요 나사렛 이단의 괴수라 저가 또 성전을 더럽게 하려 하므로 우리가 잡았사오니 당신이 친히 그를 심문하시면 우리의 송사하는 이 모든 일을 아실 수 있나이다 하니 유대인들도 이에 참가하여 이 말이 옳다 주장하니라……수일 후에 벨릭스가 그 아내 유대 여자 드루실라와 함께 와서 바울을 불러 그리스도 예수 믿는 도를 듣거늘 바울이 의와 절제와 장차 오는 심판을 강론하니 벨릭스가 두려워하여 대답하되 시방은 가라 내가 틈이 있으면 너를 부르리라 하고 동시에 또 바울에게서 돈을 받을까 바라는고로 더 자주 불러 같이 이야기하더라

우리 인생에 어두운 밤과 같은 고난의 때가 다가올 수 있습니다. 그 고난과 환난의 때에 어떻게 어려움을 직면하고 또 극복하여 뚫고 나가는가는 우리 신앙의 자세에 달려 있습니다. 믿음의 사람 사도 바울이 어떻게 그 어려운 환경 속에서도 창세 전부터 택하시고 만나 주시고 세워 주신 하나님의 은혜와 사랑을 증거하였을까요?

본문 말씀의 배경은 지난 시간과 이어집니다. 사도 바울이 예루살렘에서 자신을 오해하고 성 밖에 내쳐 죽이려던 유대인 폭도들과 직면했으나 천부장의 도움으로 모면하고, 예루살렘에서 100킬로미터 떨어진 가이사랴로 호송되어 벨릭스 총독 앞에 정식으로 재판을 받고 있습니다. 그러나 이에 앞서 40명의 암살 단원들이 바울을 죽이기 전에는 먹지도 마시지도 않겠다고 작정하고 선언했습니다. 또 바울은 공회원 앞에서 재판 아닌 재판을 받았습니다. 이 소식이 전해지면서 천부장이 470명의 군사들로 바울을 보호해서 가이사랴로 호송했습니다.

우리들의 삶을 돌아보면, 환경과 조건들은 다르지만 우리에게도 사도 바울과 같이 고난의 때가 다가올 수 있고 억울하고 부당한 일들을 당할 수 있습니다. 그럴 때 어떻게 자신을 추스르고 신앙생활을 하며 하나님의 영광을 드러내는 축복의 삶을 이룰 수 있을지에 대해 본문 말씀을 통해 점검하기 원합니다.

오늘 말씀은 특별히 두 사람에게 집중됩니다. 하나는 사도 바울인데, 어떻게 이런 환경 가운데서 하나님의 뜻을 이루어드리고 쓰임 받는지 그리고 우리에게 신앙의 모범이 되는 하나님의 사람으로서 어떻게 대처하는지를 살피겠습니다. 다른 하나는 총독 벨릭스입니다. 구원의 기회가 왔음에도 그것을 놓치고 세상과 더불어 짝하고 부귀영화 속에 살다가 그것과 함께 멸망당하는 벨릭스를 살펴보면서, 스스로 점검하기를 원합니다.

최악의 상황에 대처하는 바울의 자세

먼저 바울이 최악의 상황에서 어떻게 이겨내고 어떤 기회를 어떻게 사용하여 쓰임 받는지 살펴야겠습니다. 예루살렘에서 유대인 군중 앞에서와 산헤드린 공회에서 두 차례 변론을 하다가 이제 가이사랴에 이송되어 정식 법정에 섰습니다. 벨릭스 총독이 재판장입니다.

그들을 좀더 이해한다면, 바울이 얼마나 최악의 조건 속에서 크리스천으로서의 빛을 발하고 있는지, 하나님의 사람으로서 쓰임받고 있는지 알 수 있습니다. 본문 처음에 등장하는 인물은 대제사장 아나니아입니다. 대제사장은 왕, 선지자와 함께 이스라엘의 3대 중요 직분 가운데 하나입니다. 이스라엘은 신정국가이고 하나님이 다스리는 신정왕국이기 때문에 제사장의 역할이 너무나 중요합니다. 종교적으로나 정치적으로나 중요한 역할이 바로 제사장이고 그중에서도 대제사장은 특별합니다.

그런데 대제사장인 아나니아는 유대 대역사가 요세푸스의 기록에 의하면 아주 잔악한 행위를 하며 당시 최악의 이름을 가지고 있는 자였습니다. 당시 황제 클로디오스의 재판 자리에까지 섰으나 정치적인 술수로 간신히 거기서 벗어나기도 했습니다. 성직을 사용해서 축재하고 교활하고 거만하며, 대제사장의 자리에 오를 때에도 비밀 결사대를 통해 전임자인 요나단을 죽이고 그 자리에 오른 최악의 악인입니다. 요세푸스는 그를 경멸받아 마땅한 존재라고 평가하고 있습니다.

그가 변호사 더둘로를 데리고 왔습니다. 그가 데리고 온 변호사 더둘로는 한마디로 말쟁이입니다. 악한 사람이 데리고 온 변호사라면 어떤 변호사일지는 짐작이 갈 것이며, 어떤 자인지는 그가 한 말을 보면 알 수 있습니다. 그는 간악한 아첨꾼이었습니다.

그다음으로 중요한 인물은 총독 벨릭스입니다. 당시에 이스라엘이 속해 있는 팔레스타인 지역은 로마의 식민지였습니다. 로마로부터 파송받은 총독이 벨릭스였습니다. 당대 최고 행정수반이었고 집권자로서 최고 법관 자리를 차지하고 있습니다. 역사는 그가 로마 역사상 가장 타락한 정치인 중의 하나였다고 기록하고 있습니다. 가장 돈에 욕심이 많았던 자, 가장 비열한 자, 가장 상스러운 자, 가장 무능한 자였다고 합니다.

당시 로마 황제는 클로디오스였습니다. 황제의 어머니 안토니아에게는 두 형제 노예가 딸려 있었습니다. 형은 팔라스였고 동생이 벨릭스였는데, 모후의 종이 총독까지 된 것이 수수께끼입니다. 얼마나 교활했는지 노예가 모후의 마음을 사고 로마 황제의 마음까지 산 것입니다. 처음에는 광대놀이, 오늘날로 말하면 엔터테인먼트를 제공했습니다. 그러면서 황제의 환심을 사고, 이런저런 아첨과 술수를 부려서 노예의 신분에서 벗어났습니다. 그는 일찌감치 돈에 눈을 뜬 자로서 당대 로마의 최고 갑부가 됐습니다. 그것도 수수께끼지요. 그래서 총독 자리를 얻어서 팔레스타인에 와서 이스라엘을 다스리는 위치에 있었으나 관직을 사용해서 돈을 축적하는 것 외에는 아무런 관심이 없었습니다. 모든 것이 다 돈과 관련이 있습니다. 다음 말씀을 보면 그 근거가 나옵니다.

"동시에 또 바울에게서 돈을 받을까 바라는고로 더 자주 불러 같이 이야기하더라"(26절).

바울에게는 성경책 한 권, 낡은 외투 하나밖에 없었습니다. 그러나 사도 바울이 증거를 하는 가운데 '내가 마게도냐에 전도를 갔을 때 그 지역 성도들이 예루살렘 성도들이 어려움을 당하고 있다는 소식을 듣고 기근을 위해 구제헌금을 했다. 그 구제헌금을 전달하기 위해 예루살렘으로 올라왔고, 예루살렘에서 고난을 받고 있다'는 이야기를 했습니다. 그것을 들은 벨릭스가 바울에게서 그 돈을 받을까 해서 2년이나 그를 구류시킨 채 가끔 불러서 이야기를 들으며 언제 돈을 가져오는지를 기대한 것입니다. 이미 공정한 재판을 받기는 다 틀린 것입니다.

그런데 그의 아내 드루실라는 유대인이라고 했습니다. 본문 24절에 "수일 후에 벨릭스가 그 아내 유대 여자 드루실라와 함께 와서 바울을 불러 그리스도 예수 믿는 도를 듣거늘"이라고 기록되어 있습니다. 드루실라는 유대 왕 헤롯 아그립바 1세의 막내딸입니다. 헤롯 아그립바는 예수님이 태어나셨을 때 어린아이들을 모두 죽였던 헤롯 대왕의 아들입니다. 헤롯 대왕의 잔악함을 본받아 예수 믿는 사람들을 핍박하여 야고보의 목을 베고, 베드로를 처음 감옥에 가둔 인물입니다. 드루실라도 알 만한 혈통입니다.

25장에 아그립바 2세가 나오는데, 그 부인 버니게는 드루실라의 언니입니다. 드루실라는 절세미인이었다고 역사에 기록돼 있습니다. 그녀는 시리아 지역에 있는 하마드의 왕 아지투스 왕비로 16세라는 어린 나이에 시집을 갔습니다. 그런데 2년 후에 그곳을 순방한 벨릭스가 드루실라를 만나고는, 60세인 벨릭스가 18세 된 드루실라를 아지투스 왕에게서 빼앗아 아내로 삼았습니다. 권세, 물질적인 부와 미모로 거래된 두 사람이 지금 재판장에 나타났으니 재판이 제대로 될 상황이 아닙니다. 이런 재판장에서 말쟁이 더둘로가 변호사로 변론을 하고 있습니다.

"벨릭스 각하여 우리가 당신을 힘입어 태평을 누리고 또 이 민족이 당신의 선견을 인하여 여러 가지로 개량된 것을 우리가 어느 모양으로나 어느 곳에서나 감사무지하옵나이다"(3절).

아첨의 말을 합니다. 민족주의적 경향이 매우 강한 유대인이 지금 로마 총독의 비위를 맞추는 말을 하고 있는 것입니다. 이런 사람들이라면 재판은 끝난 것 아닙니까?

그러나 본문의 요지는, 이 사람들이 악한 사람이라는 것이 아니라 그러한 상황에서 사도 바울이 어떻게 처신했으며 그 어둠 속에서 어떻게 빛을 발하고 하나님의 사람으로서 행동했는가 하는 것입니다. 바울이 얼마나 억울하고 부당하게 고소를 당하고 있는지 보겠습니다.

"우리가 보니 이 사람은 염병이라 천하에 퍼진 유대인을 다 소요케 하는 자요 나사렛 이단의 괴수라 저가 또 성전을 더럽게 하려 하므로 우리가 잡았사오니"(5-6절).

그들은 사도 바울에게 네 가지 죄목을 걸었습니다. 전염병과 같이 나쁜 것을 전하는 사람, 천하에 흩어진 유대인들을 소요케 하는 자, 나사렛 이단의 우두머리, 성전을 더럽힌 자라는 죄목입니다. 실제로 사도 바울에게는 하나도 해당되지 않는 죄목을 만들어 놓은 것입니다.

이토록 억울한 처사를 당하며 최악의 상황 가운데 있었지만 바울은 그들 앞에서 분을 냈다든지, 억울해 한다든지, 근심 걱정 염려에 빠졌다든지, 자신이 옳다고 변명을 한다든지 하지 않았습니다. 오히려 "바울이 의와 절제와 장차 오는 심판을 강론하니"(25절)라고 했습니다. 그 영혼들을 불쌍히 여기면서 "앞으로 심판이 있습니다. 벨릭스 각하여, 이런 생활을 회개해야 하고 하나님을 알고 하나님을 믿어야 합니다. 우리의 죄를 대속하신 의의 그리스도를 믿어야 합니다" 하면서 그 영혼을 불쌍히 여기는 마음으로 벨릭스 앞에서 증거한 것입니다. 그러자 총독의 마음이 움직이고 두려워져서 "지금은 가라"고 했습니다.

아그립바 앞에서 바울이 예수를 어떻게 증거했으며 어떤 태도를 가졌는가 하는 것은 아그립바 왕이 대답한 것을 보면 짐작할 수 있습니다.

> "아그립바가 바울더러 이르되 네가 적은 말로 나를 권하여 그리스도인이 되게 하려 하는도다 바울이 가로되 말이 적으나 많으나 당신뿐 아니라 오늘 내 말을 듣는 모든 사람도 다 이렇게 결박한 것 외에는 나와 같이 되기를 하나님께 원하노이다 하니라"(행 26:28-29).

사도 바울이 분노 가운데 한 이야기가 아닙니다. 영혼을 불쌍히 여기는 하나님의 긍휼과 자비와 사랑의 마음으로 지금 저들에게 하나님과 예수 그리스도, 또 장차올 심판에 대해서 말한 것입니다. 그 결과 후에 벨릭스도 아그립바 왕도 크리스천이 되려고 하는 시점에까지 가는 놀라운 변화가 일어났습니다.

사랑과 긍휼로 빛이 되라

우리도 세상에서 생업에 종사하거나 혹은 교회에서 섬기면서 사람들을 대할 때 억울한 일, 부당한 대우를 받기도 합니다. 그럴 때면 억울하고 화가 나서 나의 정당함을 나타내고 싶고 자기 변호도 하고 싶을 것입니다. 그런데 오늘 이야기하는 것은, 이런 정의와 의로움을 무시하라는 것이 아닙니다. 믿음의 사람들, 하나님의 사람들의 자세와 태도를 생각해 보자는 것입니다.

사도 바울은 억울하고 부당한 일을 겪는 시점에서도 온유하고 겸손하게 사랑과 긍휼의 마음으로 상대를 대하고 있습니다. 그의 억울하고 부당한 정도는 우리와 비교가 안 됩니다. 그런 사람들 앞에서 참고 견디면서 종의 심정으로 그들을 권면합니다. 그것도 진정 예수 그리스도의 겸손, 긍휼, 온유와 자비의 마음을 가지고 말입니다.

이스라엘 백성들은 출애굽할 때 전지전능한 능력의 하나님을 경험했습니다. 홍해를 건널 때 그리고 광야에서 권능을 행하시는 하나님의 기적을 경험했습니다. 문제는 하나님의 능력과 권능을 그토록 경험하고도 백성들의 마음이 변하지 않았다는 것입니다. 오늘도 마찬가지입니다. 크리스천 가운데 하나님의 능력을 경험하고 하나님의 은사, 표적을 추구하는 사람들이 빠지기 쉬운 잘못이 있는데, 하나님의 능력, 권능 이면에 있는 섬김, 온유함, 겸손한 성품, 긍휼과 자비의 마음을 잊어버리는 것입니다.

예수님은 만왕의 왕, 만주의 주로서 권세를 갖고 계시지만 육신을 입고 종의 모습으로 이 땅에 죽으러 오셨습니다. 재판을 받으시면서 도살장으로 끌려가는 어린 양과 같이 말 한마디 안 하시고 모든 고통을 다 받으시고 십자가를 그대로 지셨습니다.

오늘 우리가 예수 그리스도를 생명의 구주로 믿고 그분을 따르는 이유가 무엇입니까? 처음부터 "나는 만왕의 왕, 만주의 주다. 나를 따르라" 해서 따르는 것입니까? 그분이 여러분과 저를 위해서 죽으셨기 때문에, 종으로 섬기셨기 때문에, 우리에게 구원을 주셨기 때문에 우리가 그분을 믿고 따르는 것입니다.

우리는 기독교인으로서, 제자로서, 성도로서 어떤 사람이 되어야 할까요? 능력의 사람이 되는 것만을 주장하지 마십시오. 하나님의 능력을 우리가 덧입는 것이지, 우리 삶 속에서 종과 섬김의 겸손이 없으면 그 능력은 남을 심판하고 정죄하는 것밖에 안 됩니다.

사도 바울은 세상의 모든 것을 다 갖고 있지만 배설물과 같이 여기고, 날마다 죽으면서 온유하고 겸손하게 주님의 사랑의 마음, 긍휼의 마음을 가지고 오직 어떻게 하면 예수 그리스도의 생명을 전할까 고민하고 실천했습니다. 그가 그런 태도를 가질 때 벨릭스도 감동을 받고 아그립바 왕도 감동을 받아 크리스천이 될 뻔한 변화를 보인 것입니다. 예수님께서는 "수고하고 무거운 짐 진 자들은 다 내게로 오

라. 내가 너희를 쉬게 하리라. 나는 마음이 온유하고 겸손하니 내게 와서 배우라"고 하셨습니다. 온유와 겸손, 사랑, 긍휼이 빠진 능력은 크리스천을 괴물로 만듭니다.

사도 바울은 지금 최악의 상황 가운데서도 그 어둠 속에서 빛으로 대제사장 아나니아, 총독 벨릭스, 그 아내 드루실라와 더불로 앞에서 그 생명을 나타내고 빛을 나타내고 있습니다. 억울한 일을 당하고 비참한 상황 가운데 빠졌으면서도 좌절하거나 낙망하지 않고, 억울해하지도 분해하지도 않고 오직 예수의 긍휼과 자비로 대했습니다.

온유는 하나님이 주시는 모든 상황을 받아들이는 것입니다. 모세는 그 온유함이 지면에 성했다고 했는데, 민수기 12장 3절을 보면 온 이스라엘 백성들이 그를 원망하고 죽이려고 하고 심지어는 친형이고 친누이인 제사장 아론과 그 누이 미리암까지 모세를 시기하고 질투해서 그를 배반합니다. 그러나 모세는 대항하지 않고 그것을 가지고 회막 앞 하나님께 갔습니다. 그것이 온유함입니다.

예수 그리스도가 온유함으로 하나님이 주시는 상황을 다 받고 담당하시는 것처럼, 사도 바울도 온유함으로 사자 발톱 속에서도, 억울한 일 속에서도 모두 하나님이 주시는 상황으로 알고 다 받아들였습니다.

그러므로 우리도 우리가 당하는 상황 가운데서도 온유하여야 크리스천이라 할 수 있습니다. 자신의 정당함을 부르짖고 내세우고 인정받아야 한다는 것은 세상 사람들도 얼마든지 하는 일입니다. 우리가 먼저 해야 할 일은, 온유하고 겸손하고 종이 되어야 하고, 긍휼과 자비의 마음을 가지는 것입니다. 오늘 말씀에서 안타까운 것은, 이러한 사도 바울의 전도함을 받고 벨릭스가 거의 믿을 지경에 왔지만 그의 탐욕, 사람들을 향한 인간관계의 추구 때문에 마지막 한 발을 내딛지 못했다는 것입니다.

> "수일 후에 벨릭스가 그 아내 유대 여자 드루실라와 함께 와서 바울을 불러 그리스도 예수 믿는 도를 듣거늘 바울이 의와 절제와 장차 오는 심판을 강론하니 벨릭스가 두려워하여 대답하되 시방은 가라 내가 틈이 있으면 너를 부르리라 하고"(24-25절).

벨릭스는 안타깝게도 때를 놓쳤습니다. 그는 유대인의 마음을 얻고자 하여 2년간이나 바울을 구류해 두고 돈을 받을까 하며 종종 끌어내서 이야기를 나누다가 보르기오 베스도가 새 총독으로 부임하자 로마로 돌아갔습니다. 그러고는 그의 부당함과 잔악함 때문에 처형을 당했습니다.

기회가 다가와도 마음이 문제입니다. 마태복음 6장에 "하나님과 재물을 겸하여 섬기지 못한다"고 했는데 벨릭스는 하나님과 재물을 겸해서 섬겨 볼까 하다가 결국은 멸망을 당했습니다. 안타까운 인생입니다.

사랑하는 성도 여러분, 사업도 해야겠고 운동도 해야겠고 친구도 만나야 하겠고 교회도 나가야 하겠는데 어떻게 할까 고민하십니까? 결국은 자신이 원하는 것을 선택하게 됩니다. 좋아하는 것을 선택하다가 5년이 흘러가고 10년이 흘러갑니다. 30년, 40년 지나도 그 습성을 버리지 못하고 계속되어 주님을 택하지 못한 채 벨릭스와 같이 멸망당할 삶을 삽니다. 부흥회 참여하라고 하면 겉으로는 이런저런 사정으로 핑계대지만 그 속마음은 '이번은 아닙니다. 은혜 받을까봐 못 가겠습니다' 하는 사람도 있습니다. 은혜 받으면 세상 것을 내려놓아야 하니까 못 하는 것입니다. 은혜 받을까봐 기도 못하고, 은혜 받을까봐 성경도 못 읽습니다. 그러나 오늘 그런 생각을 모두 버리고 결단해야 합니다.

"너희 마음에 그리스도를 주로 삼아 거룩하게 하고 너희 속에 있는 소망에 관한 이유를 묻는 자에게는 대답할 것을 항상 예비하되 온유와 두려움으로 하고"(벧전 3:15).

사도 바울은 항상 온유와 두려움과 긍휼과 자비 가운데 대답할 말을 준비하고 있는 자였습니다. 어느 사람 앞에서나, 총독 앞에서나 왕 앞에서나 종 앞에서나 누구 앞에서나 말할 것이 준비되어 있습니다. 하나님의 긍휼과 자비, 예수 그리스도의 십자가 부활의 능력, 예수를 증거하는 것이 그의 일이었고 그것이 그의 기쁨이었습니다. 바로 그 일에 쓰임을 받는 것이 목표가 되었습니다. 그래서 그 어떤 것에도 두려움이 없었고 근심할 필요도 없었으며 자유롭게 복음을 증거한 것입니다.

억울한 상황과 부당한 대우에 대해서도 자유했습니다. 예수 그리스도의 복음 때문입니다. 그래서 "예수 그리스도 십자가 외에는 자랑치 않기로 작정하였노라. 내가 그리스도와 함께 십자가에 못 박혔다.

세상이 나를 대하여 또 내가 세상에 대하여 십자가에 못 박혔다. 나는 날마다 죽노라" 선언하면서 그리스도 안에 살고, 그리스도 안에 증거하는 삶을 이루었습니다.

벨릭스처럼 오늘을 미루는 일을 절대로 하지 마시기 바랍니다. 재물과 세상 탐욕과 그리고 신앙을 함께 소유하려는 자가 되지 않기를 바랍니다. 오직 주님의 나라와 그 의, 십자가의 길을 택하고 항상 준비된 자가 되기를 예수님의 이름으로 축원합니다.

부활의 주를 바라보라

사도행전 25:13-22

수일 후에 아그립바 왕과 버니게가 베스도에게 문안하러 가이사랴에 와서 여러 날을 있더니 베스도가 바울의 일로 왕에게 고하여 가로되 벨릭스가 한 사람을 구류하여 두었는데 내가 예루살렘에 있을 때에 유대인의 대제사장들과 장로들이 그를 고소하여 정죄하기를 청하기에 내가 대답하되 무릇 피고가 원고들 앞에서 고소 사건에 대하여 변명할 기회가 있기 전에 내어주는 것이 로마 사람의 법이 아니라 하였노라 그러므로 저희가 나와 함께 여기 오매 내가 지체하지 아니하고 이튿날 재판 자리에 앉아 명하여 그 사람을 데려 왔으나 원고들이 서서 나의 짐작하던 것 같은 악행의 사건은 하나도 제출치 아니하고 오직 자기들의 종교와 또는 예수라 하는 이의 죽은 것을 살았다고 바울이 주장하는 그 일에 관한 문제로 송사하는 것뿐이라 내가 이 일을 어떻게 사실할는지 의심이 있어서 바울에게 묻되 예루살렘에 올라가서 이 일에 심문을 받으려느냐 한즉 바울은 황제의 판결을 받도록 자기를 지켜 주기를 호소하므로 내가 그를 가이사에게 보내기까지 지켜두라 명하였노라 하니 아그립바가 베스도더러 이르되 나도 이 사람의 말을 듣고자 하노라 베스도가 가로되 내일 들으시리이다 하더라

여러분은 무시당해 본 적이 있습니까? 억울한 일이나 부당한 처우를 받은 적이 있습니까? 누구 때문에 무엇인가를 위해서 그런 일을 당하여 마음 아파하거나 분해한 일이 있었습니까? 본문 말씀 25장 전체에 흐르는 말씀 속에서 사도 바울을 통해서 우리 신앙의 모습들을 살펴보면서, 우리에게 하시는 하나님의 말씀이 무엇인가 나눌 수

있기를 원합니다.

25장은 사도 바울이 베스도 총독 앞에서 재판을 받는 장면입니다. 24장 이후 2년이라는 세월이 흘렀습니다. 본문 이전까지의 말씀을 요약하면 오늘 말씀을 이해하는 데 도움이 될 것 같습니다.

최상의 보호처가 된 감옥

"베스도가 도임한 지 삼일 후에 가이사랴에서 예루살렘으로 올라가니 대제사장들과 유대인 중 높은 사람들이 바울을 고소할새 베스도의 호의로 바울을 예루살렘으로 옮겨 보내기를 청하니 이는 길에 매복하였다가 그를 죽이고자 함이러라"(행 25:1-3).

전임 총독 벨릭스가 교활하고 탐욕이 많은 자라고 말씀드린 바 있습니다. 그에 관한 여러 상소문 때문에 그는 황제의 부름을 받고 로마에 돌아가 재판을 받고 모든 직위를 박탈당한 채 처형되는 지경에 이르렀습니다. 그리고 그를 대신해서 베스도 총독이 부임하여 사흘 뒤 예루살렘에 갔습니다.

베스도 총독은 벨릭스와는 대조적인 인물입니다. 그는 아주 성실하고 착하고 유능했다고 역사가 요세푸스는 기록하고 있습니다. 그는 세상 표준으로 보면 유능한 정치가였고, 정직하고 법에 공정하며 여론에 밝은 사람이었습니다. 한 가지 부족한 것은 하나님이 없는 사람이란 것입니다. 그는 여론을 따르다가 진실을 놓치고 하나님의 기회를 놓친 안타까운 사람입니다.

그가 예루살렘에 갔을 때, 대제사장들과 공회원들이 지금이야말로 바울을 예루살렘으로 불러올릴 수 있는 기회라고 생각하고 신임 베스도 총독에게 바울을 예루살렘으로 데려와 재판해 줄 것을 간청했습니다. 2년 전 바울을 죽이기 전에는 먹지도 마시지도 않겠다고 다짐했던 40명의 결사단원들이 여전히 살아 있었습니다. 그래서 새로 부임한 베스도 총독이 현지 사정을 파악하지 못했을 때를 활용해서 바울을 예루살렘으로 올라오게 한 후 매복하였다가 중간에 그를 죽이고자 했습니다(3절).

그런데 베스도는 그들의 요구를 받아들이지 않았습니다. 지금 바울이 가이사랴에 구류되어 있고 자신도 며칠 후에 가이사랴로 내려가야 한다는 사실을 들면서, 그들의 요구 대신 그들 중 유력자 몇 사람이 대표로 자신과 함께 가이사랴로 내려가서 바울을 심문하고 재판하자는 대안을 제시했습니다. 그래서 대제사장과 산헤드린 회원 가운데 이름 있는 몇 사람들이 가이사랴로 내려갔습니다.

베스도 총독과 예루살렘에서 내려온 대제사장과 유력자들이 바울을 재판했습니다. 그런데 재판해 보니, 베스도의 입장에서는 아무리 봐도 유대인들이 바울을 고소한 내용이 로마법에는 그 어떤 근거도 없는 것입니다. 자기들의 종교적인 차원에서 다루는 일이기 때문에 총독으로서 옳다 그르다 판결할 내용이 아니라는 것입니다. 그래서 베스도가 바울에게 저 사람들이 말하는 대로 예루살렘에 올라가서 재판을 다시 받겠느냐고 물었습니다. 바울은 예루살렘에 올라가서 유대인들에게 재판받을 어떠한 잘못도 없고 지금 가이사랴 법정에 서 있으니, 자신을 가이사 앞에 세워 달라고 했습니다. 베스도는 그 일을 받아들여 바울을 로마에 있는 황제에게 보낼 것을 결의했습니다.

이런 상황에서 본문 13절 이하에 기록된 대로 아그립바 왕과 버니게가 베스도 총독을 문안하러 가이사랴에 왔을 때 베스도가 아그립바에게 바울의 재판에 대해 이야기합니다.

여기서 아그립바 왕은 로마 총독이 이스라엘의 팔레스타인 지역을 다스리는 때에 외형적으로 세워진 왕이었습니다. 그는 아그립바 2세이며, 아그립바 1세는 야고보를 죽이고 베드로를 감옥에 가두었던 자, 세례 요한의 목을 베었던 자입니다. 곧 지금의 왕인 아그립바 2세는 17세 때 자기 아버지 아그립바 1세가 흉악한 일을 하고 난 다음에 벌레에 먹혀서 처참하게 죽어간 것을 보았습니다. 자기 아버지가 어떤 짓을 했으며 어떤 벌이 임했는지 아는 나이였습니다. 그리고 증조부인 헤롯 대왕 때 예수 탄생을 두려워하여 그가 아기들을 다 죽였는데, 헤롯이 나중에 비참한 죽음을 어떻게 맞았는지도 알게 됐습니다. 모두 사도 바울에게 지금 걸려 있는 예수, 십자가 그리고 부활이라는 문제인 것입니다.

이런 사실들 때문에 아그립바 왕은 굉장한 두려움과 동시에 호기심도 있어서 과연 바울이 어떤 존재인지 한번 만나 보고 싶었습니다. 새 총독이 왔으니까 문안하러 온 것도 그래서입니다. 총독은 로마에서 황제가 파송한 자이고 자신은 속국의 왕이므로 실제 정치적, 군사적 행정력은 없는 사람입니다. 문안받는 베스도의 입장에서는 유대인들이 재판하고 있는 바울을 가이사에게 보낸다고 선고해놓고 마음이 찜찜하니, 아그립바 왕에게 조언을 청하는 것입니다.

> "원고들이 서서 나의 짐작하던 것 같은 악행으 사건은 하나도 제출치 아니하고 오직 자기들의 종교와 또는 예수라 하는 이의 죽은 것을 살았다고 바울이 주장하는 그 일에 관한 문제로 송사하는 것뿐이라"(18-19절).

이 일에 대하여 어떻게 심리할는지 몰라서 바울에게 물으니 황제의 판결을 받도록 자기를 지켜 주기를 호소해 왔습니다. 그래서 그를 가이사에게 보내기까지 지켜 두고 있노라고 했습니다.

그러고 보면 바울은 죄수 아닌 죄수의 모습으로 총독부 감옥에서 억울하게 2년을 보낸 상황입니다. 그런데 바울이 죄수의 몸으로 감옥에 있다는 것이 하나님의 보호하심과 축복의 시간이었다는 것을 알 수 있습니다. 앞서 말씀드린 대로 그를 죽이기로 작정한 사람들이 2년을 기다리면서 칼을 갈고 있는 상황에서, 만약 전 총독이 무죄 선고를 해서 바울을 내보냈다면 그 암살단원들이 바울을 그냥 두었겠습니까? 하나님께서 바울을 가이사랴 총독의 감옥에 집어넣고 군인들이 지키고 보호하는 격이 됐습니다. 바울에게는 이 감옥이 누구도 손을 댈 수 없는, 이 세상 어느 곳보다도 안전한 보호처였습니다.

십자가와 부활과 나

오늘 우리도 때로는 그런 생각을 할 때가 있습니다. 바울이 감옥에 갇혀 있는 것처럼 우리에게 억울하고 답답한 일이 닥치면 왜 이렇게 부당한 상황 가운데 나를 집어넣어 두느냐고 하나님 앞에 반문하지 않습니까? 그래서 오늘 우리가 두 가지 차원을 살펴보아야 합니다. 하나는 내가 부당한 일을 행했기 때문에 감옥에 갇힌 상태에서 억울하고 분해하는 상황입니다. 사실 이것은 너무도 당연한 일입니다.

그런데 바울은 그렇지 않습니다. 예수님을 만난 후에 지금까지 그의 모든 삶은 그분을 위한 삶이었습니다. 그는 예수를 위해서 매 맞고 부당한 일을 당하고, 예수 때문에 억울한 일을 당했습니다. 우리가 억울하다고 생각하고 무시를 당하는 것과는 차이가 있는 것입니다.

오늘 여러분과 제가 순종하지 못하기 때문에, 육신적으로 행하기 때문에, 자존심 때문에 잘못을 범해서 이러한 일들을 행하면 얼마나 많은 세월들을 낭비하게 됩니까? 그러나 예수님을 위해서 곧 그 부활과 능력을 위해서 바울과 같이 이렇게 감옥에 들어간다면 그 기간이 결단코 낭비하는 시간이 아니라는 것입니다.

여러분이 주를 위해 섬기고 순종하면서 감옥에 갇히는 것과 같이 지금 여러 가지 어려움을 당하고 있습니다. 묶임을 받는 것처럼 되어 있습니다. 그러나 만약에 예수님 때문이면, 십자가 때문이라면 그것은 결코 헛된 일이 아니라는 것입니다. 그것을 통해서 하나님께서 하시고자 하는 그 일, 그 계획을 행하고 계심을 믿으시기 바랍니다.

오늘 우리들의 신앙을 점검해야 하는 이유가 여기에 있습니다. 오늘 말씀 19-20절을 보면, 바울이 지금 십자가 그리고 예수의 부활이라는 것 때문에 고소를 당해 재판을 받고 있는데 베스도에게 있어서는 그것이 아무것도 아니었습니다. 재판 받을 어떤 근거도 없는 일이요, 로마법과는 상관도 없는 일이었다고 말하고 있습니다. 베스도는 성실하고 법에 공정한 사람이며 유능한 정치인으로 많은 사람들이 인정하고 있었습니다. 그렇지만 그에게는 하나님이 없었기 때문에 사도 바울이 증거한 십자가 부활을 아무것도 아닌 것으로 여기고 그 어떤 고려의 대상도 되지 않는다고 말하는 것입니다. 이렇듯 자기의의 때문에, 선함 때문에 구원을 놓치고 십자가를 놓치고 주님의 부활의 생명을 놓치는 자가 되지 않기를 원합니다.

바울을 고소한 유대인들, 대제사장들, 반성의 장로들은 다른 차원입니다. 이 사람들은 자기 나름대로는 하나님을 정말 사랑하고 율법을 사랑한다고 합니다. 그런데 그들이 바울을 고소한 이유는 '십자가 그리고 부활' 때문입니다. 한마디로 진리라는 것입니다. 오늘날 믿는다고 하면서도 십자가와 주님의 부활이 자기와는 상관이 없다고 여기는 이들이 너무 많습니다. 사도 바울이 고난 받고 감옥에 갇히고 매를 맞으면서도 부활하신 예수를 더 당당하게 증거하는 기회로 삼을 수 있었던 것은 무엇 때문입니까? 바로 예수님의 십자가와 부활 때문 아닙니까? 생명력 넘치는 하나님의 말씀 때문이지 않습니까? 오늘 제가 확인하고 싶은 것이 그것입니다.

오늘날 교회와 우리 한 사람 한 사람에게서 십자가의 본질이 땅에 떨어지고 생명과 부활의 주님이 얼마나 약해지고 있는지 모릅니다. 교회 안에서도 믿음이 아니라 도덕적이고 종교적인 차원에 머물고, 모든 사람에게 이렇게도 인정받고 저렇게도 인정받는, 세상에서도 인정받고 또 영생도 가져서 양쪽을 다 소유하고 싶은 그런 마음을 품고 있지는 않습니까? 십자가와 부활, 예수님의 부활 생명이 오늘날 얼마나 천시 받고 무관심 가운데 버려져 있습니까?

사도 바울이 다메섹 도상에서 예수를 만날 때 정말 그는 예수님의 죽음, 십자가 그리고 부활하신 예수님, 바로 그분을 만나고 그분을 경험했습니다. 그분을 만난 그것이 그의 삶이 된 것입니다. 그래서 살아도 죽어도, 먹어도 마셔도, 자도 깨도 예수님을 위해서 살게 되었습니다. 감옥에 갇혀도 그분을 위해서이므로 별로 원망스럽지 않은 것입니다. 혹 부당한 대우를 받았다고 해서 그 사람들을 미워하고 분내고 혈기 부릴 필요도 없는 것입니다.

다음날 아그립바와 버니게가 크게 위엄을 갖추고 와서 천부장들과 시중의 높은 사람들과 함께 접견 장소에 들어오고 베스도의 명으로 바울을 데려옵니다. 베스도가 바울의 설명을 이야기하면서 아그립바 왕에게 조언을 구하자 아그립바 왕도 바울이 한번 보고 싶었습니다. 그가 전하는 예수 부활이 무엇인지, 고소까지 당하며 전하는 그 이야기를 듣고 싶었던 것입니다. 그래서 베스도가 명령하여 그를 데려왔습니다.

지금 23절에서 이튿날 아그립바와 버니게가 크게 위엄을 갖추었다고 하니, 아마 아그립바는 왕관에 왕복을 입었을 것입니다. 거기에 버니게와 공회원들도 함께 했습니다. 버니게가 아그립바와 부부인 양 등장하지만 사실 부부가 아니고 누이이니 부도덕의 극치입니다. 이렇게 부도덕한 그가 왕비나 된 것처럼 위엄을 갖추고 나오고 있습니다. 그래서 만조백관 앞에서 수갑을 차고 있는 초라한 바울이지만 그는 절대로 초라하지 않습니다.

26장에서 바울은 "내가 이렇게 채인 것 이것 외에는 여러분 모두가 다 나와 같이 되기를 원합니다"라고 말합니다. 지금 왕복을 입고 외적으로는 휘황찬란한 가운데 있지만 그 속사람은 다 문드러지고 탐욕과 거짓으로 차 있고 불륜으로 가득한 그들 앞에서 바울 사도는 하나님의 사람으로 부활의 생명을 가지고 있는 자로서 당당하게 설

수 있었습니다. 이것이 오늘 여러분과 저에게 확인하고 싶은 모습입니다.

여러분, 왜 신앙생활하면서 그렇게 억울해 하고 분해하고 무시당했다고 하고 왜 시험에 들고 있습니까? 그것은 혈과 육을 따라서 행하고 있기 때문입니다. 자존심 때문이고 자신을 내려놓지 못했기 때문입니다. 만약 바울과 같이 내가 예수를 위해서 조롱당하고 예수를 위해서 무시당하고 곤욕을 치르고 감옥에 갇혔다면, 그래도 분하겠습니까? 여러분, 예수를 위해서 섬기다가, 부활의 주님을 섬기다가 무슨 소리를 들었는데 분합니까? 그렇다면 그것은 예수를 위해서가 아니라 자신을 위해서, 내 자존심을 위해서 했기 때문입니다. 내가 정말로 예수를 위해서 그 부활의 생명을 위해서 일했다면 그런 일을 당할 때 분하거나 화내지 않을 것입니다. 주님이 함께하시고 나를 보상하실 분은 주님이시기 때문입니다.

여러분은 지금 신앙생활하면서 어떤 보상을 원하십니까? 어디서 보상받을 것을 기대하고 계십니까? 세상 사람들이 원하는 명예, 성공, 잘되는 것, 그것으로 보상받기 원하십니까? 그런 마음을 품고 있기 때문에 여러분이 실망하고 낙담하는 것입니다. 억울하고 분한 것입니다. 우리들의 보상은 세상에 있지 않습니다. 예수님은 만왕의 왕, 만주의 주이시고 우주만물의 주인이기 때문에 그분은 모든 것입니다. 정말 그분이 나의 생명이고 부활의 주님이시고 구세주이시며 나의 주인이시라면 내가 감옥에 가도, 억울한 일, 아니 그 어떤 어려운 일을 당한다 하더라도 억울해 할 필요도 없습니다.

그러므로 십자가와 부활의 주님을 확인하기 원합니다. 예수님과의 만남이 없이는 결국 우리의 신앙이라는 것이 베스도와 같이 되고, 십자가와 그 증거 때문에 고소하는 유대인과 같은 신앙인이 되기 쉽습니다. 여러분과 제가 과연 무엇 때문에 억울해 하고 있고, 무엇 때문에 부담을 느끼고 있고, 무엇을 위해서 지금 살아가고 있는지 점검하길 원합니다. 세상도 잡고 신앙도 잡을 수는 없습니다.

마가복음에 나오는 부자 청년은 어릴 때부터 계명을 다 지켰으나 한 가지 부족한 것이 있었습니다. 그는 예수께서 "네 재물을 팔아서 가난한 자들에게 나누어주고 나를 따르라"고 말씀하시자 근심하며 돌아갔습니다. 영생도 잡고 물질도 잡고 싶었던 것입니다. 그러나 주님은 그것을 용납하지 않으셨습니다. 하나님께서 영생을 잡는 사람들에게 물질을 안 주신다는 이야기가 아닙니다. 우리 신앙의 주체가 무엇이냐는 것입니다. 우리는 지금 엉거주춤한 상태로 이것도 못 잡고 저것도 못 잡는 처지 가운데 있습니다. 과연 나는 누구인지 오늘 확인하기 원합니다.

나는 베스도입니까? 벨릭스입니까? 아그립바 왕같이 겉모양은 번지르르하지만 속에는 불의가 있습니까? 외적인 나의 자존심을 세우고 의로움 때문에 생명을 잃어버리고 하나님의 기회를 잃어버리는 사람들입니까? 아니면 바울과 같습니까? 나에게 주시는 모든 기회를 부활하신 예수님을 증거하는 기회요, 하나님이 원하시는 장소에 세우시는 기다림의 시간이요, 하나님이 쓰시는 장소와 시간으로 사용하고 있느냐는 것입니다. 십자가의 능력과 부활의 능력이 여러분과 가정과 자녀들에게 넘치기 바라고 하늘나라를 위해서 쓰임 받는 축복이 일어나기를 예수님의 이름으로 축원합니다.

주를 본 일과 나타내는 일

사도행전 26:1-18

아그립바가 바울더러 이르되 너를 위하여 말하기를 네게 허락하노라 하니 이에 바울이 손을 들어 변명하되 아그립바 왕이여 유대인이 모든 송사하는 일을 오늘 당신 앞에서 변명하게 된 것을 다행히 여기옵나이다 특히 당신이 유대인의 모든 풍속과 및 문제를 아심이니이다 그러므로 내 말을 너그러이 들으시기를 바라옵나이다 내가 처음부터 내 민족 중에와 예루살렘에서 젊었을 때 생활한 상태를 유대인이 다 아는 바라 일찍부터 나를 알았으니 저희가 증거하려 하면 너가 우리 종교의 가장 엄한 파를 좇아 바리새인의 생활을 하였다고 할 것이라 이제도 여기 서서 신문받는 것은 하나님이 우리 조상에게 약속하신 것을 바라는 까닭이니 이 약속은 우리 열두 지파가 밤낮으로 간절히 하나님을 받들어 섬김으로 얻기를 바라는 바인데 아그립바 왕이여 이 소망을 인하여 내가 유대인들에게 송사를 받는 것이니이다 당신들은 하나님이 죽은 사람 다시 살리심을 어찌하여 못 믿을 것으로 여기나이까 나도 나사렛 예수의 이름을 대적하여 범사를 행하여야 될 줄 스스로 생각하고 예루살렘에서 이런 일을 행하여 대제사장들에게서 권세를 얻어 가지고 많은 성도를 옥에 가두며 또 죽일 때에 내가 가편 투표를 하였고 또 모든 회당에서 여러 번 형벌하여 강제로 모독하는 말을 하게 하고 저희를 대하여 심히 격분하여 외국 성까지도 가서 핍박하였고 그 일로 대제사장들의 권세와 위임을 받고 다메섹으로 갔나이다 왕이여 때가 정오나 되어 길에서 보니 하늘로서 해보다 더 밝은 빛이 나와 내 동행들을 둘러 비추는지라 우리가 다 땅에 엎드러지매 내가 소리를 들으니 히브리 방언으로 이르되 사울아 사울아 네가 어찌하여 나를 핍박하느냐 가시채를 뒷발질하기가 네게 고생이니라 내가 대답하되 주여 뉘시니이까 주께서 가라사대 나는 네가 핍박하는 예수라 일어나 네 발로 서라 내가 네게 나타난 것은 곧 네가 나를 본 일과 장차 내가 네게 나타날 일에 너로 사환과 증인을 삼으려 함이니 이스라엘과 이방인들에게서 내가 너를 구원하여 저희에게 보내어 그 눈을 뜨게 하여 어두움에서 빛으로, 사단의 권세에서 하나님께로 돌아가게 하고 죄 사함과 나를 믿어 거룩케 된 무리 가운데서 기업을 얻게 하리라 하더이다 신앙생활에는 반드시 두 가지 변화가 있어야 합니다. 하나는 내적인 변화이고 또 하나는 외적인 변화입니다. 주님을 만남과 그 만남에 따른 변화와 성숙이 있어야 합니다. 예수님을 만난 후 사도 바울의 변화와 그 후 주를 증거하는 삶을 통해서 우리 삶의 변화를 돌아보고, 믿음 생활의 초점이 어디에 맞추어져 있는지 점검하기를 원합니다.

지금 사도 바울은 새로 부임한 베스도 총독을 방문한 아그립바 왕 앞에서 자신을 변호할 기회를 얻어 말하고 있는데, 그 내용이 바로 오늘 본문 말씀입니다. 우선 주목을 끄는 것은, 그가 자기 목숨을 노리는 고소자들 앞에서 변호할 기회를 가졌을 때 그의 태도입니다. 관원들까지 합세해서 거의 온 나라가 바울을 죽이려고 하고 있습니다. 여러 가지 죄목을 걸어서 바울을 법정에 세웠습니다. 그런 상황에 여러분에게 자신을 변호할 기회가 주어졌다면 어떻게 사용하시겠습니까?

바울은 지금 너무도 억울하고 부당하며 큰 오해 속에 재판을 받고 있습니다. 막강한 실력을 갖고 있는 왕과 총독 앞에서 자신을 변호할 수 있다는 것이 얼마나 좋은 기회인지 모릅니다. 그런데 바울은 이 좋은 기회에 자신을 변명하지 않았습니다. 자기가 무죄하다든지 왜 이런 재판을 받아야 하는지 모르겠다는 억울한 표현이 전혀 없습니다. 오직 그가 말하는 것은, 주님이 자기를 만나 주셨고 그를 통해서 주님이 나타나기를 원하신다는 선포입니다. 자신의 무죄를 주장할 수도 있는 중요한 자리를 복음 선포의 기회로 삼고 있습니다. 오히려 부활하신 주님을 증거하는 기회로 삼은 것입니다.

사도 바울의 섬김과 우리들의 섬김

사도 바울은 전에는 자기의 뜻을 펴고 자기의 뜻을 관철하기 위해서 최선을 다했습니다. 모든 것을 불사하고 자기의 삶을 투자하는 사람이었습니다. 본문 10-12절을 보면 그가 예수님을 만나기 전 어떤 일에 열심을 냈는지 고백하고 있습니다.

여러분, 누군가 바울을 모독하는 말을 했고, 그에 따라 심히 격분하여 분통을 터뜨리는 사도 바울을 생각할 수 있습니까? 그런데 바울이 전에는 그랬다는 것입니다. 그래서 예수 믿는 이들을 박해하기 위해 대제사장들의 위임을 받고 다메섹을 갔습니다. 예수를 만나기 전 그의 모습은 어떠했습니까? 자기가 옳다고 생각하는 일을 위해서는 상대방을 죽이고 옥에 가두고 강제로 고독하는 말을 하게 하고 형벌하고 격분했던 사람입니다. 그런데 이러한 사람이 지금은 자기를 죽이기 위해서 재판 자리에 세워놓은 사람들 앞에서 어떠한 말로 예수를 증언하고 있습니까?

여러분과 저의 신앙을 점검하면서 질문해 봅니다. 우리의 신앙생활이 과연 나의 옳고 바름과 정직함을 내세우고 그것을 증명하는 삶이 우선이 되어야 하는가 하는 것입니다. 사도 바울도 예수님을 만나기 전에는 그랬습니다. 그러나 예수님을 만난 후에 어떤 사람이 되었는지에 우리 관심이 있는 것입니다.

본문 말씀 16절을 보면 예수께서 바울에게 나타나신 것은 곧 바울이 예수님을 본 일과 장차 예수님이 바울에게 나타날 일에 그를 종과 증인을 삼으려 함이라 말씀했습니다. 그러면서 17절 이하에 주님은 이스라엘과 이방인들에게 그를 보내어 그 눈을 뜨게 하여 사탄의 권세에서 하나님께로 돌아오게 하고 믿게 하여 기업을 얻게 하기 위해 부르신 것이라고 했습니다. "이것을 위해서 내가 너를 부르고 너를 만났다. 이제 네가 할 일을 보여주고 가르쳐 주겠다. 그것을 위해서 너를 종으로, 증인으로 삼았다"라고 말씀을 주셨습니다.

그 후 바울은 3차에 걸쳐 전도 여행을 하면서 그의 열정을 예수, 부활의 주님을 증거하는 데 쏟았습니다. 그리고 오늘 자기를 변명하여 풀려날 수 있는 좋은 기회를 복음 증거를 위해 씁니다. 자신을 변호할 수 있는 유일한 기회에 바울은 자기를 이방인의 사도로 불러서 사탄의 권세에서 하나님께로 돌아오게 하고 죄 사함을 얻게 하는 그 일에 충실한 역할을 했습니다.

오늘 우리의 신앙을 점검할 때 주님을 만난 사람들이 어떤 관점에서 어떤 태도로 주님을 섬기느냐 하는 것은 굉장히 중요한 일입니다. 부활의 주님을 만났고 확신이 있습니다. 그래서 주님이 일을 맡겨 주셨고 예배에 참여하고 봉사로 섬기고 있습니다. 다 좋은 일입니다. 그런데 주님을 섬기다가, 또 직분을 완수하려 하다가, 의로움을 그리고 정직함, 올바름을 증명하기 위해 다른 사람과 부딪치는 경우는 없습니까? 나의 올바름을 증명하기 위해서 다른 사람들과 부딪치고 오해를 받아서 나를 변명해야 하고, 그러다 보니 다투고 분열하며 심지어는 "이런 교회 안 나와", "저런 사람은 얼굴도 보기 싫어" 하고 갈라서는 경우도 있는데, 이런 상황이 어디에서 출발합니까?

여러분, 교회에서 혹은 주님을 위해 한다는 일이 정말 주님을 향한 열정 때문이었는지, 아니면 내가 신앙생활을 하면서 뭔가를 이루려 하지는 않았는지 돌아보기 원합니다. 사실 겉으로는 주님의 일이라 하지만 저변에는 나의 이기심, 질투심, 우월감이 있지는 않았습니까? 섬기기 위해서 존재하는 교회의 직분을 세상에서의 직급과 같이 생각하다 보니 나의 존재가 자꾸 커지면서, 양보보다는 남을 정죄하여 불편한 관계가 형성되고 서로 상처 입고 상처 입히는 이런 일들이 일어납니다. 이런 일들의 원인이 어디에 있습니까? 지금까지 열심을 내고 섬기고 투자한 것이 어떤 효과가 있습니까?

우리는 사도 바울의 섬김과 우리들의 섬김의 차이점을 살펴보고, 하나님의 자녀로서 신앙생활을 할 때 과연 어떠한 자세로 어디에 초점을 맞추고 있는지를 묵상해 보아야 합니다. 저 역시 제 사역을 살펴보고 묵상할 때 사도 바울의 자세에서 많이 벗어나고 비뚤어져 있다는 것을 느낍니다. 하나님의 뜻에 맞지 않는 것입니다.

사도 바울을 방해하고 죽이려는 세력들이 점점 더 악해지고 있지만 반대로 바울의 자세는 점점 더 유순해지고 있습니다. 어떻게 그럴 수 있는지 살펴봅시다. 그리고 우리가 열심히 섬기고 헌신하고 싶은데 무엇 때문에 시험에 들고 상처를 주고받는지도 점검해야 합니다.

비방과 모든 악의를 함께 버리고

디모데전서 1장 12-16절에서, 사도 바울이 하나님 앞에 감사하는 것은 비방자, 박해자, 폭행자였던 자신에게 주님의 은혜로 그분의 긍휼, 자비, 그 사랑이 임했다는 것이라고 말합니다. 그것은 바울이 주를 믿어 영생 얻는 자들에게 본이 되게 하시려고 예수 그리스도께서 오래 참아 주셨기 때문이라고 고백하고 있습니다. 로마서 5장에 표현한 대로 "내가 연약할 때 죄인 되었을 때 원수 되었을 때라도 먼저 주님이 나를 사랑하시고 용서하셨는데 내가 용서 못할 자, 이해 못할 자가 어디에 있느냐"라는 것입니다. 그게 은혜였다는 것입니다.

고린도후서 5장을 보면 그가 보이는 대로 육신적으로 사람을 안다거나 판단하지 않을 수 있었던 요소가 나옵니다. "그러므로 우리가 이제부터는 아무 사람도 육체대로 알지 아니하노라"(고후 5:16). '어떤 사람도', 즉 나를 사랑하고 나를 이해하고 나에게 잘해 주는 사람뿐만 아니라 나를 비방하고 나를 원망하고 시비하고 조롱하고 나를 핍박하고 폭행하는 자라고 할지라도, 그런 사람마저도 육신을 따라 알지 아니한다는 것입니다. 누구든지 예수 그리스도 안에서는 새로운 피조물이 되기 때문입니다.

'누구든지'라고 하는 것은 무척이나 넓은 범위를 말합니다. 나를 방해하는 사람, 용납하지 않는 사람, 나를 배척하고 핍박하는 사람일지라도 "그런즉 누구든지 그리스도 안에 있으면 새로운 피조물이라 이전 것은 지나갔으니 보라 새것이 되었도다"(고후 5:17)라고 했습니다. 비록 상대가 나를 핍박한다고 하더라도, 저 사람이 나를 모욕하고 비방한다 하더라도, 저 사람도 주님이 만나 주시면 내가 변한 것처럼 변한다는 것입니다. 흑암의 권세에 매여 있던 자가 하나님의 자녀가 된다는 것입니다. 그렇기 때문에 자기를 욕하고 죽이려고 하는 사람들을 보면서 '내 옛 모습이구나' 하고 거울을 보듯이 여기는 것입니다.

사람을 육신대로 판단한다면 용납할 수 없습니다. 오직 우리의 눈과 태도가 십자가를 통과했기 때문에, 주님이 우리를 만나 주셨기 때문에, 증인으로 불러 주신 그 은혜 때문에 할 수 있는 것입니다. 그 은혜로 인하여 바울 사도는 예수님의 증인이 되어 베스도와 아그립바 왕과 같이 부도덕한 사람들을 오히려 블쌍히 여기고 "내가 수갑에 채인 이것 외에는 나와 같기를 원합니다. 나와 같이 소망을 가진 자, 나와 같이 주님의 용서함을 받은 자, 주님의 증인이 된 것처럼 여러분에게도 이 일이 일어나기를 원합니다" 하고 말할 수 있는 것입니다. 이 말씀 속에는 전혀 어떤 응어리가 없습니다. 오직 불쌍히 여기는 마음뿐입니다.

고린도전서 4장 9-13절 말씀에는, 사도 바울이 모든 사람들에게 죽이기로 작정된 자같이 끄트머리에 둔 자 약하고 비천하고 주리고 목마르고 헐벗고 매 맞고 정처가 없는 자가 되었지만 오히려 상대를 축복하고, 박해를 받지만 참고 비방을 받지만 권면하며, 만물의 찌꺼기 같이 됨에도 불구하고 그들을 불쌍히 여길 수 있는 것이 모두 주님이 만나 주시고 은혜를 베풀어 주신 그것 때문이라고 말씀하고 있습니다.

오늘날의 세상은 나의 의로움과 정의로움과 올바름을 증명하는 세상입니다. 내가 남을 딛고 일어서고 나를 입증해야만 하는 세상입니다. 그런데 사도 바울은 정반대의 사람이 되어 만물의 끄트머리에 놓여 오해받고 핍박을 받아도 오히려 그것을 통하여 예수님과 부활을 증거하고, 하나님을 향한 소망을 증거하는 기회로 삼았습니다.

우리가 예수님을 주님으로, 구세주로 영접하고 지금 이렇게 어려운 시대에 그분을 섬기고 있는 이유가 무엇입니까? 예수님의 당당함 때문입니까? 예수님이 능력을 가지고 있기 때문에 구세주로 믿습니까? 우리가 하나님 아버지의 사랑을 생각하다 보면 기도하다가 울고 찬송하다가 울고 하나님의 말씀을 읽다가 우는데, 그 하나님의 능력 때문입니까? 그 아들 예수 그리스도를 보내 주신 사랑, 내가 죄인 되었을 때, 원수 되었을 때도 나를 용서하시고 내 죄악을 사하실 수 있는 그 십자가의 능력, 독생자 예수를 보내 주신 그 사랑 때문이지 않습니까?

우리는 신앙생활의 개념을 바꿔야 하고 태도를 바꿔야 합니다. 진정한 우리의 능력은 내적인 능력이고, 영적인 능력입니다. 사랑과 긍휼의 능력이고 자비, 온유와 겸손의 능력입니다. 고통을 받으시고 인간의 모든 것을 다 체휼하신 주님, 나의 모든 죄와 허물을 다 그 몸에 짊어지신 그분이 따라오라고 하니까 우리가 따라가는 것입니다. 사도 바울이 인간이지만 사도로서 우리 앞에 능력이 있는 이유는, 주님이 그를 만나 주시고 부르신 감격으로 다가오기 때문입니다.

여러분이 어떤 직분을 가졌기 때문에 능력이 생긴 것입니까? 시간이 오래 지나면서 오히려 그것이 여러분의 능력을 더 약화시키는 원인이 되지는 않았습니까? 목은 더 곧아졌고, 엎드리지 못하고, 남의 말을 용납하지도 못하며, 긍휼과 자비의 마음이 사라지고 지배하려는 마음이 있으며, 오히려 내 앞에 엎드러지라는 마음이 있거나 그런 것의 유혹을 받고 있지는 않습니까? 왜 교회에서 여러 어려운 일들이 일어나고, 서로가 옳다고 하는데 문제가 많이 일어납니까? 가정에서 부부간에 혹은 자녀와 형제간의 충돌이 무엇 때문에 일어납니까?

우리는 사도 바울이 그랬던 것처럼, 주님이 나를 만나 주셨을 때 그리고 처음으로 통회하고 자복할 때의 모습으로 계속 돌아가야 합니다. 첫사랑으로 돌아가야 한다는 것입니다. 거기서 섬김이 옵니다. 그렇지 않으면 우리가 자꾸 커집니다. 내가 커지면 다른 사람을 용납하지 못합니다.

바울 사도는 에베소서 4장 첫 부분에서 "모든 겸손과 온유, 오래 참음으로 사랑 가운데서 서로 용납하고 평안의 매는 줄르 서로 하나 되게 하라는 그것을 위해 부르심을 받았다"고 말하고 있습니다. 그러면서 4장 31절에서는 "너희는 모든 악독과 노함과 분냄과 떠드는 것과 훼방하는 것을 모든 악의와 함께 버리고"라고 했습니다. 우리가 주님을 믿고 섬기고 쓰임 받는다고 하면서도 가만히 들여다보면 우리에게는 악독이 있고 노함이 있고 분냄과 떠듦과 비방이 있습니다. 그러니 이것들을 모든 악의와 함께 버리라는 것입니다. 그러면서 "서로 인자하게 하며 불쌍히 여기며 서로 용서하기를 하나님이 그리스도 안에서 너희를 용서하심과 같이 하라"(엡 4:32)는 것입니다. 우리가 부름 받은 것이 그 때문이라는 것입니다.

우리 신앙생활의 초점이 어디에 있습니까? 이것이 점검되지 않으면 우리는 다 율법주의자가 되고 어떤 정당성을 쌓아서 나를 알아 달라고 보채는 존재가 되기 쉽습니다. 세상 사람들이 가는 그 길을 그대로 간다면 우리는 구별된 크리스천이 될 수 없습니다. 참 크리스천이 무엇이며 참 크리스천으로서 섬기는 자, 십자가를 통과하는 자가 누구인지 묵상하기 바라고, 본문 말씀을 통해서 우리 신앙생활의 목표와 목적이 분명해지기 바랍니다.

하나님의 은혜를 잊지 않고 내가 오늘 주님의 종과 증인이 되었습니다. 사탄의 권세에서 하나님께로 돌아오게 하고, 죄 사함 얻게 하고, 거룩한 무리 가운데 들어오게 하는 그 일을 위해서 내가 부름을 받았습니다.

바울 사도의 신앙의 목표와 표적은 예수 그리스도였으며 그 때문에 모든 사람을 용납하고 포용하고 사랑으로 대할 수 있었다는 것을 기억한다면 우리 인생도 크게 달라진 예수의 증인이 될 줄로 믿습니다.

나처럼 되라고 말할 수 있는가?

사도행전 26:19-29

아그립바 왕이여 그러므로 하늘에서 보이신 것을 내가 거스리지 아니하고 먼저 다메섹에와 또 예루살렘에 있는 사람과 유대 온 땅과 이방인에게까지 회개하고 하나님께로 돌아가서 회개에 합당한 일을 행하라 선전하므로 유대인들이 성전에서 나를 잡아 죽이고자 하였으나 하나님의 도우심을 받아 내가 오늘까지 서서 높고 낮은 사람 앞에서 증거하는 것은 선지자들과 모세가 반드시 되리라그 말한 것밖에 없으니 곧 그리스도가 고난을 받으실 것과 죽은 자 가운데서 먼저 다시 살아나사 이스라엘과 이방인들에게 빛을 선전하시리라 함이니이다 하니라 바울이 이같이 변명하매 베스도가 크게 소리하여 가로되 바울아 네가 미쳤도다 네 많은 학문이 너를 미치게 한다 하니 바울이 가로되 베스도 각하여 내가 미친 것이 아니요 참되고 정신 차린 말을 하나이다 왕께서는 이 일을 아시기로 내가 왕께 담대히 말하노니 이 일에 하나라도 아시지 못함이 없는 줄 믿나이다 이 일은 한편 구석에서 행한 것이 아니로소이다 아그립바 왕이여 선지자를 믿으시나이까 믿으시는 줄 아나이다 아그립바가 바울더러 이르되 네가 적은 말로 나를 권하여 그리스도인이 되게 하려 하는도다 바울이 가로되 말이 적으나 많으나 당신뿐 아니라 오늘 내 말을 듣는 모든 사람도 다 이렇게 결박한 것 외에는 나와 같이 되기를 하나님께 원하노이다 하니라

예수님을 만난 사람들의 특징은 변화가 일어난다는 것입니다. 미움과 분노, 복수심, 한이 있던 사람들, 어둡고 좌절감에 있던 사람들이 맑고 온유해지고 사랑의 사람, 이해심 있는 사람으로 바뀌는 놀라운 일이 일어납니다.

바울은 원래 예수 믿는 자들에 대한 박해자였다고 스스로 고백하고 있습니다. 자기는 죄인 중의 괴수였다고 고백합니다. 그러나 자신을 재판하는 베스도 총독과 아그립바 왕과 여러 고소자들 앞에서, 미움이나 분노가 아니라 오히려 그들의 영혼을 불쌍히 여기고 긍휼과 사랑의 마음으로 그들 앞에 서 있는 것을 보게 됩니다. 돌에 맞고 억울한 일을 당하고 투옥되는 부당한 취급을 받아도 그는 고소자들을 향한 사랑의 마음이 변하지 않았습니다. 그들의 모습 속에서 거울로 보는 것같이 과거의 자기 모습을 보았기 때문입니다. 그래서 이제는 자기 삶이 어떻게 바뀌었는지를 하나님의 말씀에 순종하면서 증거하고 있습니다. 지금 그가 왜 이 법정에 섰는지 그 이유를 분명하게 말합니다.

크리스천을 핍박하러 가던 그를 예수님께서 만나 주시고 "내 일을 전하고, 장차 네게 나타날 일을 종으로서 그리고 증인으로서 이방인과 이스라엘 모든 사람들에게 전해 다오. 그들의 눈을 뜨게 해서 어둠에서 빛으로 사탄의 권세에서 하나님께로 돌아오게 하고, 죄 사함과 나를 믿어 거룩하게 된 무리 가운데 이것을 얻게 되리라 하는 그 말씀을 전해 다오"라는 분부를 따라 그대로 순종하다가 지금 이곳에 서 있게 되었다고 고백합니다.

바울의 말씀의 힘

저와 여러분은 예수님의 십자가를 어떻게 이해하고 있는지, 그리고 그 십자가를 진다는 것의 의미가 무엇이고 어떤 사람이 십자가의 사람이라고 알며 이해하고 있는지를 확인하기 원합니다.

첫째, 내가 고난 받는 이유는 무엇 때문이라고 생각하십니까?

본문 19-21절의 말씀은, 사도 바울이 하늘에서 보이신 것을 거스르지 아니하고 다메섹과 예루살렘에 있는 사람과 유대 땅 이방인들에게 하나님께로 돌아와서 회개에 합당한 일을 하라는 말씀을 전하다가 재판정에 서 있게 되었다고 아그립바에게 고하는 내용입니다. 다시 말하면 우리 주님께서 만나 주셨을 때 하신 말씀, 즉 이방인과 유대인들이 사탄의 권세에서 하나님께로 돌아오게 하여 거룩한 무리가 되도록 전하라는 주님의 말씀을 받았기 때문에, 그것을 전하다가 유대인들에게 붙들려서 이곳에 서서 재판을 받고 있다는 것입니다. 사도 바울이 지금 고난을 받고 있는 이유는 그를 부르신 주님의 뜻을 이루기 위해서 순종했기 때문입니다.

오늘 우리는 혹시 자신의 문제 때문에, 내 몸, 내 시간, 물질을 잘못 관리하기 때문에, 어떤 욕심이나 이기심의 발동 때문에 어려움과 고난을 당하고 있지는 않습니까? 많은 경우에 하나님 핑계를 대기 쉽습니다. 내가 원인이 되어 어려움이 생기고 고난을 당하는데도 불구하고 그 이유를 주님께 돌리는 경우가 많다는 것입니다.

사도 바울과 우리의 다른 점은, 바울은 자기 잘못과 욕심을 채우기 위한 것이 아니라 주님의 부르심을 받고 순종하다가 법정에 섰다는 것입니다. 그는 오랜 전도 여행을 통해서 수많은 어려움과 고난을 받았지만 그것은 자기 욕심 때문에 받은 것이 아니었습니다.

둘째, 하나님이 나를 도우셨다, 내가 은혜를 입었다고 할 때 그 의미가 우리의 삶 가운데 어떻게 다가왔느냐 하는 것입니다. 쉽게 말하면 하나님의 도우심의 의미가 무엇이라고 생각하는가에 대한 것입니다.

22절은 "하나님의 도우심을 받아 내가 오늘까지 서서 높고 낮은 사람 앞에서 증거하는 것은"으로 시작됩니다. 지금 사도 바울이 서 있는 장소가 법정이며, 거기에 서게 된 과정은 앞서 여러 번 말씀드렸습니다. 수많은 어려움과 오해와 고난의 과정들을 통해서 지금 바울이 법정 앞에 서 있는데, 그것까지도 하나님의 도우심을 받은 것이라고 말하고 있습니다.

우리는 보통 어떤 것을 하나님의 은혜, 하나님의 도우심이라고 말합니까? 죽을 고비가 있었는데 그 고비를 넘겼다거나 사망의 음침한 골짜기였는데 그곳에서 하나님이 건져 주셔서 내가 살았다는 것을 말합니다. 맞습니다. 부정하지는 않습니다. 그러한 어려움과 위기 속에서 하나님이 건져 주신 것이 하나님의 도움이었다고 고백할 수 있는 믿음을 갖는 것도 얼마나 놀라운 일인지 모릅니다.

그런데 사도 바울은 거기에 그치는 것이 아닙니다. 지금 높고 낮은 많은 사람들 앞에서 하나님의 도우심을 받아 그가 증언하는 것은 "선지자들과 모세가 반드시 되리라고 말한 것밖에 없으니 곧 그리스도가 고난을 받으실 것과 죽은 자 가운데서 먼저 다시 살아나사 이스라엘과 이방인들에게 빛을 선전하시리라 함"(22-23절)이었다는 것입니다. 무슨 이야기입니까? 사도 바울이 감옥에 갇혀도, 배고픔을 당해도, 오해받고 억울하고 부당한 일을 당해도, 고난과 고통의 길을 간다고 할지라도, 바로 그것을 통해서 예수 그리스도를 증거할 수 있도록 하나님이 도우셨다는 것입니다. 감옥에 들어가는 것이 기회이고 굶주리는 것도 기회이고 돌에 맞고 오해받는 것도 다 예수를 증거하는 기회로 하나님이 도우셨다는 것입니다.

셋째, 우리가 십자가 생명의 전달자인가 하는 것입니다. 과연 우리는 사도 바울과 같이 순간순간의 기회 가운데서 정말 십자가를 전하고 십자가의 생명의 전달자로서 설 수 있을까요?

24절 말씀을 보면 바울이 증거하고 있는 대상은 아그립바 왕인데, 그 옆에 있던 베스도가 큰 소리로 "바울아 네가 미쳤도다. 네 많은 학문이 너를 미치게 한다"고 말합니다. 이것은 바울의 증거가 베스도에게 전달되어 어떤 감동이 일어났다는 것입니다. 진리가 베스도의 마음을 움직이기 시작했던 것입니다. 그는 자기를 방문한 아그립바 왕에게 조언을 구하면서 "바울을 구류하여 두었는데 왕의 고견을 듣고 싶습니다"라고 하여 재판에 바울을 불러내어 변호를 듣고 있던 중입니다. 아그립바 왕도 바울이라는 사람이 굉장히 궁금했던 차입니다. 그가 예수라는 이를 증거하고 있는데 그 예수에 대해서 궁금했고, 그를 전하는 바울에 대해서도 궁금했기 때문에 "내가 그의 말을 듣기 원한다"고 한 것입니다.

사람이 어떤 반응을 할 때는 긍정적인 반응과 부정적인 반응으로 나타내게 되어 있습니다. 진리의 말씀은 이렇게 감동을 주고 마음을 부딪칩니다. 스데반이 하나님의 진리의 말씀을 선포할 때 그 진리의 말씀을 듣던 회중들이 이를 갈면서 돌을 들어서 스데반을 쳐 죽였습니다. 완악한 마음이 될 때에 그런 부정적 반응이 나올 수 있습니다. 복음의 말씀, 진리의 말씀은 힘과 능력이 있어서 우리의 심령 가운데와 부딪칠 수 있습니다. 그럴 때 반응이 일어납니다.

중요한 것은, 사도 바울을 통해서 지금 진리의 말씀, 십자가를 통과한 능력의 말씀, 생명의 말씀이 나가고 있다는 것입니다. 그때에 반응들이 일어나는 것입니다. 사도 바울이 모든 사람 앞에서 자신을 변명해야 하는 상황에서도 그렇게 하지 아니하고 예수를 증거하고, 흑암의 권세 가운데 있는 그들이 돌아오기를 원하는 주님의 심정을 전하였고, 그것을 보고 많은 사람들이 놀랐습니다. 그러면서 그 진리가 부딪쳐 오기 때문에 지금 마음의 갈등을 큰 소리로 표현하는 것입니다.

예수의 죽음을 우리 몸에

예수 그리스도의 십자가가 오늘 우리에게 능력으로 다가오는 이유는 그의 죽으심과 사랑 때문입니다. 그의 사랑은 우리를 위한 대속의 죽음과 모든 수난을 다 그 몸에 담당하시는 것으로 나타났습니다. 사도 바울이 증거하고 있는 이 모든 일들이 십자가의 능력으로 또 말씀의 생명으로 그들에게 다가온 것은, 그것이 이론이나 어떤 교리가 아니고 십자가의 삶을 통해서 그에게 나타났기 때문입니다.

> "우리가 항상 예수 죽인 것을 몸에 짊어짐은 예수의 생명도 우리 몸에 나타나게 하려 함이라 우리 산 자가 항상 예수를 위하여 죽음에 넘기움은 예수의 생명이 또한 우리 죽을 육체에 나타나게 하려 함이니라 그런즉 사망은 우리 안에서 역사하고 생명은 너희 안에서 하느니라"(고후 4:10-12).

이 말씀 전의 8-9절 말씀은 "우리가 사방으로 우겨쌈을 당하여도 싸이지 아니하며 답답한 일을 당하여도 낙심하지 아니하며 핍박을 받아도 버린 바 되지 아니하며 거꾸러뜨림을 당하여도 망하지 아니하고"입니다. 사도 바울이 사방으로 우겨쌈을 당해도 결코 낙심하지 않고 넘어지지 않고 거꾸러뜨림을 당하지 않는 이유는, 항상 예수의 죽음을 몸에 짊어져서 예수의 생명이 자기 몸에 나타나게 하려 함이라는 것입니다. 예수의 생명이 우리를 통해서 나타나려면 예수의 죽음을 우리가 몸에 짊어져야 한다는 것입니다. 오늘 성령님께서 이 말씀을 깨닫게 하시기를 원합니다.

지금 사도 바울이 전도의 삶을 통해서 고린도전서 15장 말씀대로, 날마다 자기 자신을 십자가의 죽음 가운데 내어주고 세상에 대해서 십자가에 못 박힌 자로서의 삶으로 그 죽음을 담당하기 때문에, 그 죽음 속에서 예수의 생명이 나타나서 다른 사람들에게 전달이 된다는 말입니다.

1, 2, 3차 전도 여행을 하면서도 그는 주님만을 증거하기 위해서 옥에 갇히고 고난을 당했습니다. 그 일을 당할 때 십자가의 생명이 그를 통해서 흘러나와서 많은 사람에게 감동으로 전달된다는 것입니다. 우리가 십자가를 지고 자신을 부인함으로써 우리 삶 가운데서 여러 가지 고난이 다가와도 그것을 온전히 감당할 때, 나를 통해서 예수 생명과 십자가의 능력이 흘러나가는 것이 바로 크리스천입니다.

지금 사도 바울은 아그립바 왕과 베스드 그리고 많은 고관들 앞에 서 있습니다. 그러나 담대하게 십자가를 자기 몸에 다 담당하고 서 있을 때 예수 그리스도의 십자가가 그를 통해서 흘러나오는 것입니다. 그래서 아그립바가 바울에게 "네가 적은 말로 나를 권하여 크리스천이 되게 하려 하는구나. 네가 거의 나로 하여금 믿게 만드는구나"라고 한 것입니다. 이것은 왕과 베스도만이 아닙니다.

> "왕과 총독과 버니게와 그 함께 앉은 사람들이 다 일어나서 물러가 서로 말하되 이 사람은 사형이나 결박을 당할 만한 행사가 없다 하더라"(행 26:30-31).

지금 모든 사람들에게 바울이 결백하고 잘못이 없고 옥에 갇힐 이유도 죽을 이유도 없다는 바울의 자유를 선포한 것입니다.

우리에게 어떤 기회가 주어졌을 때 그 기회가 내 영혼을 살리고, 그로 말미암아 그리스도의 생명이 나를 통해서 흘러넘치게 하는 십자가의 능력, 사랑이 흘러넘치게 하는 경험을 고백하는 여러분이 되시기를 바랍니다.

> "바울이 가로되 말이 적으나 많으나 당신뿐 아니라 오늘 내 말을 듣는 모든 사람도 다 이렇게 결박한 것 외에는 나와 같이 되기를 하나님께 원하노이다 하니라"(29절).

우리에게 가장 힘든 말은 "나를 본받으라. 나처럼 되라"는 것입니다. 많은 사람들이 인생을 마치면서 자녀에게 "나는 이렇게 살았지만 너는 나같이 살지 말아라" 말할 것입니다. 그런데 지금 사도 바울은 "나를 본받아라"고 말하고 있습니다. 지금 결박된 것 외에는 모두가 다 자기와 같이 되기를 원한다고 합니다. 영적으로 자유하면서 그리스도의 증인으로서 그분을 증거하는 사람이 된 것에 후회가 없다고 선언합니다. "다시 태어난다 하더라도 나는 이 일을 할 것입니다. 여러분도 다 이렇게 되기를 원합니다"라는 말입니다. 고린도전서 4장 16절에도 "나를 본받는 자가 되라", 고린도전서 11장 1절에도 "내가 그리스도를 본받는 자 된 것같이 너희는 나를 본받는 자 되라"고 말씀합니다.

여러분, 누구에게 인정받기를 원하십니까? 지금 사도 바울은 그를 고소한 사람들, 재판하고 있는 사람들에게 인정을 받고 있습니다. 이것은 십자가의 도리를 깨닫기만 하면 누구나 할 수 있는 일입니다. 우리가 매일의 삶 가운데서 십자가의 사람으로 나를 통해서 십자가의 능력과 사랑이 나타나고 그 진리가 생명으로 흘러나올 수 있는 것은, 저주 가운데 있던 내가 예수님의 사랑과 십자가 때문에 용서를 받고 그 사랑을 입었기 때문입니다. 이 과제가 하늘로부터 사도 바울에게 주어진 것처럼 오늘 우리에게도 주어졌기 때문에 우리도 순종하면 능히 우리를 통해서 생명이 흘러넘치고 사랑이 전달될 수 있습니다.

지금 베스도와 아그립바도 거의 믿음을 가질 만한 상태에 있습니다. "네가 나를 미치게 하는구나. 적은 말로 나를 크리스천이 되게 하는구나"라고 고백할 정도입니다. 그러나 결론적으로 크리스천이 되지 못한 이유는 그들의 성공, 명예, 자신만만함, 세상 권세가 하나님 앞으로 나아가는 길을 막고 있기 때문입니다.

여러분! 십자가의 능력과 그 말씀의 진리가 우리를 통해서 흘러나 가지 못하는 이유가 혹시 여러분 자신들이 추구하고 있는 어떤 성공, 명예, 지금까지 쌓아온 자신만만함 때문은 아닙니까? 죽지 않으면 생명이 나타나지 않습니다. 예수 그리스도의 십자가 죽음 때문에 부활의 생명이 우리들에게 전달됐습니다. 사도 바울이 죽고 그 생명이 삶으로 말미암아 많은 사람을 살리는 축복의 역사가 일어난 것처럼, 여러분과 저에게 이 은혜가 임하기를 예수님의 이름으로 축원합니다.

너와 함께 행선하는 자를 다 네게 주셨다

사도행전 27:20-26

여러 날 동안 해와 별이 보이지 아니하고 큰 풍랑이 그대로 있으매 구원의 여망이 다 없어졌더라 여러 사람이 오래 먹지 못하였으매 바울이 가운데 서서 말하되 여러분이여 내 말을 듣고 그레데에서 떠나지 아니하여 이 타격과 손상을 면하였더면 좋을 뻔하였느니라 내가 너희를 권하노니 이제는 안심하라 너희 중 생명에는 아무 손상이 없겠고 오직 배뿐이리라 나의 속한 바 곧 나의 섬기는 하나님의 사자가 어제 밤에 내 곁에 서서 말하되 바울아 두려워 말라 네가 가이사 앞에 서야 하겠고 또 하나님께서 너와 함께 행선하는 자를 다 네게 주셨다 하였으니 그러므로 여러분이여 안심하라 나는 내게 말씀하신 그대로 되리라고 하나님을 믿노라 그러나 우리가 한 섬에 걸리리라 하더라

로마를 향해서 276명이 탄 알렉산드리아 호가 항해를 하고 있습니다. 그런데 유라굴로라고 하는 광풍을 만나 열나흘 동안이나 낮과 밤을 구별할 수 없는 칠흙 같은 절망의 두려운 순간을 맞이했습니다. 생사의 기로에 놓여 있는 광풍 속의 바울과 승객들입니다.

그렇다면 생과 사의 절망 속에서 필요한 것이 무엇일까요? 모든 짐과 기구들은 다 필요한 것이었습니다. 화물은 그들이 사업으로 돈을 벌기 위해서 실었던 것이고 또 여행하는 사람들의 짐은 생활에 필요

한 것들이었습니다. 기구들도 배를 운행하는 데 필요합니다. 그러나 광풍을 만나 침몰 직전에 있는 배에 필요한 것은 전혀 다릅니다. 생명이 살아 있지 않다면 아무리 많은 부와 좋은 기구들이 다 있어도 그것들은 의미가 없습니다. 생명이 있고 나서 돈도 성공도 필요하고, 생명이 있어야 나를 안전하고 편안하게 할 물건과 기구가 필요한 것입니다. 생사기로에 놓여 있을 때 중요한 것은 말할 것도 없이 생명을 건지는 일입니다.

이런 때 필요한 사람도 생명을 살리는 사람이겠지요. 지금은 선주나 선장도 또 그들을 인도하던 백부장도 힘을 쓸 수가 없습니다. 전문적인 지식과 모든 것이 소용없는 순간이 다가왔습니다. 우리에게 중요한 것이 무엇이며 참 가치가 무엇인가 깨닫게 해주는 순간입니다. 때로 여러분도 가장 중요한 것이라고 목표를 두고 불철주야 수고하고 애썼는데, 도리어 그것이 짐이 되고 여러분을 침몰시키는 도구로 다가왔던 것을 경험한 경우가 있을 것입니다. 얼마나 많은 수고와 땀, 그리고 고생이 있었는지 모릅니다. 그런데 어느 순간 그것이 짐이 되고 배를 파선 직전까지 이르게 하고, 때로는 그것과 함께 침몰되기도 합니다.

이때 그동안 무시당하고 조롱당하던 바울이 일어납니다. 여러 사람이 오랫동안 먹지도 못하였습니다. 바울이 말합니다.

> "여러분이여 내 말을 듣고 그레데에서 떠나지 아니하여 이 타격과 손상을 면하였더면 좋을 뻔하였느니라"(21절).

왜 이 말씀이 기록되어 있을까요? 우리는 때로 절망과 실패를 당할 때 그것을 지적하는 사람들이 원망스러울 때가 있습니다. 우리가 어떤 충고를 하는 것도 때와 시기가 있습니다. 지금 이 사람들은 배에서 풍랑을 만나 어려움을 겪다가 지금 죽느냐 사느냐 하는 판국인데 바울이 일어나서 "당신들이 내 말을 듣지 않았기 때문입니다"라고 말하고 있습니다. 때로는 우리가 이러한 질문을 함으로써 문제를 해결하고 또 생명을 건지는 일이 일어납니다. 여러분이 공동체 생활을 하면서 어려운 일에 직면할 때, 옳고 그른 것을 잘 분별하는 사람들 때문에 어려움을 당할 수가 있습니다. 물론 옳고 그른 것 판단하는 것은 좋으나 그래서 해결할 수 있는 일들이 과연 생명과 관계되고 하나님이 기뻐하시는 일인가 하는 문제입니다

지금 율법과 복음의 근본 문제를 다루려는 것은 아닙니다. 사도 바울이 이미 미항이라는 곳에 머물면서 추운 겨울을 나는 것이 낫겠다고 했었습니다. 베닉스라는 더 좋은 항구로 가면 편안하지만 그곳에 가는 동안 어려운 일을 당할 것이라는 예감 때문에 그는 항해를 반대하며 미항에 머물러 있기를 원했습니다. 그러나 선장, 선주, 백부장, 타고 있던 모든 사람이 그의 말을 무시해버렸습니다. 결국은 바울의 말이 맞았습니다. 이제 생명까지 위험한 판국입니다.

그동안 바울은 침묵했습니다. 그리고 하나님과만 교제했습니다. 불평도, 원망도 하지 않았습니다. 그러다가 하나님의 때가 다가왔습니다. 그가 일어나 말을 한 것입니다. 그들의 잘못과 실수를 지적하기 위한 것이 아닙니다. 오히려 그 말을 기억하게 하고, 자신을 신뢰하지 못하는 그들에게 바울이 앞으로 말하고 선언할 일에 신뢰감을

갖고 믿어 주기 바라는 마음에서 지난날의 잘못을 말하는 것입니다. 만약 그들이 지금 바울의 말을 받아 주지 않고 그 안에서 소동하고 싸우고 마음대로 행동한다면 이 배는 파선하고 살 사람은 하나도 없을 것입니다. 그런데 바울이 "내가 너희를 권하노니 이제는 안심하라 너희 중 생명에는 아무 손상이 없겠고 오직 배뿐이리라"(22절) 하면서 희망적인 발언을 합니다.

이제는 상황이 바뀌었습니다. 선장과 선주가 가지고 있는 주권, 그리고 백부장이 가지고 있던 그 주관이 힘을 쓰지 못합니다. 세상 경험과 힘으로 어떻게 할 수 없는, 영역 밖의 일이 일어나고 있는 것입니다. 하나님께서 그 배의 키를 결국 바울에게 쥐어 주신 것입니다. 리더십, 능력이 바울에게 주어지는 것입니다.

축복이 되는 고난

이런 풍랑을 당할 때 가장 무서운 적이 무엇일까요? 풍랑 때문에 먹을 수도 없고 모든 것들을 다 버려야 하므로 풍랑이 큰 적이긴 합니다. 그러나 가장 무서운 적은 삶의 희망을 버리고 좌절하는 마음입니다.

문제가 없는 사람은 하나도 없습니다. 다 크고 작은 문제들이 있습니다. 그런데 어떤 분들은 그 문제 때문에 오히려 자신을 돌아보아 디딤돌이 되게 하고, 자극받고 반성하여 오히려 문제들로 인해 일어서며, 그것으로 인해 하나님을 붙들고 기도합니다. 문제가 단순히 문제인 것이 아니라 성공하게 만드는 어려움일 수 있다는 말입니다. 반대로 그것 때문에 좌절하고 낙망하고 배가 침몰하는 것처럼 침몰해버리는 사람들이 있습니다.

성경의 인물들뿐만 아니라 세상의 역사 가운데도 소위 성공했다고 하는 사람들을 보십시오. 환경이 좋고 조건이 좋고, 부모로부터 받은 유산 때문에 성공한 것입니까? 많은 성공담은 어렵고 힘들고 좌절하여 낙망할 일들이 있었지만 그것이 오히려 성공의 디딤돌이 되고 그를 힘 있고 강건하게 만들었다고, 고난이 축복이었다고 고백합니다.

바울도 "약할 때 곧 강함이라. 내가 약할 때 함께하시는 주님을 의지했습니다. 주님이 함께 계심을 확인했습니다"라는 고백을 그의 서신 가운데 우리에게 전해 주고 있습니다. 중요한 것은 우리의 마음이 어디에 있느냐는 것입니다.

> "무릇 지킬 만한 것보다 더욱 네 마음을 지키라 생명의 근원이 이에서 남이니라"(잠 4:23).

생명이 근원이 마음에서 나온다고 말씀합니다. 지금 여러분이 생각하고 마음에 결단하고 있는 것, 마음을 정하여 마음이 향하고 있는 그것이 여러분을 정하고 있는 것입니다.

사도 바울은 유라굴로 광풍으로 생사의 기로에 있는 사람들에게 방향을 제시하고 그들을 안심시켰습니다. 이제 그들 모두가 다 그에게 맡겨진 상태가 되었습니다. 사람들이 의견을 일축해버렸던 바로 그를 하나님께서는 지도자로 세워서 이 배를 이끌고 가도록 하셨습니다. 이제 사실상 그 배의 선장이 되었습니다.

반드시 한 섬에 걸리리라

"나의 속한 바 곧 나의 섬기는 하나님의 사자가 어제 밤에 내 곁에 서서 말하되 바울아 두려워 말라 네가 가이사 앞에 서야 하겠고 또 하나님께서 너와 함께 행선하는 자를 다 네게 주셨다 하였으니"(23-24절).

여기서 중요한 것은 나의 소속, 소유됨입니다. 바울은 하나님을 경험한 사람, 예수를 영으로 만난 사람입니다. 절망에 빠졌을 때 담대할 수 있었던 이유도 오직 하나님 때문이었습니다. 그분을 신뢰했기 때문입니다.

바울은 자기가 로마로 가야 하리라는 하나님의 말씀을 믿었습니다. 사도행전에서 바울이 로마로 가야 하고 가이사 앞에 서야 한다는 것은 본문 24절 외에도 19장 21절, 23장 11절, 25장 12절에서 계속 확인되었습니다. 하나님의 사람들이 가지는 특징은 환경이나 조건, 사람을 보지 않고 하나님의 약속의 말씀을 믿는다는 것입니다. 출애굽기 말씀에, 가데스 바네아에서 가나안 땅을 정탐하던 열두 정탐꾼 중에서 두 명도 그랬습니다. 그들 모두 이스라엘 열두 지파의 리더들이었지만, 그중 열 사람은 하나님보다 환경을 보았고 사람을 보았습니다. 그것 때문에 좌절했습니다. 그러나 같은 성벽을 보고 거인을 보고 같은 환경을 본 여호수아와 갈렙은 하나님의 약속을 믿었습니다.

본문에 "네가 가이사 앞에 서야 하겠고 또 하나님께서 너와 함께 항해하는 자를 다 네게 주셨다"라는 말씀을 바울 사도에게 들려주셨는데, 그는 생과 사의 문제 앞에 서 있는 사람들에게 선포합니다. 지금 사도 바울이 존재하는 가치와 이유를 하나님이 가르쳐 주셨고 본인이 사람들 앞에 자기는 가이사 앞에 서야 할 존재라는 것을 밝힙니다. 이 배가 침몰한다면 어떻게 가이사 앞에 설 수 있고 어떻게 증인이 되겠습니까? 그런 이유로 바울은 광풍 속에서도 하나님이 자신을 도와줄 것을 확신한 것입니다. 지난 밤 다른 사람들이 다 절망한 상황에서도 그는 하나님과 교제했기 때문에 "지난 밤에 내 곁에서 하나님의 사자를 통해 그렇게 말씀을 하셨다"고 말합니다.

여러분! 우리가 영적으로 주님을 만나고 좌절과 낙망 가운데 있을 때, 하나님과 교제하고 교통할 수 있는 사람들과 그렇지 않은 사람들 사이에는 엄청난 차이가 있음을 발견하게 됩니다. 하나님과 교제하는 사람은 어려움과 고난과 고통이 있을 때에 오히려 믿음의 빛이 드러나고 그로 말미암아 살아 계신 하나님이 증거됩니다. 그것을 통해서 믿음의 사람으로서 그 가치와 능력, 비전, 그 꿈이 사람들에게 전달되는 것입니다.

환경이 좋은 때는 세상 사람들이 더 빛납니다. 선장, 선주, 백부장 그리고 모든 사람들이 바울의 말을 일축했습니다. 세상의 삶이 그렇습니다. 그러나 광풍이 몰아쳤을 때 믿음의 사람은 소망이 있고 하나님과 교통하였습니다. 그렇지 않은 사람들과의 차이점이 드러나 완전히 주객이 전도된 상태입니다. 사도 바울을 하나님이 그렇게 쓰셨고, 바울은 그 믿음이 변하지 않고 쓰임을 받았습니다.

"너와 함께 행선하는 자를 다 네게 주셨다"라고 할 때 '주셨다'라는 단어는 '카리스' 곧 선물, 은혜라는 단어에서 나온 동사형으로 완료중간태형을 사용하고 있습니다. 함께 배에 탄 사람들을 하나님께서 바울에게 선물로 주셨다는 뜻입니다. 믿음의 사람 바울 때문에 그들이 구원 받는데, 그들이 하나님이 주신 선물이라는 것입니다.

우리는 베다니라는 배를 타고 있습니다. 여러분의 가정, 직장, 사업의 배에서 여러분이 관계를 맺고 있는 그 사람들과 함께 타고 있습니다. 하나님께서 왜 그들과 더불어 한 배를 타게 만드셨는지 아십니까? 그들을 여러분에게 선물로, 은혜로 붙여 주셨기 때문입니다.

고난의 때에 좌절의 때에 낙망할 수밖에 없는 그런 때에 사도 바울에게 276명을 붙여 주셨는데, 놀랍게도 이 말씀을 마감하고 있는 27장의 끝 절에 "마침내 사람들이 다 상륙하여 구원을 얻으니라"(44절)고 했습니다. 그렇습니다. 하나님의 말씀대로 모두가 다 상륙해서 구원을 받았습니다. 사도 바울에게 붙여졌기 때문입니다.

갈라디아서 6장 9절에서는 "우리가 선을 행하되 낙심하지 말지니 피곤하지 아니하면 때가 이르매 거두리라"고 말씀했습니다. 선을 행하면 때가 이르러 거두리라고 했습니다. 심은 것은 꼭 거두는 때가 있습니다. 세상의 씨앗도 싹이 트고 나는 시기가 다 다릅니다. 사람도 다 다릅니다. 그러므로 기다리고 인내하십시오. 본문의 마지막 25-26절 "그러므로 여러분이여 안심하라 나는 내게 말씀하신 그대로 되리라고 하나님을 믿노라 그러나 우리가 한 섬에 걸리리라 하더라"는 말씀이 이루어졌습니다. 낙심하지 않고 믿음 잃지 않고 기다렸을 때 이루어진 것입니다.

여러분, 사도 바울은 A.D. 67년에 로마 감옥에 있다가 목 베임을 당해서 순교했습니다. 그러나 그가 순교한 지 200여 년이 지나 A.D. 325년 니케아 종교회의를 거치면서 콘스탄틴 대제가 기독교를 로마 제국의 국교로 선포합니다. 예수 믿는 사람들은 사자의 밥이 되고 목 베임을 당하고 이름도 부르지 못하게 했던 그 나라의 황제가 기독교를 국교로 선포한 것은 무슨 힘입니까? 순교의 피, 희생과 헌신 때문입니다. 생명을 심은 것입니다.

우리가 땀 흘리고 희생하며 헌신하고, 하나님 앞에 기도와 사랑으로 심으면 하나님께서 그 영혼을 건지게 하고 거두게 하는 역사가 일어납니다. 여러분의 삶의 목적은 무엇이고 목표는 무엇입니까? 지금까지 어떻게 사셨고 무엇을 위해 사셨습니까?

예레미야서 5장에 하나님께서는 "의인 한 사람만 있으면 내가 이 예루살렘을 멸하지 않겠다"라고 하셨습니다. 소돔 고모라 성을 멸할 때 의인 열 사람만 있으면 멸하지 않겠다고 했습니다. 그 한 사람, 그 열 사람이 없기 때문에 멸망하는 세상입니다. 오늘 여러분 한 사람, 하나님을 믿고 신뢰하고 그 말씀을 믿는 여러분 한 사람을 통해서 여러분이 탄 배가 구원을 받고 여러분 가정의 배, 직장과 사업 공동체에 구원의 역사가 일어납니다. 기도와 말씀에 생명을 거는 사람들을 통해서 교회가 살고 가정이 삽니다. 나라의 흥망이 거기에 달려 있습니다. 이것은 역사가 증명하고 있고 성경이 우리에게 말씀하고 있는 바입니다.

우리는 세상을 따라가는 사람이 아닙니다. 세상으로부터 구원받은 존재이며 세상 속에서 소금이고 빛입니다. 가루 서 말 속에 넣은 한 숟가락의 누룩과 같은 존재입니다. 삼킨 바가 된 자가 아니고 우리가 삼키는 존재입니다. 어둠을 물리치는 존재입니다. 사도 바울이 유라굴로 광풍 속에서 주의 빛을 증거하고 주의 생명을 증거하고 영혼들을 구원했음을 기억하십시오.

오늘 여러분과 제가 존재하는 이유가 무엇인지 생각하길 원합니다. 같이 기도하며 한 배에 탄 영혼들을 주님 앞으로 인도하는 축복이 일어날 수 있기를 예수님의 이름으로 축원합니다.

이것이 구원을 위한 것이다

사도행전 27:27-37

열 나흘째 되는 날 밤에 우리가 아드리아 바다에 이리저리 쫓겨 가더니 밤중쯤 되어 사공들이 어느 육지에 가까와지는 줄을 짐작하고 물을 재어 보니 이십 길이 되고 조금 가다가 다시 재니 열다섯 길이라 암초에 걸릴까 하여 고물로 닻 넷을 주고 날이 새기를 고대하더니 사공들이 도망하고자 하여 이물에서 닻을 주려는 체하고 거루를 바다에 내려 놓거늘 바울이 백부장과 군사들에게 이르되 이 사람들이 배에 있지 아니하면 너희가 구원을 얻지 못하리라 하니 이에 군사들이 거룻줄을 끊어 떼어 버리니라 날이 새어가매 바울이 여러 사람을 음식 먹으라 권하여 가로되 너희가 기다리고 기다리며 먹지 못하고 주린 지가 오늘까지 열나흘인즉 음식 먹으라 권하노니 이것이 너희 구원을 위하는 것이요 너희 중 머리터럭 하나라도 잃을 자가 없느니라 하고 떡을 가져다가 모든 사람 앞에서 하나님께 축사하고 떼어 먹기를 시작하매 저희도 다 안심하고 받아 먹으니 배에 있는 우리의 수는 전부 이백칠십육 인이러라

본문의 말씀에는 파선의 위기에 처한 바울과 알렉산드리아 호에 탄 일행들이 천신만고 끝에 구출을 받는 경위가 기록되어 있습니다. 이 과정 가운데 사도 바울의 탁월한 지도력과 그의 역할이 중심이 되었음을 볼 수 있습니다. 배 안에 있는 사람들이 모두 산 것은 믿음의 사람, 하나님께 순종한 사도 바울에 의한 것임을 강조하고 있습니다.

가이사랴를 떠날 때 바울은 초라한 죄수였습니다. 아무도 인정하지 않고 그의 의견을 묵살하는 그런 상황이었으나 이제 완전히 반대 입장이 되었습니다. 배 안에서 지휘자가 되었습니다. 밤과 낮을 구별할 수 없는 칠흑과 같은 광풍이 이는 험난한 밤을 열나흘이나 지났습니다.

배가 어느 육지에 도달하게 될 즈음 배에 있는 사공들이 몰래 도주하려고 하자, 바울이 백부장에게 이 일을 경고하면서 "만약 사공들이 탈출하면 위험이 생겨 구원받지 못한다. 그러니 저들도 함께 배 안에 있을 수 있도록 저들의 탈출을 막으라"고 합니다. 바울의 말을 거부했던 그들이 이번에는 사도 바울이 말하는 대로 순종합니다. 죄인인 바울이 지휘자가 됐고, 죄수를 호송하던 백부장이나 군사들이 오히려 지휘를 받는 입장으로 바뀐 것입니다.

유라굴로 광풍을 통해서 사도 바울이 어떤 사람인지 드러났고, 또 배에 타고 있던 사람들도 자신들이 어떤 존재인지 확인하고 신분과 삶이 어디에 달려 있는가를 가늠할 수 있는 환경이 다가왔습니다. 광풍 때문에 가지고 있던 것들이 오히려 짐이 되어 파선을 초래하는 경우도 있습니다. 광풍 속에 흔들리며 하늘이 노랗고 땅이 뒤집어지는 것 같은 시간이 열나흘 동안 계속되자 그들은 짐과 기구도 다 버렸습니다. 모든 기술, 경험, 능력을 다 포기했습니다.

하나님은 그들로 하여금 완전히 손을 놓게 만들었습니다. 노를 저을 수도 없습니다. 키를 잡을 수도 없습니다. 광풍이 부는 대로 이끄는 대로 그냥 가고 있습니다. 인간이 할 수 있는 것이라고는 아무것도 없습니다.

내가 할 일과 하나님이 하실 일

우리도 평상시에는 남을 무시하거나 잘난 척하기도 하지만 가지고 있는 모든 것을 다 버려야 하는 상황이 있습니다. 중요한 것은, 그렇게 우리가 모든 것을 포기하고 버렸을 때가 하나님이 우리를 버리신 때인가 하는 것입니다. 그렇지 않았습니다. 하나님은 여전히 바울이 탄 배를 이끌어가고 계시고 그 배에 있는 사람들을 인도해 가고 계셨습니다. 배는 손상을 받겠지만 사도 바울을 통해서 생명은 그 누구도 손상이 없을 것이니 안심하라고 22절에서 선포하셨습니다. 또 사도 바울은 이미 하나님의 사자를 통해서 "한 섬에 걸리리라"는 음성을 들었습니다.

그후 이탈리아 끝의 멜리데 섬에 도착했습니다. 정처없이 파도 속에 밀려가는 것 같았지만 하나님께서는 "네가 로마로 가야 하리라. 가이사 앞에 서야 하리라"고 하신 그 말씀대로 광풍 속에서 사도 바울과 일행이 탄 배를 섬에 도착하게 하셨습니다. 뿐만 아니라 그곳에서 전도하게 하고 이제 로마로 들어가게 하는 놀라운 일을 행하고 계십니다.

지금 광풍을 맞이한 것처럼 여러분이 방향도 모르는 어려움을 겪고 있다고 할지라도 잊지 말아야 할 것은 하나님에 대한 믿음입니다. 지금도 여전히 하나님께서 붙들고 계시고, 길을 인도하고 계시며, 당신의 뜻과 목적을 이루어가고 계신다는 것을 믿어야 합니다. 혹시 나의 실수와 잘못, 불순종으로 인해서 만난 광풍이라면 바로 그곳에서 요나와 같이 회개하는 역사가 일어나고 믿음을 확인하는 축복의 순간들이 되어야 할 것입니다.

배 안에 있는 사람들이 기진하여 죽을 지경이 되었습니다. 아무도 손을 쓸 수 없고 항해 기술이나 정보가 아무 역할을 못하는 상황에서도 노련한 선원들은 육지가 가까워 옴을 감지하기 시작합니다. 그들은 암초에 걸릴까 하여 날이 새기를 기다려 도망하려고 뱃머리에서 닻을 내리는 척하면서 거룻배 곧 구명선을 내려놓습니다. 이를 본 바울은 그들이 자기들만 살기 위해 도망하려는 줄 직감하고, 배에 익숙하고 경험이 풍부한 그들이 없으면 배 안의 승객들이 구원을 얻지 못하리라는 말을 백부장과 군인들에게 합니다. 그러자 군인들이 구명선 줄을 끊어버렸고 사공들도 꼼짝없이 배 안에 머물러 같은 운명을 맞이하게 되었습니다.

사도 바울의 관심은 이 배 안에 있는 모든 사람들이 다 구원을 받는 것입니다. 사공들만도 아니고 사공들을 제외한 다른 사람들만 구원받는 것도 아닙니다. 사도 바울은 선원들이 지금 음식을 먹어야 살아남을 수 있다는 것을 상기시키며 음식을 먹으라고 권합니다.

"떡을 가져다가 모든 사람 앞에서 하나님께 축사하고 떼어 먹기를 시작하매 저희도 다 안심하고 받아 먹으니"(35-36절).

어딘가 익숙하지 않습니까? 마태복음 26장 26절에 "저희가 먹을 때에 예수께서 떡을 가지사 축복하시고 떼어 제자들을 주시며 가라사대 받아 먹으라 이것이 내 몸이니라 하시고"라고 했습니다. 예수님께서 유월절 음식을 잡수실 때에 제자들에게 떡을 떼어 주면서 축복하신 후 "이것은 내가 너희를 위하여 주는 바 생명의 떡이다"라 하신 말씀입니다.

지금 바울이 죄수 아닌 죄수의 몸으로 이 배 안에 함께 있습니다. 예수님도 죄인 아닌 죄인의 몸으로 우리를 위해서 십자가를 지시고 자신을 그 생명의 떡으로 주셨습니다. 바울이 예수님의 상징적인 행위를 하면서 배 안의 모든 사람이 구원받기 위해 해야 하는 일 두 가지를 제시하고 있는 것입니다.

하나님이 하실 일을 내가 하려고 애쓰는 사람들이 종종 있습니다. 또 내가 할 일을 하나님께 해달라고 요구하는 사람들도 있습니다. 완전히 바뀐 모습입니다. 유라굴로 광풍 속에서 그들의 지식과 경험, 오랜 항해 기록들이 모두 무력하며 오직 그들의 생명은 창조주 하나님에게 달려 있는 상황입니다. 그런데 이제 뭍이 가까워 옵니다. 그들이 기운을 차려서 배에서 뭍으로 나갈 때에는 서로 도움이 필요하며 혹시 좌초하면 거기서 헤엄을 쳐야 합니다. 나중에 보면 배가 깨어져서 조각목들을 붙들고 구출받게 됩니다. 그럴 때 나무도 잡고 남도 돕는 일을 하려면 바다 경험이 많고 헤엄도 잘 치는 사공들의 도움이 필요합니다. 뗏목 하나라도 잡으려면 기운을 차려야 합니다. 먹고 기운을 차릴 에너지가 있어야 합니다. 바울은 이 사실을 알고 있습니다. 배 안의 사람들이 구원을 받으려면 사공들이 있어야 하고 음식도 먹어야 한다는 것을 말입니다.

오늘 교회에도 신앙이 좋은 것처럼 여겨지는 사람들 가운데 아무것도 안 한 채 팔짱을 끼고 있는 사람들도 있습니다. 하나님이 홍해를 가르시는 것을 바라보는 이스라엘 백성들처럼 우리도 믿음의 눈으로 바라볼 수 있는 것은 바라봐야 합니다.

“바라본즉 살더라.” 십자가를 바라본즉, 구리뱀을 바라본즉 살더라는 것처럼 하나님이 이루어 놓으신 구원을 바라보는 것이 필요합니다. 중요한 것은 그 일은 내가 해야 한다는 것입니다. 하나님께서 지금 배를 뭍 가까이 가게 하셨지만 그 배에서 나오는 일은 내가 해야 합니다. 배에서 나가 구원받을 수 있도록 행동을 취해야 합니다. 아무리 진수성찬을 차려놓았어도 먹어야 내 것이 되는 것입니다.

우리는 우리가 할 바를 잊어버리는 경우가 많습니다. 구원은 하나님이 하실 일과 우리가 해야 하는 일이 합해져서 이루어집니다. 물론 우리의 영혼육을 구원하는 그 일은 이미 완전하게 주님께서 이루어 놓으셨습니다. 그러나 그 완전한 구원이 내 것으로 적용되려면 결국 내가 할 일은 해야 한다는 것입니다.

이때를 위해서

예수께서 나사로를 살리신 사역에서 그가 걸어 나오는 것을 볼 때, 하나님이 하시는 일과 인간이 할 일을 아주 명확하게 구분하고 있습니다. 예수님께서 “돌을 굴려라” 말씀하셨습니다. 마리아와 마르다는 연약한 여인들입니다. 그런데 그들에게 무덤 앞에 있는 육중한 돌문을 굴리라고 하셨습니다. 예수님께서 하나님의 아들이시고 능력이신 것을 나타내려 하셨다면, 그때 손을 한 번 들어서 돌문이 깨어지게 하고 나사로가 걸어 나오면서 “할렐루야!” 하고 외쳤다면 오히려 더 큰 영광을 받지 않으셨을까요?

왜 예수님은 구차하게 이 여인들에게 "돌문을 굴려라", "나사로야 나와라" 명령을 하셨고, 또 나사로는 몸이 칭칭 감긴 모습으로 나왔을까요? 나사로는 시체를 싸는 천에 감긴 채 그대로 나왔습니다. 그래서 "묶여 있는 그것도 풀어 주어라" 하셨고, 마르다와 마리아와 거기에 함께 있는 사람들이 풀어주니까 비로소 나사로가 걸어 나옵니다. 예수님은 나사로의 생명을 살리셨습니다. 그러나 우리 인간들이 해야 하는 부분들은 우리가 하게 하시는 것입니다.

지금 이 유라굴로 광풍에서 276명 모두가 구원을 받으려면, 선원이든지 선장이든지 백부장이든지 사도 바울 자신이든지 각자 해야 할 일을 해야 한다는 것을 바울 사도는 잘 알고 있었습니다. 한 사람만 구원받겠다고 도망치면 다른 사람들이 해를 받는다는 것입니다. 그래서 사공들이 도망가려고 할 때 그것을 막고 같은 운명 공동체로서 모두가 다 구원을 받을 수 있도록 한 것입니다.

> "하나님의 지혜에 있어서는 이 세상이 자기 지혜로 하나님을 알지 못하는 고로 하나님께서 전도의 미련한 것으로 믿는 자들을 구원하시기를 기뻐하셨도다"(고전 1:21).

전도는 미련하고 둔하고 어리석게 보입니다. 그런데 하나님께서는 전도의 미련한 것으로 믿는 자들을 구원하시기를 기뻐하셨습니다. 우리가 좋아하든 싫어하든, 용납하든 용납하지 않든, 전도하는 것을 하나님이 기뻐하신다는 것입니다. 여러분의 전도를 통해서 다른 분들이 구원받는 것을 하나님이 기뻐하시므로 천하보다 귀한 한 영혼이라고 했습니다. 만약 하나님께서 하나라는 숫자를 무시했다면 저나 여러분이 구원을 받았겠습니까? 지금 사도 바울이 사공들에게 "우리는 죽어도 괜찮으니 너희들이라도 구원받아라" 하면서 그냥 보냈다면 어떻게 됐겠습니까?

"배에 있는 우리의 수는 전부 이백칠십육 인이러라."

본문의 마지막 37절입니다. 이때를 위해서 바울이 그 배에 있었고, 사공들이 있어서 광풍 속에서 276명을 구원하는 데 하나님께 쓰임 받게 하신 것입니다. 또 멜리데 섬 사람들을 구원하기 위해서, 로마 사람들을 구원받게 하기 위해서, 나아가 세계가 구원을 받게 하기 위해서 바울이 하나님의 그 심정을 안고 이 일을 행하게 하시는 것입니다.

오늘 하나님께서는 여러분과 저를 통해서 그 영혼이 구원받기를 원하십니다. 로마서 11장 25절 말씀처럼 이방인의 충만한 수가 들어올 때까지 이스라엘 백성들을 잠깐 우둔한 상태에 묶어 두신 하나님이십니다. 이방인도 유대인도 모두 구원받게 하시려는 하나님의 그 마음입니다. 요한계시록에서 144,000이라고 하는 숫자를 왜 기록하고 있습니까? 하나님은 숫자를 그렇게 귀하게 여기십니다. 그것은 곧 나와 여러분을 통해서 구원받기를 원하는 영혼들이 얼마나 귀한지 숫자를 통하여 깨닫게 하는 하나님의 방법입니다.

이때를 위해서 여러분을 주시고, 여러분에게 사업을 주셨고, 이때에 베다니라는 배 안에 여러분을 들어오게 하시고 사공으로서 구원의 경험을 하게 하시고 사명을 갖게 하셨습니다. 그래서 지금 죽어가고 있는 영혼들을 도와서 구출해내는 작업에 내가 할 일을 할 수 있도록 먹고 기운 차리게 하라는 것입니다. 우리가 이 일을 안 하면 배 안에 있는 사람들이 구원을 얻지 못하리라는 것입니다.

여러분, 각종의 성경 공부는 무엇 때문에 하셨습니까? 이때 맡겨 주시는 그 일을 위해서입니다. 만약 우리가 나 자신이 구원받은 것만 갖고 꿈적도 안 하고 있다면, 바울과 같은 배에 있는 사공들이 구명선을 타고 몰래 도망가서 자기 혼자만 구원받겠다고 하는 것과 같습니다. 그것을 볼 때 하나님의 마음이 어떠시겠습니까.

지금 이 땅의 인구가 70억인데 앞으로 불과 10년이면 10억이 추가된답니다. 그중에 구원받은 사람이 몇 퍼센트 안 됩니다. 지금 여러분과 제가 이 사공의 역할을 감당하고 사도 바울의 역할을 감당해야 합니다. 이때를 위해서 주님이 여러분을 준비시킨 것입니다. 이 세상의 지식과 경험은 그래서 필요합니다. 돈도 필요하고 경험도 필요하고 지식도 필요합니다. 예정된 때에 여러분을 통해서 구원하기를 원하시는 하나님의 계획이 있고, 우리는 그때의 사명을 감당해야 합니다. 하나님이 여러분에게 물질과 시간과 건강, 지식과 경험을 주셨는데 주변에 그렇게 많이 붙여 주신 영혼들을 나 몰라라 해서야 되겠습니까?

"악하고 게으른 종을 밖에 던져라. 밖에서 이를 갈게 해라." 분명히 성경에 말씀하고 있습니다. 아무 일도 하지 않거나, 나만 살려고 도망하다가는 하나님이 우리에게 주신 구원이 그렇게 이기적인 것이었는지 주님의 책망이 있을지도 모릅니다.

여러분에게 지식이나 경험, 또 물질을 주신 것은 여러분을 통해서 하나님이 일을 하시기 위해서입니다. 우리가 전도할 수 있는 기회, 사람들을 만나고 그분들을 강권할 수 있는 것이 얼마나 큰 축복입니까? 그런데 그것도 정해진 기간이 있습니다. 나중에는 여러분이 하고 싶어도 못할 때가 있습니다. 그때는 아무리 소원해도 안 됩니다. 정해진 기간이 있는 것입니다.

하나님이 지금 여러분과 저에게 섬길 수 있는 기간 그리고 영혼을 구원할 수 있는 기간을 주시고, 그때를 위해서 지금 그 자리에 두셨습니다. 구원의 방주입니다. 노아의 방주에 들어 있던 사람들이 산 것처럼 우리가 그 방주 안에 들어오도록 이제는 강권하기까지 내 집을 채우라고 했습니다. 영혼을 건지기 위해서는 하나님이 우리에게 주신 것들을 통해서 최선을 다하여야 할 것입니다. 하나님의 집을 채우는 일에 여러분과 제가 쓰임 받는 은혜가 있기를 예수님의 이름으로 축원합니다.

크리스천의 삶과 멜리데 섬

사도행전 28:1-2

우리가 구원을 얻은 후에 안즉 그 섬은 멜리데라 하더라 토인들이 우리에게 특별한 동정을 하여 비가 오고 날이 차매 불을 피워 우리를 다 영접하더라

전 세계에 기상이변이 많이 일어나고 있습니다. 허리케인 아이린으로 인해서 어려움을 당하고 있는 분들도 많이 있습니다. 그런 상황에서 본문 말씀 속에서 우리가 배워야 하는 교훈, 그리고 우리의 환경 속에서 하나님이 하시는 말씀을 듣기 원합니다.

로마로 향하던 바울과 배를 탔던 276명이 유라굴로 광풍을 만나서 죽게 되었지만 특별한 하나님의 섭리와 배려 그리고 하나님의 은혜로 구조되었습니다. 배는 부서졌고 모든 물건도 다 잃었지만 생명은 하나도 잃어버리지 않고 모두 다 구원을 받았습니다.

배에 승선했던 사람들은 생각하지도 못했던 한 섬에 도착하였습니다. 그 섬 이름은 멜리데였습니다. 그곳에서 3개월을 지내게 됩니다. 그들이 멜리데 섬에 도착한 것은 그 섬에 가고 싶어서 혹은 가기로 계획해서가 아닙니다. 앞서 살펴보았듯이 풍랑 때문에 어쩔 수 없

이 도착한 것입니다. 어쩌면 우리가 살고 있는 모습이 이처럼 어쩔 수 없이 가게 되는 곳, 어쩔 수 없이 하게 되는 일들, 어쩔 수 없이 살아가는 모습일 수도 있습니다.

모든 것이 하나님의 계획 안에 있지만 사람에게는 우연같이 여겨지는 일들이 있습니다. 하지만 하나님이 보실 때에는 우리에게 꼭 필요하시기에 허락해 주신 것일 수 있습니다. 유라굴로 광풍을 만나서 어쩔 수 없이 도착했지만 그 섬에 살고 있는 사람들에게는 큰 구원의 기쁨이 될 수 있고, 또 그곳에 복음이 전파될 수 있으며, 하나님이 계획하신 하나님의 일을 이룰 수 있는 축복의 기회가 되었습니다.

우리도 원치 않는 일을 하게 되는 때가 있습니다. 원치 않는 일을 위해서 가게 되기도 합니다. 여러분이 원해서 가는 길보다 원치 않는 길로 갈 때가 더 많을 것입니다. 원치 않는 삶을 살고 계신 분도 있을 것입니다. 그러나 그것이 하나님의 기회라고 하는 것을 우리는 잊지 말아야 합니다.

환경을 통한 심판 날의 경고

오늘 이 예배에 참여하신 많은 분들이 한국에서 태어났습니다. '내가 왜 한국 땅에서 태어났을까, 그리고 왜 이 미국 땅에 와서 살까?' 혹 미국에서 태어났다면 '왜 내가 미국에서 태어났을까?' 고민해 보았을 것입니다. 어떤 사람은 부잣집에서 태어나고 어떤 사람은 가난한 집에서 태어납니다. 또 귀족과 같이 높은 신분으로 태어나거나 힘들고 어려운 집안에서 태어나기도 합니다. 이 세상에 왜냐고 물으면 대답할 수 없는 일들이 참 많습니다. 우리의 선택이나 계획이나 우리의 의지를 넘어서는 것들이 우리 인생에는 너무도 많습니다.

끊임없이 자기의 계획과 선택 가운데 자기 의지력을 동원해서 우리 인생을 산다고 생각하는 사람이 많습니다. 그러나 우리가 계획하고 비전을 품고 의지를 세운 대로, 곧 내가 원하는 대로 원하는 바를 이루어 가면서 사는 사람은 많지 않습니다. 이것이 우리 인생의 신비입니다. 내가 하려는 것, 내 능력이 되는 것은 다 할 수 있다고 말하는 사람은 좀더 기다려 봐야 합니다. 정말 내가 할 수 있는 것을 다 할 수 있는지 그리고 내가 좋아하는 것이 내 인생 끝까지 좋아하도록 허용되는지 두고봐야 합니다.

하나님께서는 하나님께 순종하는 자도 때로는 환난 가운데로 몰아가시고 때로는 불구덩이 가운데 집어넣으시면서 단련도 시키고 훈련도 시키시는 분인 것을 깨닫게 됩니다. 순종하는 요셉이 고난을 통과해야 했던 이유가 어디에 있습니까? 하나님을 신뢰하는 다윗이 그 도전으로 일생을 통과하면서 주를 따라가야 했고 주의 길을 걸어야 했던 이유가 어디에 있었을까요?

주님 앞에 헌신하면서 주님을 만난 후에 '자도 깨도, 먹어도 마셔도, 살아도 죽어도 나는 주를 위해 삽니다'라고 하면서 '나는 평생 죽는다' 하는 정신과 그 믿음을 가지고 삶의 마지막 한 방울 포도주를 기울여서 바치는 제물과 같이 자신을 바친 바울도 마찬가지입니다. 왜 유라굴로 광풍을 만나야 했고, 수많은 환난과 고난을 만나야만 했으며 지금은 이 알지도 못하는 섬에 다달아야 했는지 질문을 하게 되는 것입니다.

여러분이 원한 것이든 그렇지 않은 것이든, 지금 도착해서 살고 있는 환경 조건을 하나님이 왜 허락하였다고 생각하십니까? 여러분의 선택이며 계획된 일입니까, 아니면 우연입니까? 왜 지금 내가 가정의 멜리데, 사람의 멜리데에서 그 원주민들을 만나고, 그들 속에서 석 달을 함께 살아야 하는 과정에 처하도록 허락해 주셨을까요?

알 수 없는 멜리데 섬에 도착해서 이상하게도 바울과 276명의 사람들이 원주민들로부터 따뜻한 동정과 보살핌을 받게 됩니다. 먹을 것도 다 버렸고 이제는 추위를 막을 것도 없는 상황입니다. 그런데 원주민들이 따뜻하게 저들을 맞이하고 보살펴주고 있습니다. 우리는 가끔 주위 사람들로부터 알 수 없는 핍박을 받을 때 어려워하고 어리둥절할 때가 있습니다. 어떤 사람이 왜 미워하는지 이유를 알 수 없는 때가 있습니다. 이유 없는 고난 속을 헤매는 때가 있을 것입니다. 그러나 정반대로 아무 조건도 없이 도와 주고 사랑해 주는 사람들이 있습니다. 은혜를 베풀어 주고 먹을 것을 갖다 주는 것도 알 수 없는 인생의 신비요, 인생의 한 사건입니다.

사도 바울 역시 마찬가지입니다. 276명이 알지도 듣지도 못했던 그 멜리데 섬에 가서 원주민들을 만났는데, 그들이 따뜻하게 영접해 주고 불을 피워 주고 먹을 것을 나누어 주었습니다. 이 모든 것, 멜리데에서 일어난 사건과 그 과정 가운데 일어나고 있는 모든 일들은 남의 이야기가 아닙니다. 여러분과 저의 이야기이고 우리가 당하고 있는 일들이고 환경일 수 있습니다.

지난 번에 말씀드릴 때에 우리 인생의 겨울을 준비하자고 했습니다. 우리 인생에도 봄이 있고 여름, 가을이 있고 힘들고 어려운 겨울

같은 때도 있습니다. 따뜻한 봄과 같고 화창한 여름과 같고 결실의 가을과 같은 인생의 때도 있습니다. 그러나 그 추운 겨울, 이런 폭풍의 때도 있을 수 있습니다.

겨울을 어떻게 준비하느냐에 따라서 그 겨울을 어떻게 보내느냐가 결정됩니다. 김장을 해놓고 땔감을 준비하고 문풍지도 발라놓으면 추운 겨울을 따뜻하게 날 수 있습니다. 인생의 겨울도 준비를 하면 따뜻한 주님의 품안에 갈 수 있습니다. 준비하지 않으면 어둡고 추운 겨울, 힘겨운 겨울을 맞이하게 됩니다.

저는 이번 허리케인 아이린을 맞이하면서 우리의 신앙의 준비, 주님 오실 때를 위한 준비, 심판을 위한 준비, 경고의 나팔에 우리가 어떻게 귀를 기울여야 하며, 그 경고의 나팔을 무시하면 어떻게 되는가를 확인할 수 있는 기회가 되었습니다.

소돔 성이 멸망될 때 농담으로 여겼던 롯의 사위들은 그냥 불 속에 멸망당할 수밖에 없었습니다. 오늘 하나님의 종들을 통해서 계속해서 경고의 말과 심판의 말씀을 할 때, 혹시 농담으로 여기고 지금은 일어나지 않는다고 생각하는 분들은 혹시 없습니까? 목사가 "심판이 오니 준비해야 합니다" 하면 "당신이나 잘하시오"라는 태도의 사람들, 입으로는 "아멘 아멘" 하지만 "나에게는 아니오"라는 말하는 사람들이 있을지 모릅니다.

허리케인이 불어닥칠 때 집을 비우고 떠나야 하는 이유는 그 모든 물질들보다 생명이 더 중요하기 때문입니다. 그래서 피하라는 명령이 나왔을 때에는 곧바로 떠나야 합니다. 그렇습니다. 여러분, 때로는 집 지키고 물건 지키다가 무엇으로도 바꿀 수 없는 귀한 생명을 잃어버리는 경우가 많습니다.

하나님의 경고, 하나님의 심판, 예수 그리스도의 다시 오심은 진로도 바뀌지 않습니다. 강도, 높이, 낮음이 바뀌지 않으니 피할 수가 없습니다.

마태복음 24장 35절에 "천지는 없어지겠으나 내 말은 없어지지 아니하리라", 42-43절 "그러므로 깨어 있으라 어느 날에 너희 주가 임할는지 너희가 알지 못함이니라", 44절 "이러므로 너희도 예비하고 있으라 생각지 않은 때에 인자가 오리라", 27절 "번개가 동편에서 나서 서편까지 번쩍임 같이 인자의 임함도 그러하리라"(27절)라고 성경에서 끊임없이 경고를 하고 있습니다. 준비를 하라고 합니다. 하나님의 말씀은 일점일획도 변함이 없다고 했습니다. 이 말씀은 산상 설교 가운데에도 말씀했습니다.

"진실로 너희에게 이르노니 천지가 없어지기 전에는 율법의 일점일획이라도 반드시 없어지지 아니하고 다 이루리라"(마 5:18).

하나님의 말씀은 이루어지는 줄로 믿으시기 바랍니다. 하나님께서는 코스를 바꾸시지 않습니다. 다시 한 번 말씀 드리지만 약화되지도 않습니다. 반드시 이루어집니다.

복된 소식을 전하는 자

여러분, 방송에서 허리케인을 경고하는 것처럼 우리가 입을 열어야 하고, 주님의 때가 가까워지고 심판이 가까워진 것을 전파해야 합니다. 그 이유는 순간순간 이 심판의 때가 다가오고 있고 내 개인적으로도 이 심판의 때가 다가오기 때문입니다. 이런 경고를 하지 않고 준비를 선포하지 않았다면 이 허리케인이 지나는 곳에 얼마나 많은 피해를 입겠습니까? 그렇게 했어도 많은 피해를 입는데 만약 그런 경고가 없었다면 얼마나 많은 생명들을 잃었을까요? 경고를 계속 하고 대피명령을 내리고 심지어 위험지역은 가서 강제로 끌어내어왔음에도 불구하고 여러 사람들이 희생되고 죽어간 것 방송을 통해서 보았습니다.

우리가 예수님의 다시 오심, 하나님의 심판의 날을 선포해야 하는 이유 그리고 구원을 선포해야 하는 이유는, 우리가 하지 않으면 다른 사람들이 죽어갈 수 있고 참사를 당할 수 있기 때문입니다.

한 방송인이 "이번 허리케인은 디바인 블레싱(신의 축복)이다"라고 방송에서 선언하는 것을 들었습니다. 허리케인이 어떻게 축복이냐며 말도 안 된다는 사람도 있었습니다. 그런데 그 사람은 지난주에 동쪽을 흔든 지진도 디바인 블레싱이라고 했습니다. 왜냐하면 "하나님의 경고이기 때문이다. 준비하라는 경고이기 때문이다"라고 했습니다. "그것은 하나님의 경고다. 하나님이 컨트롤 하시지 우리 인간이 컨트롤 하는 것이 아니라는 것을 우리에게 생각나게 해주시는 경고다"라는 것입니다.

그렇습니다. 우리는 우리 계획으로, 우리 결단으로 사는 것이라고 생각하는 경우가 많습니다. 물론 결단할 때, 결단하고 의지력을 동원할 때는 동원해야 합니다. 그러나 믿음이 없는 결단, 하나님 말씀에 순종하지 않는 결단, 의지력 등은 타락한 의지력이고 타락한 결단입니다. 우리의 결단도 계획도 하나님의 말씀 안에서 순종하면서 성령의 인도하심 안에 맡겨진 결단이고 계획이고 그런 의지력의 동원이어야 합니다.

여러분, 사도 바울의 그 권고와 경고를 무시했을 때, 그래서 미항을 떠나 좀더 안전한 항구에서 편안하게 겨울을 나기 원해서 뵈닉스로 향했을 때 유라굴로 광풍을 만났습니다. 때로는 우리의 선택 때문에 광풍을 만나고 허리케인 아이린 같은 것을 만나기도 합니다. 또 때로는 내 의지가 아니고 어느 누구도 선택이나 계획도 아니지만 그런 일을 당하기도 합니다. 그런데 거기에 대비하고 대처하는 방법과 태도는 다 다릅니다. 받는 교훈도 다릅니다.

멜리데 섬 사건 가운데 신기한 것은, 이렇게 밀리고 밀려서 폭풍 중에 어디인지도 모르고 다다른 곳이 멜리데라는 것입니다. 멜리데는 과연 어디입니까? 하나님의 계획에 따라 바울을 가게 하시는 로마 바로 발밑이었습니다. 우리나라로 말한다면 제주도와 같은 곳입니다. 태평양에서 내가 서울로 가기 원했는데 제주도나 거제도에 내려놓으신 것입니다. 사실은 겨울을 나는 문제 때문에 일어난 현상이었습니다. 불편하지만 미항에서 겨울을 나느냐 아니면 더 편한 곳에 가서 겨울을 나느냐 하는 것 때문에 유라굴로 광풍을 만났고 또 밀려서 멜리데 섬까지 왔습니다.

우리는 때로 원하든 원하지 않든 인생을 살아가다 보니까 나중에 '하나님이 계획하신 일을 이렇게 이루어 가시는구나'라고 고백하게 될 때가 있습니다. 믿음의 사람들이 때로는 밀리는 광풍과 같이 내 계획에 없었고 계획하지도 않았던 일에 끌려갔는데, 가서 보니까 멜리데 섬이었다는 고백을 하기도 합니다. 알고 보니 내가 가기를 원했고 하나님이 보내시기 원했던 바로 그 가까이에 가 있더라는 것을 경험합니다.

여러분, 풍랑을 너무 두려워하지 마십시오. 고난, 환난을 대비하는 마음, 준비, 대하는 태도가 중요한 것입니다. 사도 바울은 광풍 속에서도, 배가 깨어져 모든 것을 다 잃은 상태에서 멜리데 섬에 내렸을 때도 원망을 한마디도 안 했습니다. 그곳에서 하나님이 계획하신 하나님의 일을 하는 것입니다. 원주민 추장 보블리오의 환대를 받고, 그의 아버지를 고치고, 살인자로 여김을 받던 그가 신과 같이 여김을 받게 되고, 살아 계신 하나님을 증거하는 축복의 은혜가 이 멜리데 섬에서 일어납니다.

사랑하는 성도 여러분, 지금 여러분의 멜리데, 원하지 않던 그곳, 계획하지 않은 그곳에 내려서 지금 정박하고 있다면 여러분은 어떻게 사역하고 있습니까? 이것이 왜 사역이냐며 짜증내고 있지는 않습니까? 사도 바울은 그러지 않았습니다. 최선을 다해서 믿음으로 이겨나갔고 주님 앞에 순종하면서 쓰임을 받았습니다.

오늘 여러분과 저에게 끊임없이 겨울은 다가올 수 있고 폭풍이 다가올 수 있습니다. 예기치 않은 허리케인이 다가왔듯이 우리 인생의 폭풍, 겨울이 다가올 수 있습니다. 그렇다면 우리는 이 겨울을 어떻게 나야 하겠습니까? 미항에서 나겠습니까, 뵈닉스에서 나겠습니까, 멜리데에서 나겠습니까? 그것은 하나님 손안에 있습니다. 내가 어떻게 어떤 이유로 하나님의 손길 안에서 나가겠습니까? 우리가 파수꾼의 사명을 다해야 하는 이유가 여기에 있습니다.

이번 허리케인 아이린 경고 방송과 준비를 통해서 얼마나 많은 희생자들을 건져낼 수 있고 얼마나 많은 것들을 구해낼 수 있었는지 우리는 눈으로 직접 확인하였습니다.

> "인자야 내가 너로 이스라엘 족속의 파수꾼을 삼음이 이와 같으니라 그런즉 너는 내 입의 말을 듣고 나를 대신하여 그들에게 경고할지어다 가령 내가 악인에게 이르기를 악인아 너는 정녕 죽으리라 하였다 하자 네가 그 악인에게 말로 경고하여 그 길에서 떠나게 아니하면 그 악인은 자기 죄악 중에서 죽으려니와 내가 그 피를 네 손에서 찾으리라 그러나 너는 악인에게 경고하여 돌이켜 그 길에서 떠나라고 하되 그가 돌이켜 그 길에서 떠나지 아니하면 그는 자기 죄악 중에서 죽으려니와 너는 네 생명을 보전하리라"(겔 33:7-9).

경고하고 "떠나라, 대피하라"고 했는데도 듣지 않다가 죽는다면, 그것은 자기 죗값으로 자기의 결단으로 죽는 것입니다. 대피하면 구원을 받습니다. 그러나 경고하는 책임은 방송에 있는 것처럼 우리에게도 경고의 책임이 있어서, 만약에 알고도 경고하지 않으면 "그 피를 네게서 찾겠다"라고 성경이 말씀하고 있습니다.

> "누구든지 주의 이름을 부르는 자는 구원을 얻으리라 그런즉 저희가 믿지 아니하는 이를 어찌 부르리요 듣지도 못한 이를 어찌 믿으리요 전파하는 자가 없이 어찌 들으리요 보내심을 받지 아니하였으면 어찌 전파하

리요 기록된 바 아름답도다 좋은 소식을 전하는 자들의 발이여 함과 같으니라"(롬 10:13-15).

요엘 선지를 통해서 2장 32절에 말씀한 이 경고의 말, "누구든지 여호와의 이름을 부르는 자는 구원을 얻으리니"라는 말씀을 인용하면서 사도 바울도 "복음의 소식을 전하는 자의 발길이 어찌 그리 아름다운가"라고 선언하고 있습니다.

심판, 하나님의 심판, 마지막 날이 다가옵니다. 우리 개인의 심판, 우리 개인의 마지막 종말도 다가옵니다. 이것은 피할 길이 없습니다. 비껴가지도 않습니다. 그날을 준비해야 합니다. 그러나 우리만 준비하는 것이 아닙니다. 남도 준비시키고 대피시키라는 것입니다. 경고의 나팔을 불라는 것입니다. 이것은 우리의 책임입니다. 책임을 완수하지 아니하면 그 피 값을 우리에게서 찾으시겠다고 합니다. 그러므로 이것이 전도해야 하는 이유입니다.

오늘 내가 지금 어디에 머무르고 있습니까? 원하든 원하지 않든 지금 그곳은 여러분의 멜리데입니다. 여러분은 부디 지혜로운 자, 깨어 있는 자 되시길 예수님의 이름으로 축원합니다.

드디어 로마에 들어가다

사도행전 28:11-15

석 달 후에 그 섬에서 과동한 알렉산드리아 배를 우리가 타고 떠나니 그 배 기호는 디오스구로라 수라구사에 대고 사흘을 있다가 거기서 둘러가서 레기온에 이르러 하루를 지난 후 남풍이 일어나므로 이튿날 보디올에 이르러 거기서 형제를 만나 저희의 청함을 받아 이레를 함께 유하다가 로마로 가니라 거기 형제들이 우리 소식을 듣고 압비오 저자와 삼관까지 맞으러 오니 바울이 저희를 보고 하나님께 사례하고 담대한 마음을 얻으니라

바울 일행이 멜리데를 떠나서 목적지 로마에 도착하기까지의 과정입니다. 멜리데 섬에 머무는 동안 하나님의 놀라우신 은혜와 역사로 하나님 나라가 임하는 축복을 받았습니다. 그리고 후한 환대와 필요한 것까지 공급받으면서 축복 가운데 환송을 받으며 로마를 향해 떠나게 되었습니다. 멜리데 섬에서 사역한 석 달은, 2년여에 걸쳐 가이사랴에서 감옥 생활을 하고 유라굴로 광풍 가운데 지친 바울의 영육이 쉴 수 있고 회복할 수 있고 또 앞으로의 일을 준비하는 데 필요한 기간이었습니다. 하나님께서 허락해 주신 시간이었습니다.

이제 그들은 멜리데 섬을 떠나서 알렉산드리아의 디오스구로라 하

는 배를 타고 건너가게 됩니다. 시실리의 수도이면서 역사적인 도시인 수라구사, 시라큐스 항구에 정박해서 사흘, 다음에 레기온에서 하루를 지내고 이틀 동안 해안을 따라서 항해하여 보디올이라는, 지금의 나폴리 근처 항구에 도착해서 7일 동안을 머무릅니다. 그곳에서 7일 동안 머물며 로마에 들어가기 전 다시 한 번 점검하고 마음의 준비를 하며, 환난과 핍박으로 인해서 이곳저곳에 흩어져 있던 사람들 가운데 이탈리아 반도로 이주해 온 성도들 몇몇을 만났습니다. 이에 바울은 여러 성도들을 초청하여 은혜를 나누고 서로 격려받는 축복의 시간을 가졌습니다.

특별히 보디올을 떠나가는 동안 압비오 광장과 트레이스 타베르네까지 마중 나와 환영해 준 성도들과의 만남이 바울에게 담대한 마음을 얻게 했다면서 15절에서 하나님께 감사하고 있습니다. 압비오 광장은 로마에서 65킬로미터 되는 곳이며, 트레이스 타베르네는 다른 번역에 '삼관'이라고 해서 세 여관이 있는 지역으로 50킬로미터 떨어진 곳입니다. 지금은 먼 거리가 아니라고 생각하기 쉽지만 당시 그 거리를 마중 나온다는 것은 쉬운 일이 아닙니다. 그 두 곳에 사랑하는 성도들이 나와서 환영해 준 것이 어려운 시기의 사도 바울에게 큰 힘이 되어 담대함을 얻었다고 표현한 것입니다.

여기서 '맞으러'라는 단어는 한 도시의 대표자, 예를 들어 왕이나 전쟁에 이긴 개선장군을 맞이할 때에 환영하기 위해 맞으러 나가는 것과 같은 표현에 사용된 단어입니다. 우리 믿음의 형제자매들이 로마에 오는 바울을 맞을 때 왕이나 개선장군을 맞이하는 것처럼 했다는 것입니다.

만남과 교제, 또 공동체라는 것이 얼마나 중요하며 우리에게 어떤 영향력을 미치는지, 우리가 어떤 마음으로 서로를 초청해야 하는가, 하는 것을 이 모습을 통해서 확인하기를 원합니다.

윌로우 크릭 사역을 하신 존 오트버그 목사님의 《우리는 만나면 힘이 납니다》라는 책의 우리말 제목대로, 우리의 만남이 만날 때마다 힘이 생기고 또 힘을 주는, 남을 만날 때 나를 통해서 상대방이 생명을 얻고 힘이 되고 능력이 전달되는, 만난 사람을 통해 정말 힘이 나고 생명력이 나에게 전달되는 경우가 얼마나 있습니까? 오늘 이 시대는 참으로 외롭고 고독한 시대입니다. 만나면 속마음을 나눌 수 있고 삶을 나눌 수 있고 힘이 나고 힘을 줄 수 있는 그런 관계가 되어야 하지 않습니까?

하나 된 우리가 삼위 하나님 안에

이 사회는 어떤 성취를 위해서 달려가는 시대입니다. 에드워드 할로웰은 우리 사회가 점점 성취의 노예로 전락되어 가고 있어 연결 관계가 점점 끊어지고 있다는 말을 했습니다. 평범한 말 같지만 우리들의 신앙생활과 모든 삶 가운데 이런 일들이 얼마나 자주 일어나고 있는지 모릅니다. 연결 관계를 끊으면서까지라도 어떤 일을 성취해야 하는 이 시대, 목표한 것을 이루기 위해서 남에게 많은 피해를 입히는 그런 시대에 삶을 살아가고 있다는 것은 참 안타까운 일입니다.

내가 성취를 하지 못하더라도 관계를 유지할 수 있는 사람이 중요합니다. 우리가 하나님을 위해서 어떤 위대한 일을 하는 것에 앞서 더 중요한 것은 하나님과 나와의 관계입니다. 어떤 때는 하나님의 큰 사역을 하기 원한다고 하면서 그것 때문에 하나님과의 관계가 소원해지고 끊어지는 상태에 이르는 경우도 신앙생활 가운데 많이 있습니다. 아무리 위대한 일을 이루었다고 하더라도, 혹은 막대한 부와 명성과 권력을 쥐었다고 하더라도 관계에 실패했다면 과연 행복할까요? 그러나 반대로 관계에 성공한 사람들, 멋진 우정을 쌓고 사랑의 믿음을 함께 나누는 사람들은 세상적인 큰 성취는 이루지 않았다고 하더라도 그 생애가 얼마나 풍성한지 우리 주변에서 많이 볼 수 있습니다.

결국 중요한 것은 하나님과의 관계입니다. 우리 믿는 사람에게는 하나님과의 관계가 중요하며, 사람과의 관계도 중요합니다. 함께 울고 웃고, 함께 배우고, 함께 노력할 수 있는 사람들은 항상 자기만이 아니라 공동체를 귀하게 여깁니다.

하나님은 공동체를 좋아하셔서 하나님의 존재 방식도 공동체적입니다. 하나님은 유일하신 분이지만 성부, 성자, 성령 삼위의 분으로, 그러나 일체로 존재하시는 하나님입니다. 창세기 1장 26-27절 말씀에 "하나님이 자기 형상 곧 하나님의 형상대로 사람을 창조하시되 남자와 여자를 창조하시고 하나님이 이르시되 우리의 형상을 따라 우리의 모양대로 우리가 사람을 만들고"라고 했습니다. 하나님은 한 분이신데 어떻게 하나님이 우리라고 했을까요? 성부, 성자, 성령 하나님 성삼위 하나님이 스스로를 '우리'라고 호칭하셨습니다. 하나님의 공동체입니다. "하나님이 자기 형상 곧 하나님의 형상대로 사람을 창조하시되 남자와 여자를 창조하시고"(27절).

모든 것을 다스리게 하시고 모든 피조물들과 함께하는 축복을 누리게 복을 주시고 보시기에 심히 좋았더라고 하나님이 말씀을 하셨습니다. 창세기 2장 18절에는 “사람의 독처하는 것이 좋지 못하니”라고 했습니다. 2장은 3장에서 아담과 하와가 타락하기 이전의 모습입니다. 하와가 창조되기 전, 아담 혼자 있을 때입니다. 아담 혼자 있을 때 아담은 하나님과 완전한 관계에 있었습니다. 죄를 짓지 않은 상태였습니다. 그런데 죄를 짓지 아니한 아담을 하나님이 보셨을 때 심히 좋아야 하는데 2장 18절 표현을 빌리자면 사람이 혼자 사는 것은 좋지 않다고 하셨습니다. 지금 여기서 우리가 암시받을 수 있는 것은, 사람도 공동체적으로 존재하면서 하나님과 교제하며 기뻐하시는 일들을 이루어드릴 수 있어야 한다는 것입니다.

오늘 우리가 분명히 해야 하는 것은, 하나님은 우리를 채워 주시되 그것만이 근본적이고 존재적인 채움이라는 것입니다. 세상 것으로, 사람으로 채울 수 없는, 하나님만이 채우실 수 있는 공간이 있습니다. 돈을 벌고 권력을 얻어도, 내가 성취하고자 하던 것을 얻어도 또 부족하다고 생각합니다. 그것은 세상이 아닌 하나님께서 채워야 합니다. 하나님이 공동체로 존재하심과 같이 우리도 공동체를 떠나면 하나님 보시기에 좋지 않다는 것입니다.

신앙생활을 하면서도 하나님과만 바른 관계를 가지면 된다고 하는 사람들이 있습니다. 그래서 모든 관계를 소홀히 하고 사람과의 만남과 친지와의 친분관계를 달갑게 여기지 않는 이도 있습니다. 그래서 하나님께서 돕는 배필을 지으신 것입니다. 아담을 ‘사람’이라고 하고 하와를 ‘여자’라고 하는 것은 우리 인간 공동체를 이야기하는 것입니다. 오늘날 얼마나 많은 사람들이 이 공동체를 소홀히 하는지 모릅니다.

사도 바울이 로마에 도착하기 전에 그를 갖이하러 나오고 그를 왕과 같이 대우해 준 이들 때문에 바울은 위르를 받고 힘을 얻고 담대함을 얻었습니다. 이처럼 오늘 우리에게 하나님이 원하시는 것도 바로 공동체, 소그룹의 중요성입니다.

〈아메리칸 메디컬 저널〉에 나와 있는 실험 중에 276명을 대상으로 일반 감기 바이러스를 주입시켜서 연구한 결과가 있습니다. 두 그룹으로 나누어서 감기 바이러스를 주입했는데 한 그룹은 강한 우정과 사랑의 끈끈한 인간 관계를 가지고 있는 사람들이고, 다른 한 그룹은 홀로 외롭게 있는 사람들이었습니다. 그 결과 혼자 외롭게 인간관계를 멀리한 사람들은 감기 걸릴 가능성이 4배가 높고, 기침도 4배를 더 많이 했다고 합니다.

우리는 지금 믿음의 공동체 구성원으로서 혼자가 아닙니다. 베다니 공동체가 있고 거기에 목장, 교구, 셀 공동체가 있습니다. 그런데 셀이나 소그룹을 거부하고 그냥 홀로서기를 하는 사람도 있습니다. 오늘 저는 그런 분들의 개념을 깨뜨리기 원합니다. 신앙생활 잘한다는 것은 과연 무엇일까요? 하나님 앞에서 나와 하나님과의 관계를 잘하는 것도 본질적으로 좋은 일입니다. 그러나 하나님이 원하시는 것은 이것만이 아닙니다. 죄를 짓지도 않고 하나님과 완전한 교제를 하는 그 순간에도 아담이 혼자 독처하는 것을 좋지 않았다고 하신 것은, 사람이 채워야 하는 부분들을 채우지 않으면 하나님 보시기에 좋지 않다는 것입니다.

"모든 겸손과 온유로 하고 오래 참음으로 사랑 가운데서 서로 용납하고 평안의 매는 줄로 성령의 하나 되게 하신 것을 힘써 지키라"(엡 4:2-3).

이것은 성령으로 말미암아 그리스도 안에서 이미 우리는 하나 되었기 때문에 하나 된 것을 힘써 지키면 된다는 것입니다. 앞으로 하나 될 것이라는 말이 아니고 이미 하나가 됐습니다. 긍휼 때문에 독생자라도 아끼지 않고 내어주신 하나님의 그 은혜 때문에, 십자가를 지고 종으로서 형체를 입고 죽기까지 복종하시면서 자신을 내어주신 성자 하나님 때문에, 그리고 우리를 위해서 그 예수님을 증거해 주시고 지금 나와 함께하시며 성령의 매는 띠로 하나 되게 묶어 주신 성령님 때문에 이미 우리는 하나가 되었다는 말씀입니다. 하나님과 하나이고, 이웃과 하나이고, 교회에서도 하나요, 셀 소그룹에서도 하나라는 것입니다. 그것을 지키라는 것입니다.

우리가 구원을 이야기할 때도 그렇고 성령세례를 이야기할 때도 그렇고 근본적인 것이 있습니다. 구원은 예수 그리스도의 십자가와 부활 능력을 통해서 온 인류에게 이미 다 주어진 것입니다. 문제는 이것을 믿고 받아들이고 있는가 하는 것입니다. 성령세례도 믿는 사람들에게 부어 주시도록 되어 있어서 성령이 다 임해 계십니다. 그것을 믿고 하나님 앞에 구하고 받아들이면 성령세례가 임하는 것입니다. 다른 사람 것을 받을 줄 알고 내가 남에게 줄 줄도 아는 것, 이것이 교류이고 관계입니다. 우리 주님이 그것을 원하시는 것입니다.

하나 됨의 유익

사도 바울은 믿음의 형제자매들을 만날 때에 힘이 났고, 로마를 향해 발길을 향할 수 있는 담대함을 가졌습니다. 그가 담대함이 없었다는 이야기가 아닙니다. 그는 원래 담대한 사람이었습니다. 그럼에도 불구하고 형제들의 만남을 통해서 이러한 담대함이 더 충만해졌다는 것입니다. 이것이 하나 됨입니다.

우리가 셀 공동체를 통해서 성삼위 하나님의 공동체에 함께 참여함으로 말미암아 힘을 얻고, 생명을 얻고, 공동체의 삶을 통해서 치유의 역사가 일어나고, 용서가 있고, 화해가 있게 될 줄 믿습니다.

공동체의 역사는 바로 그것입니다. 공동체를 이루고 관계를 맺는다는 것은 서로를 받아줌이 있고 용서가 있고 화해가 있다는 것입니다. 그러면서 치유를 받습니다. 영도 치료를 받고 육도 마음도 치료를 받습니다. 놀라운 일들이 일어나고 담대함을 얻고 힘을 얻습니다. 하나님께서는 공동체적으로 존재하시면서 거기에 우리를 초대해 주셨습니다. 집 나간 탕자를 그렇게 고대하면서 맨발로 맞으러 나가는 아버지, 하나님 아버지의 마음입니다. 만왕의 왕, 만주의 주가 집 나간 탕자를 맞으러 달려 나가는 주님의 초청입니다. 사도 바울을 왕의 초청으로 성도들이 초청한 것입니다.

사도 바울을 맞으러 65킬로미터, 50킬로미터를 달려와서 힘을 준 성도들처럼, 우리도 마음에 품고 기도해 오던 태신자가 교회에 나올 때 그들을 맞이하고 친절과 그리스도의 사랑으로 하나 된 모습을 함께 나누기 원합니다. 그러한 마음으로 있으면 그곳에 성령님이 역사하시고 그곳에 힘을 얻는 역사들이 일어납니다.

> "아버지께서 내 안에, 내가 아버지 안에 있는 것같이 저희도 다 하나가 되어 우리 안에 있게 하사 세상으로 아버지께서 나를 보내신 것을 믿게 하옵소서"(요 17:21).

예수님의 기도입니다. 하나님 아버지와 예수 그리스도 안에 하나 된 우리가 함께 있기를 주님이 원하시며 그렇게 기도하셨습니다. 우리만 하나님 안에 있기를 원하시는 것이 아니라 우리가 마음에 품고 기도하며 초청하고 있는 분들도 하나님 안에 있게 하사, 세상으로 하여금 하나님 아버지께서 예수님을 보내신 것을 믿게 하라는 간구입니다. 바로 이 믿음의 역사가 일어날 줄로 믿습니다.

바울이 로마에서 전도하다

사도행전 28:16-22

우리가 로마에 들어가니 바울은 자기를 지키는 한 군사와 함께 따로 있게 허락하더라 사흘 후에 바울이 유대인 중 높은 사람들을 청하여 모인 후에 이르되 여러분 형제들아 내가 이스라엘 백성이나 우리 조상의 규모를 배척한 일이 없는데 예루살렘에서 로마인의 손에 죄수로 내어준 바 되었으니 로마인은 나를 심문하여 죽일 죄목이 없으므로 놓으려 하였으나 유대인들이 반대하기로 내가 마지못하여 가이사에게 호소함이요 내 민족을 송사하려는 것이 아니로라 이러하므로 너희를 보고 함께 이야기하려고 청하였노니 이스라엘의 소망을 인하여 내가 이 쇠사슬에 매인 바 되었노라 저희가 가로되 우리가 유대에서 네게 대한 편지도 받은 일이 없고 또 형제 중 누가 와서 네게 대하여 좋지 못한 것을 고하든지 이야기한 일도 없느니라 이에 우리가 너의 사상이 어떠한가 듣고자 하노니 이 파에 대하여는 어디서든지 반대를 받는 줄 우리가 앎이라 하더라

사도 바울이 로마에 도착했습니다. 그동안 많은 과정들이 있었습니다. 로마에 도착할 때 몇몇 유대인 성도들의 환영을 받았지만 그 환영은 개선장군을 맞는 큰 환영이 아니었습니다. 본문 첫 절을 보면 그렇게도 가고자 했던 로마, 가이사 앞에 서서 그 예수를 증거하기 원했던 사도 바울을 기다리고 있는 것은, 가이사가 아니라 감옥과 그곳의 시위대 병사였습니다. 그는 함께 거하며 바울을 지키고 감시할

병사입니다. 사도행전 28장을 마감해가면서 너무도 바울이 초라하다고 느낄 수밖에 없는 그런 장면입니다.

우리가 신앙생활과 인생에 대해서, 지금 어떤 것을 꿈꾸고 소망하면서 가고 있는지 점검해 보고 싶습니다. 성경은 결코 우리 인생에 패배를 주지 않습니다. 하나님은 패배의 하나님이 아니십니다. 예수 그리스도를 통한 놀라운 그 승리는 우리의 승리요, 하나님 나라의 승리입니다. 그렇다면 그 승리가 우리에게 주어졌을 때 그것은 어떤 승리이며 무엇을 위한 승리일까요?

당한 일이 도리어 복음 전파의 기회가 되다

첫째, 사도 바울이 하나님의 은혜로 인도하심을 따라 로마에 도착했습니다. 하나님의 계획과 하나님의 방법으로 도착했습니다. 사도 바울이 기대했던 것보다 3년 늦게 도착했고, 자유의 몸이 아니라 죄수의 몸으로, 평탄한 길이 아닌 천신만고 끝에 로마에 도착했습니다.

우리는 보통 쉬운 방법, 우리가 원하는 방법으로 이루어지기를 바랍니다. 물론 하나님의 약속과 하나님이 계획하신 일은 그대로 이루어집니다. 그러나 잠언에는 "사람이 마음으로 자기의 길을 계획할지라도 그 걸음을 인도하는 자는 여호와시니라"(잠 16:9)고 말씀하고 있습니다. 때로는 우리의 계획이 하나님의 계획하심과 하나님의 섭리를 따라서 이루어지는 것을 경험하나 많은 경우 우리가 좌절하고 낙망하는 것은, 내가 계획하고 꿈꿨고 전심을 다했는데 그대로 이루어지지 않기 때문입니다.

사도 바울은 가이사 앞에 서기를 원했고 서바나에 가서 복음을 증거하고 하나님 나라를 선포하기 원했지만, 그는 지금 가이사 앞에 선 것이 아니라 쓸쓸한 감옥에서 한 시위대 병사와 함께 쇠사슬에 매여 있습니다.

오늘 여러분과 저도 마찬가지입니다. 지금 자신이 기대했던 곳에 와 있는 분도 계실지 모릅니다만, 과연 얼마나 많은 분들이 꿈꿨던 그곳, 계획하고 소망했던 그것을 지금 이루고 있습니까?

이민 올 때 많은 꿈이 있었을 것입니다. 많은 소망 중 그대로 이루어진 것이 얼마나 됩니까? 지난날을 돌아보고 오늘을 보면 참 신비할 것입니다. '내가 어떻게 이 자리에 와 있을까? 내가 어떻게 이 일을 하고 있을까?' 질문하고 되돌아보십시오. 유라굴로 광풍을 만나서 지금 사경을 헤매는 사람도 있을 것이고, 꿈이 이루어져 흡족함을 느끼는 사람도 있을 것입니다. 어떤 상황에 있든지 분명히 하나님은 하나님의 계획을 가지고 계시고 당신의 백성들을 인도해 가십니다. 다만 하나님의 방법으로 말입니다.

위대한 사도 바울에게도 하나님께서 그에게 비전을 주시고 꿈을 주시고 로마의 꿈, 서바나에 대한 꿈을 주시고 땅끝까지 복음을 증거하는 꿈을 주셨는데, 로마까지 가는 방법과 환경과 그 모든 것은 그가 생각하지 못한 과정을 거쳐야 했습니다.

아마 여러 질문을 할 수 있을 것입니다. '왜 3년이라는 세월이 지연되어야 했나? 왜 죄수의 몸으로 감옥이 내 집과 같이 되어버렸나?' 아마 반문에 반문을 더할 수도 있을 것입니다. 그러나 하나님이 당신의 계획을 이루어 가시기에 사도 바울은 그때그때 순종하며 하나님의 인도하심대로 그 신비한 뜻과 비밀을 체험하면서 주님의 이끌림을 받았습니다. 빌립보서 1장 12절 이하에 그것이 오히려 복음 전파에 진전을 이뤘다고 고백하고 있습니다.

"형제들아 나의 당한 일이 도리어 복음의 진보가 된 줄을 너희가 알기를 원하노라 이러므로 나의 매임이 그리스도 안에서 온 시위대 안과 기타 모든 사람에게 나타났으니 형제 중 다수가 나의 매임을 인하여 주 안에서 신뢰하므로 겁 없이 하나님의 말씀을 더욱 담대히 말하게 되었느니라" (빌 1:12-14).

차꼬에 채이고 매임으로 말미암아 오히려 복음의 진전이 일어났다는 것입니다. 자유의 몸으로 가고 싶은 곳을 다 다니고, 하고 싶은 행동도 다 하면서 복음을 증거했으면 얼마나 좋았을까 생각할 수 있지만, 죄수로 매이고 제한된 상황 가운데 계획대로 되지 않았지만, 인도하시는 하나님이 오히려 그것을 통해서 복음이 진전되는 길로 이루어가고 있다는 확신이었습니다.

우리는 현재 처한 환경에 대해 어떤 태도를 가지고 있습니까? 어떤 환경을 주셨을지라도 그 상황 속에서 하나님이 나를 인도하셨고, 지금 나를 사용하고 계시고 이끌어 가고 계신다는 확신이 있습니까? 그곳에서 증인 노릇을 하고 그곳에서 하나님 나라, 그리스도를 전파하고 있느냐는 것입니다.

우리들도 그런 고백을 할 때가 많습니다. 내가 성공하고 잘되고 힘있는 것을 전도 대상자들에게 증거할 때 그들이 동조하고 마음을 같이 하던가요? 예수 믿으면 저런가 보다 할 수도 있으나, 마음에 더 큰 감동을 주는 것은 아프고 실패한 사람의 증거입니다. 성공한 사람이 실패한 사람에게 "기도하면 돼. 예수 믿으면 돼. 열심히 하면 돼" 하는 것보다는 "나는 비록 실패해서 지금 돈도 없고 직장도 없는 형편이지만, 그래도 이렇게 담대할 수 있고 버틸 수 있는 힘을 얻는 것은 하나님, 예수 그리스도의 능력 때문이다" 하는 것이 오히려 그들의 마음을 더 열 수 있습니다. "지금도 하나님께서는 나를 분명히 당신의 길로 인도해 가고 계십니다" 하면서 흔들리지 않는 담대한 믿음으로, 실패한 자로서의 경험과 아픔 속에서 그들을 만나 줄 때 더욱 함께할 수 있는 것입니다.

바울은 죄수로서 감옥에 갇혀 있는 상태지만, 한 사람 한 사람의 유대인들을 초청해서 일대일의 만남을 가질 수 있었습니다. 하나님의 인도하심으로 그런 일이 일어난 것입니다. 이 병사만 해도 그렇습니다. 그를 감시하라고 붙여 주었는데, 만약 바울이 권세자로서 혹은 정부의 높은 지위를 갖고 있는 사람으로서 그에게 "너 예수 믿어라" 한다고 그가 믿겠습니까? 재판을 앞두고 언제 죽을지 모르는 죄수에게 붙여 준 병사에게 사도 바울이 한 일이 무엇입니까? 복음으로 전파한 것입니다. 바울이 매일 한 사람씩만 만나도 한 해면 모두 365명이 됩니다.

여러분, 하나님께서 바울을 세상 권세를 쥐고 있는 가이사 앞에 세워놓고 증인 되게 하지 않으시고, 병사 한 사람을 붙여서 한 사람 한 사람의 일대일 만남을 통해서 매일 하늘나라가 선포되고 예수 그리스도가 나누어지고 그가 만난 주님, 그를 변화시킨 주님을 전하는 것입니다.

여러분 그로부터 200년 후에는 가이사, 곧 콘스탄틴 대제가 복음 앞에 무릎을 꿇고 대로마 제국을 기독교 국가로 선포하는 역사가 일어납니다. 그것은 바울 사도가 가이사 앞으로 직행해서 그를 전도했기 때문이 아니었습니다. 하나님이 감옥에서 붙여 주시는 한 영혼, 자기를 감시하는 그 병사와 나누는 하나님 나라, 예수 그리스도의 증거가 한 사람씩 늘어나 가이사도 변하고 로마가 변하는 놀라운 역사가 일어난 것입니다. 우리의 방법, 우리의 뜻대로가 아니었습니다. 한 사람 한 사람을 그렇게 귀하게 여기는 사도 바울을 통한 하나님의 방법으로 이뤄나간 것입니다.

나무의 절정은 꽃이 아니라 열매

둘째, 우리가 주님을 섬기면서 확인하기 원하는 것이 있습니다. 내가 하나님 나라를 위해서 하나님께서 붙여 주신 동역자인지, 나의 사역 가운데 하나님이 나에게 붙여 주신 하나님의 사람이 누구인지 확인하는 것입니다.

본문 16절 말씀이 "우리가 로마에 들어가니"로 시작됩니다. 바울 혼자였다면 '우리'가 아닐 것이므로 본문의 기록자 누가가 바울과 동행하고 있는 것입니다. 바울의 모든 행적을 낱낱이 기록할 수 있는 사람, 예수님의 행적을 낱낱이 기록할 수 있는 사람은 예수님과 함께했던 누가였습니다. 그림자처럼 따라다니면서 동역했던 누가는 유라굴로 광풍 속에서도, 바울이 감옥에 갇혀 있을 때에도, 지금 로마의 마지막 순간까지도, 다른 사람들은 다 떠났어도 사도 바울과 함께 있었습니다.

> "너는 어서 속히 내게로 오라 데마는 이 세상을 사랑하여 나를 버리고 데살로니가로 갔고 그레스게는 갈라디아로, 디도는 달마디아로 갔고 누가만 나와 함께 있느니라 네가 올 때에 마가를 데리고 오라 저가 나의 일에 유익하니라"(딤후 4:9-11).

바울이 참수형을 당하기 직전 갇혀 있던 로마 옥중에서 디모데가 오기를 원하는 표현을 기록한 것입니다.

제가 3년 전 로마에 갔을 때 바울이 마지막에 갇혔던 그 초라한 감옥을 방문했습니다. 바로 그 뒤가 참수형을 당했던 곳입니다. 쇠창살 창문이 있고 아래는 지하로 파여 있어 냉기가 올라왔습니다. 게다가 참수형을 당하는 사람들의 비명 소리가 창문으로 들리는 곳이었습니다. 옆방에 있는 사람들이 한 사람씩 끌려 나가서 참수형을 당하는 바로 그곳에서 바울이 기록한 말씀입니다.

성경 어디에도 누가에 대해서는 기록을 같이 하고 있지 않습니다. 누가복음과 사도행전은 자기가 기록했기 때문에 자기를 나타내고 있지 않습니다. 그러나 언제나 그림자와 같이 사도 바울의 어려움과 고난과 역경을 함께하고, 감옥까지 함께하면서 모든 사람들이 다 떠났을 때도 오직 한 사람 누가는 바울과 함께 있었습니다. 사람이 흥하고 성공할 때는 많은 사람이 그와 동행합니다. 그러나 그가 실패했을 때, 고생하고 고난 당할 때 함께할 수 있다는 것은 흔한 일이 아닙니다.

그런데 하나님의 신비한 은혜는 누가가 의사란 사실입니다. 만병의 의사가 되신 하나님께서 육신의 의사도 붙여 주셔서 감옥에서 육신의 쇠약함 가운데 있는 바울을 돌보게 하십니다. 하나님의 사랑은 측량할 수 없는 것이지요.

누가가 얼마나 많은 전도를 했는지 또 복음을 선포하여 많은 사람들이 믿고 주께 돌아왔는지 하는 이야기는 성경에 없습니다. 그러나 누가가 바울을 도우며 섬겼다는 구절은 있습니다. 그리고 누가복음과 사도행전을 기록했습니다. 섬기면서 예수님의 행적, 바울의 행적, 베드로의 행적을 똑똑히 경험했습니다. 2천 년이 지난 지금도 그가 기록한 예수님의 행적과 더불어 베드로와 바울의 행적이 어떤 영향력을 미치고 어떤 복음의 열매를 맺고 있는가는 우리가 보고 느끼고 체험한 바입니다. 겉으로 드러나야만, 주역을 해야만 하나님의 일을 하는 것이 아닙니다.

브리스길라와 아굴라는 평신도이면서도 사도 바울의 사역과 교회의 사역을 위해서 목이라도 내놓는 동역자였고 뵈뵈 자매, 로마서 16장에 기록된 30여 명과 같은 사람을 통해서 하나님의 나라가 확장되었습니다.

오늘 여러분과 저도 직접 리더가 되지 않더라도 누가와 같이, 어떤 사람은 경제력으로, 기술이나 어떤 전문성을 통해서 남과 협력하고 도움으로 말미암아, 때로는 바울같이 때로는 누가같이 주님 앞에 쓰임 받을 수 있는 것입니다. 우리는 크고 드러난 것, 허황된 유행을 택하려는 경우가 너무 많이 있습니다. 물론 그것도 감당할 사람이 있어야 하고 리더도 있어야 하지만, 모두가 다 리더가 될 수는 없습니다.

셋째, 사도 바울은 자기가 이 로마에 온 것이 이스라엘의 소망 때문이라고 했습니다. 이스라엘의 소망은 이방인의 소망이기도 합니다. 그것은 메시아 하나님 나라와 예수 그리스도입니다.

이스라엘은 오랜 기간 동안 메시아를 기다렸습니다. 다윗과 같은 영도자를 원했습니다. 그러나 막상 그들이 기다리던 소망인 그리스도 메시아 예수님이 오셨을 때에는 그들이 배척하고 말았습니다. 사도 바울은 너무나 마음이 아팠습니다. 동족들의 배척 때문에 사도 바울은 사슬에 매여 옥에 갇히고 생명을 내놓기까지 이스라엘의 소망을 지키고 전하고 증인이 되기 위해서 지금 로마까지 왔습니다. 로마서 9장 1절 이하를 보면 그의 마음을 이렇게 표현했습니다.

> “내가 그리스도 안에서 참말을 하고 거짓말을 아니하노라 내게 큰 근심이 있는 것과 마음에 그치지 않는 고통이 있는 것을 내 양심이 성령 안에서 나로 더불어 증거하노니 나의 형제 곧 골육의 친척을 위하여 내 자신이 저주를 받아 그리스도에게서 끊어질지라도 원하는 바로라”(롬 9:1-3).

우리의 믿음은 어떤 믿음이며 우리의 소망은 무엇입니까?

사도 바울의 동족들이 그를 방해하고 고소하고 죽이려고 하여 감옥에 갇히기도 했지만 바울이 로마에 온 것은 동족들을 고소하기 위해서가 아니라는 것입니다. 이스라엘의 소망, 하나님 나라, 그리스도를 위해서 왔다는 것입니다. 죽이려고 하고 감옥에 넣은 그들을, ‘내가 저주를 받는다고 할지라도’ 그들이 구원받는 것이 소망임은 변하지 않았습니다.

서두에 말씀드렸지만 사도행전이 결론으로 갈 때 얼마나 아름답고 웅장한 큰 결실과 열매의 결론을 보여줄까 하는 기대가 있었을 것입니다. 그런데 마지막을 보면 사도 바울이 셋집에 머물렀다고 나옵니다. 이때는 조금의 자유를 주어서 셋집 같은 곳을 얻어서 병사가 지키면서 사람들이 방문할 수 있도록 허용된 상황이었기 때문입니다. 그런 때에도 바울이 "하나님 나라를 전파하며 주 예수 그리스도를 담대하고 거침없이 가르치더라" 하면서 사도행전이 끝납니다. 어떤 면에서는 너무도 초라한 끝입니다.

그러나 그것이 초라함입니까? 그것을 통해서 가이사가 정복되고 로마가 정복되고 세계가 정복되고 우리의 심령 심령들이 정복되고 하나님과 원수 됐던 우리가 정복되는 이런 놀라운 일들이 일어났습니다.

하나님 나라는 우리가 기대하고 소망하는, 세상이 꿈꾸는 어떤 성공이나 화려함을 약속하지 않습니다. 내가 매일 하나님이 붙여 주신 병사와 더불어서 하나님 나라를 말하고 가르치는 거기에서 하나님 나라가 확장되었고, 하나님은 그를 통해서 일을 하셨으며, 그것이 세계를 정복하게 된 것입니다.

오늘 여러분과 저의 가치관을 점검하기 원합니다. 꽃이 피고 무성한 것이 나무의 절정이 아닙니다. 모든 나무의 절정은 결국 열매에 있습니다. 이 열매를 위하여 잎이 무성해야 했고 꽃이 피어야 했습니다. 여러분은 지금 열매를 맺고 계십니까?

하나님 나라를 향해 인도함을 받는 분들과 같이 동행하며 동역자가 되어 길을 가고 있습니까? 여러분과 동행하는 이는 누구입니까?

우리는 속지 말고 분별해야 합니다. 이 말씀을 묵상하면서 남의 이야기가 아닌 나의 이야기라는 것을 깨달았습니다. 사도 바울이 간 그 길, 화려한 길이 아니었지만 그러나 지금 우리가 흠모하고 따라가기를 원하는 바로 이 길, 십자가의 길, 예수님이 가신 그 길을 함께 가며 그 열매 맺기를 원합니다. 오늘 이 은혜가 있기를 예수님의 이름으로 축원합니다.

인생과 신앙

사도행전 28:23-31

저희가 일자를 정하고 그의 우거하는 집에 많이 오니 바울이 아침부터 저녁까지 강론하여 하나님 나라를 증거하고 모세의 율법과 선지자의 말을 가지고 예수의 일로 권하더라 그 말을 믿는 사람도 있고 믿지 아니하는 사람도 있어 서로 맞지 아니하여 흩어질 때에 바울이 한 말로 일러 가로되 성령이 선지자 이사야로 너희 조상들에게 말씀하신 것이 옳도다 일렀으되 이 백성에게 가서 말하기를 너희가 듣기는 들어도 도무지 깨닫지 못하며 보기는 보아도 도무지 알지 못하는도다 이 백성들의 마음이 완악하여져서 그 귀로는 둔하게 듣고 그 눈을 감았으니 이는 눈으로 보고 귀로 듣고 마음으로 깨달아 돌아와 나의 고침을 받을까 함이라 하였으니 그런즉 하나님의 이 구원을 이방인에게로 보내신 줄 알라 저희는 또한 들으리라 하더라 바울이 온 이태를 자기 셋집에 유하며 자기에게 오는 사람을 다 영접하고 담대히 하나님 나라를 전파하며 주 예수 그리스도께 관한 것을 가르치되 금하는 사람이 없었더라

사도행전을 마지막으로 묵상하면서, 하나님께서 우리와 우리 교회, 우리 후손들이 주님의 비전과 꿈을 안고 계속해서 이어지는 사도행전 사역을 어떻게 이루어 나가기 원하시는지 말씀을 통해서 같이 은혜 나누기 원합니다.

바울은 그렇게도 꿈에 그리던 로마를 방문했습니다. 계획보다 3년이 더 걸렸고 로마 시민권자가 아니라 죄수의 몸으로, 그리고 가이사

앞에 서는 것이 아니라 간수에게 이끌려 감옥에 들어가는 상황이었습니다. 그렇지만 바울이 그렇게도 원하고 그리던 로마에 드디어 도착하게 되었습니다. 바울이 갇힌 감옥은 우리가 생각하는 것처럼 경비가 삼엄한 곳은 아니었습니다. 그를 만나려는 사람들이 방문도 할 수 있도록 여유를 주는 곳으로서, 그곳에서 여러 사람들을 초청하고 만날 수 있는 은혜를 하나님께서 베풀어 주셨습니다.

바울이 전하는 소망

바울은 먼저 로마에 있는 유대 사람들을 높은 지위에 있는 사람들부터 초청하여 바울 자신이 왜 로마에 왔는지 설명합니다.

> "이러하므로 너희를 보고 함께 이야기하려고 청하였노니 이스라엘의 소망을 인하여 내가 이 쇠사슬에 매인 바 되었노라"(행 28:20).

로마에 온 것은 이스라엘의 소망 때문이란 것입니다. 자신을 감옥에 가두고 죽이려 하는 유대인 동족들을 고발하기 위해서가 아닙니다. 이스라엘의 소망이 무엇입니까? 그들은 오랜 세월 소망 중에 메시아를 기다리고 있었습니다. 그분이 오시면 이 땅 위에 하나님 나라가 이루어지고 압제와 고난과 고통의 때가 지나간다는 말씀을 믿고 메시아를 고대하는 소망이었습니다. 그런데 그들이 소망하던 메시아가 오셨으나 이스라엘은 메시아이신 예수님을 거절하고 말았습니다. 바울 자신도 전에는 예수 믿는 자를 잡아서 옥에 가두고 죽이고 교회를 잔멸하는 일에 앞장섰지만, 주님께서 다메섹 도상에서 그를 만나 주심으로 말미암아 변화받아서 이제 이방인의 사도로 불려지고 그 사명 속에서 예수를 증거하고 있습니다.

"유대인들이 거절하고 있는 예수가 바로 메시아입니다. 우리를 위하여 십자가를 지고 피 흘려 주시고 생명을 주신 바로 그분이 메시아입니다. 그런데 우리가 그분을 배척하고 있습니다. 내가 이렇게 쇠사슬에 매인 것은 바로 이 소망 때문입니다. 내가 여러분을 고발하려고 온 것이 아니고 바로 그 소망 때문에 왔습니다."

이렇게 방문하는 한 사람 한 사람에게 그 소망을 전하고 있습니다.

사도행전을 마감하지만, 주님께서는 나와 내 가정, 그리고 우리 교회가 이 사도행전을 계속 이어가기를 원하십니다. 누가를 통해서 성령님이 이 말씀을 기록해 가고 계신데, 그때 당시 28장 30절로 말씀을 마감할 때 '어떻게 이렇게 마감하셨을까?' 하는 의문을 품으면서도 '하나님 나라의 선포는 이런 것이구나' 하고 충격을 받게 됩니다. 저와 여러분이 이 시대에 우리 교회를 통해서 사역해 왔는데, 과연 우리들의 목적과 비전이 어디에 있고 무엇이어야 하는지 점검하지 않을 수가 없습니다.

마지막 두 구절은 더 충격이었습니다. 사도 바울이 어떠한 장엄한 죽음을 했으며 혹은 어떻게 위대한 하나님 나라를 선포했는가 하는 것으로 사도행전을 마감할 수도 있었을 것입니다. 그러나 사도행전은 그가 2년 동안 셋집에 머물면서 찾아오는 사람들을 영접했으며 하나님 나라를 전파하고 예수 그리스도에 관한 것을 거침없이 전했다고 끝내고 있습니다.

바울이 로마를 처음 방문한 것은 A.D. 62년경입니다. 그곳에서 에베소서, 빌립보서, 골로새서, 빌레몬서를 기록합니다. 열악한 상황 가운데서 이 성경들을 기록할 수 있었다는 것이 얼마나 놀라운지 모릅니다. 부자유한 죄수의 몸으로서 이런 놀라운 일에 쓰임 받았다는 것을 보면 하나님 나라가 어떻게 전파되는가에 대한 암시를 우리에게 주고 있습니다.

당시 전기도 없고 문화시설도 없고 그냥 돌벽돌이나 흙으로 만든 곳의 지하실, 어두컴컴하고 곰팡이 냄새가 나고 음산한 그곳을 우리는 상상할 수가 있습니다. 그래도 자유를 주어서 방문하는 사람들을 금하지 아니하고 접견하고 같이 교제를 나눌 수 있었습니다.

"온 이태를 자기 셋집에 유하며"라고 했습니다. 물론 시대와 환경을 고려해야 하지만, 오늘날 우리는 전도나 선교를 한다면 큰 건물, 센터를 먼저 생각합니다. 그러나 바울은 제한된 영역과 조건 속에서, 환경도 좋지 않았지만 자기에게 오는 사람을 다 영접했습니다. 아침부터 저녁까지 강론해서 하나님의 나라를 증거하고, 모세의 율법과 선지자의 말을 가지고 예수에 대하여 권했다고 기록하고 있습니다.

사도행전의 마지막을 통해서, 그리고 바울의 행적을 통해서 근본적으로 우리가 가져야 하는 신앙의 자세와 우리 삶의 자세, 그리고 교회를 섬기는 자세, 복음 전파자의 자세가 어떠해야 하는지 점검해야 합니다.

그와 병행을 이루는 말씀이 본문 말씀의 첫 절입니다.

"저희가 일자를 정하고 그의 우거하는 집에 많이 오니 바울이 아침부터 저녁까지 강론하여 하나님 나라를 증거하고 모세의 율법과 선지자의 말을 가지고 예수의 일로 권하더라"(23절).

중요한 것은 바울이 예수에 대하여 저들에게 권했다는 것입니다. 때를 얻든지 못 얻든지 하나님 나라를 전하고 예수를 전한 이가 사도 바울입니다.

하나님께서 하셨다

오늘 우리 믿는 사람들이 점검해야 할 사항입니다. 우리 삶의 목표와 비전이 무엇입니까? 사람은 자기 속에 있는 것을 말하게 되어 있습니다. 바울은 "자나깨나, 먹으나 마시나, 사나 죽으나 나는 주의 것이라. 내가 그리스도 안에, 그리스도가 내 안에 계신다"라고 고백했습니다. 주님을 만난 그는 하나님의 나라를 선포하고 주인 되신 예수 그리스도를 선포하고 전하는 것이 소망이었고, 그 소망을 이루기 위해서 그의 삶을 드렸습니다. 입을 열면 하나님 나라가 선포되었습니다.

여러분도 기억하실 것입니다. 세례 요한에 대해 성경은 "광야에 외치는 자의 소리가 있어 가로되 회개하라 하나님 나라가 가까이 왔다"라고 했습니다. 예수님이 또 오셔서 하신 첫 번째 말씀도 "하나님 나라가 가까이 왔다. 회개하고 하나님 나라를 믿으라"는 것입니다.

모두가 다 하나님 나라를 전하였습니다. 메시아, 예수 그리스도는 무엇 때문에 오셨습니까? 하나님 나라 때문이었습니다. 바울이 그의 삶을 바친 것도 하나님 나라 때문이었습니다. 사도행전 1장부터 끊임없이 선포하고 있는 것은 하나님의 나라입니다. 하나님 나라의 주인은 바로 예수 그리스도입니다. 그래서 이 교회를 이끌어 가시는 분은 하나님 여호와시라는 것입니다.

사도행전 1장에 "너희는 예루살렘을 떠나지 말고 아버지의 약속하신 성령을 기다려라. 너희는 몇 날이 못 되어서 성령으로 세례를 받을 것이다"라면서 그 유명한 말씀이 이어집니다.

> "오직 성령이 너희에게 임하시면 너희가 권능을 받고 예루살렘과 온 유대와 사마리아와 땅끝까지 이르러 내 증인이 되리라"(행 1:8).

하나님은 이 성령을 부어 주시고 성령 받은 성도들을 통해서 예수를 증거하게 하시고 하나님 나라를 선포하도록 만드셨습니다.

사도행전이 장엄한 하나님 나라의 선포에 대해 증거할 때, 첫 부분에서는 베드로를 중심으로 한 사도들을 통해서, 그리고 후반부에 들어가서 사도 바울을 통해서 어떻게 이 하나님 나라의 복음이 선포됐는가를 말씀합니다. 그런데 자칫하면 베드로와 사도 바울의 전도와 선교 사역이 얼마나 위대하고 그 결과가 얼마나 크며 그들의 마지막 순교의 장면이 얼마나 장엄한지를 알리며 성경이 끝날 것으로 짐작하기 쉽습니다.

그런데 이 사도행전은 사도 바울이 셋집에 머물면서 오는 사람들을 영접하고, 그 한 사람 한 사람에게 하나님 나라를 선포하고 예수 그리스도를 증언했다는 것으로 마감하고 있습니다.

예수님께서도 이 땅에 오셔서 하나님 나라, 회개의 복음을 전파하실 때 맨 처음에 온 유혹이 무엇이었습니까? 외형적인 것이었습니다. 우리에게 끊임없이 다가오는 유혹과 시험은 외적인 번영과 성공, 남에게 내세울 수 있는 어떤 업적들, 위대함 이런 것들입니다. 주님을 믿고 하나님 나라를 선포한다고 하면서도 예수 믿으니까 잘되고 형통하다고 합니다. 그러나 잘되고 잘 사는 것을 비판하는 게 아니라, 우리가 무엇 때문에 돈을 벌고, 무엇을 위하여 잘살고, 무엇을 꿈꾸고 실현해야 할까요?

사도행전이 말씀하고 있는 하나님의 나라는 팡파르를 울리고 장엄한 오케스트라의 피날레를 장식하며 끝나지 않습니다. 사도행전을 마감하면서 바울이 이태 동안 초라하게 셋집에서 자기에게 찾아오는 한 사람 한 사람을 거절하지 아니하고 영접하고, 그들에게 아침부터 저녁까지 하나님 나라를 강론하고, 예수 그리스도에 대해 가르치고, 담대하고 거침없이 전했다는 말씀으로 끝맺습니다.

저에게는 이 구절이, 지금까지 생각하고 있던 어떤 업적과 위대한 것들을 여지없이 부숴버리는 하나님의 음성으로 들렸습니다.

사랑하는 성도 여러분, 여러분과 제가 지금 믿고 있는 신앙은 무엇입니까? 지금 우리가 꿈꾸는 비전은 무엇입니까? 우리가 돈을 벌어야 하는 이유, 잘되어야 하는 이유가 무엇인가요? 우리 자녀들이 잘되길 원합니다. 그러나 그 이유가 무엇입니까?

물론 하나님도 하나님의 백성이 하나님께 순종하고 말씀을 따를 때 그 백성이 번영하고 잘되길 원하셨습니다. 그러기 때문에 "내 말에 네가 순종하면 이런 복을 받으리라"고 약속을 하셨습니다. 그렇다면 무엇 때문에 그런 약속을 하셨고 잘 되길 원하셨는지, 그것이 문제입니다. 오늘 우리가 사도행전을 마감하면서 이것이 점검되지 않는다면 여전히 우리는 세상 사람들이 말하는 대로 기복신앙, 세상 성공주의자들과 같은 맥락에 머물 뿐입니다. 세상과 같은 것을 추구하며 살아가면서 여전히 갈등하고 상처 입고 남에게 상처를 입히는 신앙생활을 할 것입니다. 그러나 사도 바울을 보십시오. 그가 어떤 악조건 속에서도 상처를 입거나 남에게 상처를 주고 있습니까?

예수님의 가르침은 "크고자 하는 자는 작아져야 한다. 낮아져야 한다. 끊임없이 자신을 부인하고 부정하라"고 말하고 있습니다. 그렇지 않으면 제자가 되지 못한다는 것입니다. 사도 바울을 통해서도 그동안 계속 우리에게 주셨던 말씀은 죽어야 한다는 것입니다. 살기 위해서는 죽어야 한다는 것입니다. 리더십도 오히려 섬기는 자가 리더가 될 수 있다고 예수님께서는 계속해서 가르치십니다.

하나님 나라의 선포도 팡파레 울리는 장엄함이 아니라 적은 누룩이 소리 없이 퍼져나가는 것처럼, 작은 겨자씨 한 알이 싹이 날 때에 그 생명 속에서 싹이 나고 자라서 새들이 와서 깃들이는 것과 같다는 것입니다. 우리 한 사람 한 사람이 주님 앞에 낮아지고, 자기가 죽고, 주님 앞에서 상황을 받아들이는 온유함 가운데 사랑의 매는 띠로 하나 되어 사명을 감당할 때 하나님 나라가 선포될 수 있다는 것입니다.

데살로니가후서 3장 2절을 보면 "믿음은 모든 사람의 것이 아님이라"라고 했습니다. 믿음은 모든 사람들의 것이 아니라고 해서 예수 그리스도가 십자가에 죽으시고 부활하신 것이 일부 정해진 사람들을 위해서라는 것이 아닙니다. 아직 불신의 영에 사로잡혀 있고 마귀의 종이 되어서 복음을 받아들이지 않는 사람들, 이런 사람들을 바울 자신이 너무 잘 경험한 것입니다. 그런 자기를 예수께서 만나 주셨을 때 어떻게 변했는가를 직접 경험했기 때문에 믿음은 모든 사람들의 것이 아니더라고 선포하는 것입니다.

다메섹 도상 이전에는 그 믿음이 반대자의 것이었습니다. 그런데 때가 되니까 "이를 위하여 우리 복음으로 너희를 부르사 우리 주 예수 그리스도의 영광을 얻게 하려 하심이니라"(살후 2:14) 복음으로 부르는 것이 필요하다는 고백이 나오는 것입니다. 또 비시디아에 있는 안디옥에서 전도할 때 이방인들이 기뻐서 바울의 복음 전파를 듣고 그 말씀을 믿는 사람들이 생겨날 때 "영생을 주시기로 작정된 자는 다 믿더라"(행 13:48)고 고백하는 것입니다.

사도행전 14장 27절에서 1차 전도 여행을 마치고 수리아 안디옥에 돌아와서 선교 보고를 할 때 바울은 "이르러 교회를 모아 하나님이 함께 행하신 모든 일과 이방인들에게 믿음의 문을 여신 것을 고하고"라고 했습니다. 바울이 복음을 증거하고 하나님 나라를 전할 때 저들이 믿고 영생을 얻고 주님 앞에 돌아온 것은 자기가 한 일이 아니고 '하나님이 함께 행하신 일'이라는 것입니다.

3차 전도 여행을 마치고 돌아와서 보고하는 내용에서도 "바울이 문안하고 하나님이 자기의 봉사로 말미암아 이방 가운데서 하신 일을 낱낱이 고하니"(행 21:19)라고 했습니다. 바울이 위대한 전도 사역을 이루었지만 결국 그 모든 것은 하나님이 행하신다는 것을 말하고 있습니다. 사도행전을 관통하고 있는 것은 하나님, 하나님 나라입니다.

그렇기 때문에 사도행전을 마감하면서 이것을 기록해온 누가는 행여 베드로나 사도 바울이 드러날까봐 그들을 통해서 하나님이 사역하신 것, 그들이 도구로 쓰임 받은 것은 기록하고 그들의 생애가 어떻게 마감되었는지, 영광스럽게 순교를 했다든지 하는 것에 대해서는 침묵하면서 끝을 맺었습니다.

사도 바울의 셋방에서 일어났던 그 역사가 우리 베다니 교회를 통해서 이어지기를 바랍니다. 하나님께서 그 뜻을 이루어가고 계시며 이 일에 여러분이 쓰임 받는 것에 감사합시다. 그리고 앞으로도 여러분을 통해서, 우리 베다니를 통해서 사도행전 29장이 계속해서 쓰여지는 은혜의 도구들이 될 것을 축원합니다.

부활의 주를 바라보라

1판 1쇄 인쇄 _ 2016년 3월 10일
1판 1쇄 발행 _ 2016년 3월 15일

지은이 _ 장동찬
펴낸이 _ 이형규
펴낸곳 _ 쿰란출판사

주소 _ 서울특별시 종로구 이화장길 6
편집부 _ 745-1007, 745-1301~2, 747-1212, 743-1300
영업부 _ 747-1004, FAX 745-8490
본사평생전화번호 _ 0502-756-1004
홈페이지 _ http://www.qumran.co.kr
E-mail _ qrbooks@gmail.com /qrbooks@daum.net
한글인터넷주소 _ 쿰란, 쿰란출판사
등록 _ 제1-670호(1988.2.27)
책임교열 _ 최찬미 · 송은주

© 장동찬 2016 ISBN 978-89-6562-857-6 93230

책값은 뒤표지에 있습니다.

파본(破本)은 구입처에서 교환해 드립니다.